｜国｜研｜文｜库｜

3D打印视阈下全球价值链的
演化与治理

陈　臻——————著

光明日报出版社

图书在版编目（CIP）数据

3D 打印视阈下全球价值链的演化与治理 ／ 陈臻著
. --北京：光明日报出版社，2021.4
ISBN 978 - 7 - 5194 - 5877 - 5

Ⅰ.①3… Ⅱ.①陈… Ⅲ.①立体印刷—产业发展—
研究—世界 Ⅳ.①F416.84

中国版本图书馆 CIP 数据核字（2021）第 057474 号

3D 打印视阈下全球价值链的演化与治理
3D DAYIN SHIYUXIA QUANQIU JIAZHILIAN DE YANHUA YU ZHILI

著　　者：陈　臻

责任编辑：曹美娜　　　　　　　　责任校对：刘欠欠
封面设计：中联华文　　　　　　　责任印制：曹　净

出版发行：光明日报出版社

地　　　址：北京市西城区永安路 106 号，100050

电　　　话：010 - 63169890（咨询），010 - 63131930（邮购）

传　　　真：010 - 63131930

网　　　址：http：//book. gmw. cn

E - mail：caomeina@ gmw. cn

法律顾问：北京德恒律师事务所龚柳方律师

印　　刷：三河市华东印刷有限公司

装　　订：三河市华东印刷有限公司

本书如有破损、缺页、装订错误，请与本社联系调换，电话：010 - 63131930

开　　本：170mm×240mm

字　　数：236 千字　　　　　　　印　　张：16

版　　次：2021 年 4 月第 1 版　　　印　　次：2021 年 4 月第 1 次印刷

书　　号：ISBN 978 - 7 - 5194 - 5877 - 5

定　　价：95.00 元

序

  根据 WTO 发布的 2019 年全球价值链发展报告，新兴数字技术发展正在重塑全球价值链，导致全球劳动力市场和供应链管理发生显著变化。人类技术进步对改变跨时空的全球生产组织方式至关重要。19 世纪蒸汽机技术的广泛应用首先使得生产和消费在空间上分离，20 世纪信息和通信技术促进了制造业活动的全球外包和离岸外包，互联网技术的出现则进一步改变了全球专业分工结构。

  3D 打印作为新产业革命背景下的标志性技术，对人类的生产制造、生活消费以及组织管理等方式将产生广泛影响，是推动全球价值链演化的重要技术动力之一。在新一轮全球价值链竞争格局中，3D 打印技术将会如何影响全球价值链的演化和治理？对发展中国家产业转型升级是机遇还是威胁？中国应该如何积极应对 3D 打印技术可能带来的全球价值链重构？这些问题是我国在全球化视野下推动工业 4.0 变革和实现中国制造 2025 战略的关键研究内容，也是全球制造业进入深度调整背景下我国制造业发展由大变强的前瞻性战略思考。

  本书作者系广东省沿海经济带发展研究中心的优秀青年学者，从港口物流到全球供应链的持续关注和研究，让他敏锐地感知到了 3D 打印技术广泛应用背后的全球产业组织分工变化问题。从全球价值链演变和中国产业转型升级的角度来考察 3D 打印技术革命的战略影响，充分体现了作者对新兴数字技术革命内涵的深刻理解和实现中国产业复兴的研究责任感。

  本书既回顾历史也展望未来，对全球生产网络和价值链演化历史的系统梳理，揭示了中国经济崛起和"逆全球化"潮流涌动现象背后的发展逻辑，而对 3D 打印技术应用产业的仿真模拟研究，则试图去预测未来全球价值链的演变格局。因此，这是一本兼具案例实践、理论模型和应用探索的读物，既适合大众了解 3D 打印技术革命背景下全球产业链变革趋势，也能为专业工作者提供系统的理论框架和决策思路。

本书的研究成果仅仅是 3D 打印技术革命探索之旅的起点，作为未来影响全球价值链治理的关键力量，3D 打印技术对产业升级的作用机制需要众多的研究者从不同学科视角和方法来进行更全面的系统探索。在当前动荡的国际格局下，未来的研究应该重点关注 3D 打印技术对全球价值链多极治理力量博弈和产业升级路径的影响。期待作者及其研究团队在教育部和广东省科研项目支持下，能持续深入地探索本研究主题，并涌现出更多的高水平研究成果。

李志宏

华南理工大学工商管理学院

2020 年 8 月 28 日

目 录
CONTENTS

第一章

全球价值链的演化历史

第一节　全球价值链和全球生产网络概述

一、基本概念和理论

（一）全球价值链与全球生产网络相关概念

一般认为，全球价值链（Global Value Chains，GVCs）研究起源于 Porter（1985）的价值链学说。经 Gereffi（1999）整合产业组织和全球化的内容发展为全球商品链理论（Global Commodity Chains，GCCs）。基于 GCCs 理论，联合国工业发展组织（2002）提出全球价值链的概念：为实现商品或服务价值而连接生产、销售、回收处理等过程的全球性跨企业网络组织，涉及原料采集和运输、半成品和成品的生产和分销，直至最终消费和回收处理的整个过程。它包括所有参与者和生产销售等活动的组织及其价值、利润分配。当前，散布于全球的、处于全球价值链上的企业进行着设计、产品开发、生产制造、营销、出售、消费、售后服务、最后循环利用等各种增值活动。而全球生产网络（Global Production Networks，GPN）是基于全球价值链形成的，由跨国企业主导并运营的生产性组织。

全球价值链的概念不仅描绘了产品内部各环节垂直分离的"碎片化"现象（Arndt 和 Kierzkowski，2001），也蕴含着高附加值环节和低附加值环节的空间配置问题（Krugman, 1980, 1991, 1995）。国际分工深化的动因和企业内生边界因此成为学者理解全球价值链分工时面临的主要问题。斯密早在《国富论》中就指明了分工和专业化生产提高劳动生产率，可带来国民财富增长。Young（1928）系统整理斯密的分工思想后，提出斯密－杨格定理。即市场规模扩大促进分工和专业化，引致劳动生产率提高，带来技术进步和经济增长；经济增长进一步扩大市场规模，促进分工深化。基于上述经济增长模型，Krugman（1979）和 Helpman（1985）将产业内贸易这一分工深化现象，解释为调节规模经济和消费者偏好多样性两难冲突的选择。

当分工进一步深化到产品的内部流程步骤中时，企业边界问题，如企业规模的变化，价值链环节的分离和保留标准，就成为研究的重点。以杨小凯、黄有光（2002）为代表的新兴古典经济学将史密斯和杨的劳动分工和专业化与交易成本和契约理论相结合（Coase, 1937；张五常, 1983），权衡了专业生产和交易的好处。数量增加后的成本增加，确定了企业内价值链的位置断裂将持续存在，更好地解释了全球价值链分工现象，如规模较小的企业，生产外包、合同转移和 OEM。Grossman（2012）构建的一般均衡模型表明，交易成本最高的环节将保留在企业内部；在垂直分离的环节中，交易成本较高的劳动分工将分配给生产效率较高、工资较高的国家，以满足全球需求。Costinot（2013）将工人技术水平、基础设施和合约执行力等衡量专业化水平和交易成本的指标一般化为企业在某一分工环节犯错的概率，错误概率最小的经济体将从事犯错代价最高的环节，说明高交易成本环节与经济体专业化水平的对应关系。代表绝对优势的专业化水平已经成为某经济体在全球价值链中占据分工的原因。Antràs（2012）是新贸易理论中企业内生边界理论的主要代表，在研究全球价值链中的分工，分析企业在外包和垂直整合生产中的选择时，也引入了契约理论。他们构建的模型分别指出了"互补"价值链和"替代"价值链的所有权分离。

随着学者们不断加深对全球价值链中劳动分工的理解，从价值链的角度出现了产业升级的定义。Gereffi（1999）认为，产业升级意味着企业或经济体仅来自劳动密集型环节，如组装和加工。这些环节具有生产和制造整个产品链的能力，在价值链链接过程中控制资本和技术密集型产业的流通和设计。完成产业升级后，企业或经济体可以在新产品和服务上实现突破性创新，并拥有完善的市场渠道和金融体系。根据 Gereffi 的定义，升级似乎不再侧重于技术和资本密集型产业，而是控制了行业中的技术和资本密集型环节。从价值链的角度来看，将全球价值链的分工嵌入系统中并实现专业化生产已成为产业升级的必要条件。同时，升级过程发生在产品中的劳动分工之间。后来者经济体具有成熟经济体的发展经验，升级目标很明确，它们正在沿着一条相对固定的轨迹攀升。Poon（2004）指出，Gereffi（2005）对产业升级的理解单方面强调了全球价值链分工的作用，却忽略了政府机构的影响。他根据中国台湾 IT 行业的发展过程提出了进一步升级（further upgrading）的概念。当经济在全球价值链分工的帮助下完成初始升级时，它将面临低成本竞争对手的威胁和全球价值链管理者的压制。在政府机构的帮助下，它克服了升级的障碍，最终实现了从低附加值到高附加值的分工。此处的高附加值环节不再局限于价值链内，企业或经济体可以跨越不同的价值链，追求更高的劳动利益分配。

Humphrey（2002）指出，全球价值链划分下的产业升级包括内部链和链间链两种类型，具体分为四个阶段：工艺升级、产品升级、功能升级和链条升级，分别作用于分工环节、单个产品、部门内层次和部门间层次，他将此升级过程称为全球价值链升级。全球价值链升级的直接结果是促进全球经济价值链分工的升级。它不再完全服从由初始因素赋予的分工模式，而是努力在更高附加值和更强控制力的领域形成绝对优势。在有利的分工体系下利用比较优势，实现价值链的治理和主导，增值能力和控制能力的增强凸显了这一点。在过程升级和产品升级阶段，产品复杂性增加了，品种更加丰富，质量更加可靠。经济已经从价值链中较低的增值环节升级为较高的增值环节（Gereffi，2001），增值能力得到了显著提高。在职能升级阶段，经济由价值链中的非核心模块转变为核心模块，这体现在与上、下游环节的紧密联系以及对重要技术和渠道的掌握中；升级链条的经济体是全球价值链的主导者。升级到这一点意味着经济已经扭转了以前不利的分工，从专业生产的低附加值边缘到高附加值的链核心，它已捕获并锁定了整个价值链中的许多后续国家。它具有最强的增值能力和控制能力。增值能力和控制能力是决定经济体中劳动分工水平的两个条件。因此，全球价值链框架下的产业升级过程是增加劳动分工。可以看出，无论全球价值链升级还是分工状况得到改善，其共同表达的信息是，经济融入全球价值链后将获得多少价值和重要性。关于全球价值链升级的讨论表明，升级的初始阶段可以使用全球价值链来快速改善生产过程和产品质量并巩固其现有的分工；当经济试图进入高端细分市场时，它将与该细分市场合作。初始控制器正在竞争中，此时的升级来自绝对优势带来的超车。盲目遵循比较优势的原则，在流程和产品升级完成之后，将很难实现功能升级和链升级（Humphrey，2002），新兴经济体将被"俘获"和"锁定"在较低的水平，处于全球价值链的末端（Schmitz，2004；刘志彪、张杰，2009）。

（二）产业分工主要理论

产业分工是古典和新古典经济学中的关键问题。最早的劳动分工和贸易分工原则起源于 Adam Smith（1776）提出的绝对优势理论：如果某个经济体的产品绝对生产成本低于其他经济体，则专门从事生产和出口；进口绝对成本不是最低的产品。分工和贸易可以增加各种经济体的利益。劳动分工的原则强调了产品劳动分工的好处，却没有指出绝对生产成本的经济并不占主导地位。David Ricardo 等人（1817）基于绝对优势理论提出了比较优势理论：当一个经济体与其他经济体进行比较，所有产品的生产成本都不具有绝对优势时，它也可以致力于生产一些缺点较小的商品，取得来自国际贸易的收益。产品劳动分工的原则扩大了国际劳动分工的范围，并显示了劳动生产率低下的经济体可以获得劳动分工的好处的可能性。

后发经济体需要尝试进入较高收入的生产领域，以获得更多的劳动分工，这构成了产业升级的动力。配第定理（1690）指出，产业之间的相对收入差异将吸引劳动力从低收入产业向高收入产业转移。新兴经济体中农业部门的劳动生产率最初高于制造业。根据比较优势理论，为了获得分工的利益，这一经济体将发挥比较优势，并将重点放在农产品生产上。此时，产业间劳动生产率水平的变化已成为产业升级的前提。劳动力不断进入高收入行业。当制造业的劳动生产率急剧上升并超过农业部门时，农业部门的劳动力就可以成功地转移到制造业。当经济进一步发展，服务业的劳动生产率超过制造业时，劳动力就会转移到服务业。科林·克拉克（1940）调查了40多个经济体中三个行业的投入产出数据之后，将这种演变趋势概括为"配第-克拉克定理"，即随着经济的发展，劳动力的比例在第一产业中继续下降，第二产业和第三产业的劳动力比重环比上升。库兹涅茨（1941）进一步完善了"配第-克拉克定理"，并确定了"农业部门""工业部门"和"服务部门"这三个行业。提出了提高三大产业国民收入比重的措施以及产业结构变化的总体趋势和规律，他还提出了比较劳动生产率的概念，以反映劳动就业与工业国民经济贡献之间的偏离概念。他基于20多个经济体的数据，提出了库兹涅茨法则，随着经济的发展，国民收入在农业部门中所占的比例在国民总收入中所占的比例以及农业劳动力在总劳动力中所占的比例正在下降。工业部门的国民收入比率大幅增加，而劳动力比率则保持不变或略有增加；服务业的劳动力比率继续上升，国民收入比率保持不变或略有上升。另一种类型的产业结构演化理论对工业部门进行了专门研究。霍夫曼定律（1931）总结了工业化过程中资本数据产业所占比例的演变，其最终超过了消费数据产业所占的比例。张培刚（1949）关于农业国工业化的思想直接指出，农业国的经济腾飞必须完全工业化。以上关于产业结构演进的理论揭示了国民经济重心变化的一般规律，并包含了将产业结构从低层次升级为高层次的过程。

产业结构升级理论指出了哪些产业得到发展，哪些国民经济结构对应了较高的国民收入。比较优势理论提出了国际分工模式为各种经济体提供各种专业化生产、出口和进口产品的选择根据，并研究了国际贸易体系中国家的产业选择问题。经济体与产业之间劳动生产率的差异将这两个理论联系在一起，即提高高收入部门的劳动生产率，有利于后发经济体使用比较优势理论来促进产业结构升级。在比较优势理论中没有解释经济体之间产生生产率差异的原因，也没有阐述和深入分析国际分工模式的形成、发展和变化的整个过程。

Heckscher（1919）和 Olin（1933）——新古典贸易分工理论的代表人物，他们根据比较理论，介绍了除劳动以外的各种生产要素，如资本、土地和技术等，提出要素禀赋理论（H－O 理论）。该理论将不同经济体的要素禀赋差异作为国际分工成本和比较成本差异的决定因素，并解释了要素生产率差异的原因。每个经济体利用自己相对丰富的生产要素从事商品生产，处于相对有利的地位，而利用相对稀缺的生产要素从事商品生产，则处于相对不利的地位。因此，国际分工中的经济体倾向于在经济中生产相对丰富和廉价的要素密集型商品，进口经济中稀缺且昂贵的要素密集型商品，以提高各种生产要素的利用效率。

此时，产业间分工的原则已经从选择生产成本最低的产品转变为充分利用该国相对丰富的生产要素来生产廉价的要素密集型商品。Porter（1990）认为，当后发经济体的物质资本相对于人力资本更丰富，甚至超过其他经济体时，后发经济体将建立资本密集型产业和技术密集型产业的比较优势。Porter 的升级理论比三大产业演化定律更具启发性。他明确指出了，当新兴经济体寻求产业升级时，它们需要积累先进生产要素并扭转初始的要素禀赋，直到资本的相对价格形成比较优势为止（Porter，1985）。

二、全球分工对不同经济体的影响

根据全球价值链升级的定义，工业升级分为四个阶段，必须完成不同的阶段才能完成升级的每个阶段。现有的有关全球价值链分工和升级机制的理论和实证分析的研究文献表明，全球价值链分工对新兴经济体的产业升级产生了实际影响。

（一）如何实现全球价值链升级

Gereffi（1999）以服装产业价值链为例，总结了全球价值链分工促进产业升级的实现机制，即产业升级的实现有赖于信息流和产品层次的连续性带来的学习规律和升级机会。全球价值链中的学习规律表现为，嵌入全球价值链中的新兴经济体受益于发达经济体已经成功开发的升级经验，可以在全球价值链中以较低的成本共享生产和市场信息，由此相关经济体就不用独自开发这些领域，这意味着失败概率要低得多（Rhee，1984）。学习效果的大小与嵌入位置密切相关。当嵌入位置在生产环节时，从全球价值链中学到的知识和诀窍仅与生产相关，以实现流程升级。当分工接近销售和营销环节时，既要具有生产能力知识，又要具有生产网络的组织结构。新兴经济体将订单分包给其他经济体是其了解流通规律和市场机制的重要标志。这也是其从代加工（OEM）升级到品牌运营（OBM）的关键步骤。

全球价值链产品层次结构的连续性着重于描述同时存在于价值链中的高、中、低质量的产品需求。国际买家对产品质量的多层次需求形成了清晰的产品升级轨迹。每当新兴经济体的产品质量提高时，全球价值链中就会进行相应的需求侧对接，并给予更高的补偿，从而消除了寻找需求侧的额外成本。全球价值链产品层次结构的连续性为升级提供了途径和动力。与 Gereffi（1999）分别分析全球价值链升级机制不同，Baldwin（2014）通过比较独立构建和嵌入式价值链之间的差异来解释全球价值链升级机制。回顾美国、德国和日本等发达国家的工业化进程，它们都用几十年的"边干边学"过程（Clemens 和 Williamson，2004）来培养和形成一系列价值环节所需的能力。当时，缺乏必要的通信手段使技术溢出和知识流变得极其缓慢。除了普遍采用进口替代策略外，产品的所有价值环节都不可避免地聚集在一国之内。因此，实现传统工业化道路的标志是在全国建设整条价值链。这条工业化道路的深度极其广泛，涉及大量的生产和技术联系，已经成为大多数国家难以弥合的鸿沟。

只有少数国家在这一升级道路上取得了成功，大多数国家的失败主要源于两个障碍。

首先，整条价值链是在本国建立的，缺乏一定的工业基础。Leibenstein（1957）称其为"关键最小努力点"，这是现代行业所需的最小规模，也被称为"最低有效规模"。Krugman（1979）称之为"要素的初始分布"。一旦生产要素不足量集中在现代部门，要素流动就会朝着"错误的方向"发展。现代部门将在经济中逐渐消失，工业化将无法实现。

其次，经济体需要独立地建立整个价值链，但这可能是个漫长而僵化的过程。受产业链过程影响，需要首先建立最终产品生产环节，以创造对价值链上游和中间环节国内中间产品生产的需求。一旦经济中没有最终产品联系，该国的工业化道路将无法获得国内市场的支持，而生产的中间产品将直接面临激烈的国际竞争，这不利于引入期产业的发展，也不利于成熟期产业的升级。在构建完最终产品生产环节之后，有必要全面发展所有环节，并且在价值创造的所有阶段都必须避免浪费。全面的国际竞争力已成为工业化成败的关键。

有效突破"关键最小努力点"和强大的灵活性是升级全球价值链的优势。发展中经济体侧重于个人分工，通过引入高质量的中间产品，同时弥补了现代部门规模和质量的不足，现代部门也可以在"关键最小努力点"下获得发展机会。相关研究从进口中间产品在提高全要素生产率中的作用角度阐述了这一观点（Antràs，2014；Blaum，2014；Ramanarayanan，2014）。进口中间产品可以增加要素投入的规模和类型，形成"研发替代效应"。富士康和其他代工厂进口国外中间产品，节省了研发和设计投资，可以专注于组装和加工环节以产生规模经济（钟建军，2016）。希望攀升附加值高端的公司还可以通过消化和吸收嵌入在高质量中间产品中的先进技术，并发挥"学习效应"机制来提高要素生产率（Feenstra，2014）。苏庆义（2016）将这两种效应称为发展中经济体的现实选择，首先是融入全球价值链、进口中间产品来制造高端产品。然后通过"边干边学"和技术溢出来扩展国内价值链，提高出口货物的国内增值部分。在此过程中，新兴经济体的国际分工角色将得到加强。

升级全球价值链的灵活性主要体现在：

（1）对产业链顺序的限制已被打破，可以从任何环节进行升级。产品的各价值环节在时间和空间上都可以分开运转。后一个价值单元的操作不需要依赖前一个价值单元的操作进度，并且打破了产业链顺序的限制。

（2）跨国公司掌握了全球价值链各环节的专有技术，价值链的价值活动呈现出全球配置的态势。基于先进技术和低工资的结合，跨国公司可以在很短的时间内将没有工业基础的经济体带入现代工业领域。在缺乏外部帮助的前提下，后发经济体各部门的生产成本高于进口价格，该国很难自行孕育先进制造业。但跨国公司结合东道国的要素禀赋，将价值链的制造阶段直接转移到发展中国家。东道国迅速成为先进制造业的出口国，产业升级的过程不再烦琐。

（二）新兴经济体融入全球价值链的经验教训

对全球价值链升级机制的研究表明，融入全球价值链已成为新兴经济体快速掌握某些技术知识并寻求产业升级的先决条件（张辉，2006）。尽管升级的初始阶段可以使用全球价值链来快速实现生产流程和产品质量的改善。但是，产业升级的过程变得简单而迅速，这意味着升级的含金量降低了。当新兴经济体试图进入高端细分市场时，它们将与该细分市场的最初控制者竞争。这时，升级来自绝对优势带来的超车。全球价值链划分下的专业生产方法使后发国家很难充分掌握其他环节的技术和过程，并难以完成功能升级；阻碍性的功能升级缺乏控制核心环节和组织价值网络的能力，使得难以实现链式升级（Kaplinsky 和 Morris，2001；Humphrey 和 Schmitz，2002）。新兴经济体没有升级的方法，长期以来一直停滞在原始的劳动分工中，被"捕获"锁定在全球价值链的低端环节中。

关于新兴经济体通过全球价值链中的分工进行产业升级的实证研究始于案例研究。Humphrey（2004）通过案例分析提出，在以买方为主导的全球价值链中，发达国家的全球买方愿意帮助发展中国家的某些公司提高其技术能力。这些公司经常涉及生产成本和稀缺资源。它们在可访问性方面具有比较优势。将它们纳入全球价值链的好处大于提供技术援助的支出。在生产商驱动的全球价值链中，跨国公司主要通过海外直接投资来控制本地企业。这一过程的积极技术溢出效应将促进当地企业的技术进步（Javorcik，2004）。在全球价值链管理者的指导下，新兴经济体的制造商正在改善生产流程，加快响应速度，并有能力不断提供高质量的产品。这种升级效应在刚刚进入全球价值链的经济体中尤为明显（Schmitz 和 Knorringa，2000）。第二次世界大战后日本和韩国的成功升级经验也表明，全球价值链中确实存在着从代加工

（OEM）到设计开发（ODM）到品牌运营（OBM）的升级轨迹（Hobday，2005）。但是，大多数新兴经济体阻碍全球价值链升级的经验表明，上述技术进步和产业升级方法存在明显的缺陷。Giuliani 等（2005）研究了拉丁美洲产业集群融入全球价值链后在产业升级中的表现。调查结果表明，为了确保产品质量和交货时间，全球采购商将加快拉美企业的产品升级和流程升级过程。但这些采购商为了确保其竞争优势和领导地位，也限制了当地公司的技术升级。

中国公司在融入全球价值链时也遇到了类似的问题。国内学者对宁波122 家服装制造企业的问卷调查表明，只有两家已经升级到 ODM 阶段（Yan Guoqing，2009）。刘志标等对江苏制造业的最新调查还表明，本地制造企业在融入全球价值链后，很难转型并升级到全球价值链的高附加值环节，并且在低端环节上停滞了很长时间。他们认为，中国国内公司可能会被大型国际买家"俘获"或"锁定"在全球价值链的低端环节（刘志标和张杰，2009）。正如全球价值链升级的定义中提到的那样，全球价值链升级的直接结果是促进全球价值链中的经济分工，这主要体现在增值能力和控制能力的增强上。"低端锁定"是控制能力不足的一个突出表现。另一部分学者从增值能力的角度评估了全球价值链升级对新兴经济体产业升级的影响。卓越和张珉（2009）对 1994 年至 2007 年中国纺织业总出口值和实际出口价格的统计显示出"量增价降"的趋势，这与升级全球价值链的初衷相反——本来期望融入全球价值链是为了获取更多的附加值。他们提到中国代加工企业的出口总额大幅度增长，但人均收入和技术水平跟不上前者增长幅度，这被称为"悲惨增长"。"数量增加和价格下跌"以及"悲惨增长"源于垂直专业化的加深（Hummels，2001）和贸易幻象的扩大（Rodrik，2006）。

2001 年，Hummels，Ishii 和 Yi（合称为 HIY）在一系列严格的假设下率先提出了垂直专业化（Vertical Specialization，VS）度量方法，这成为增值会计系统的基础。随后，由于 Wang（2009，2013），Johnson（2012），Stehler R（2012），Koopman（2008，2010，2012）和 Timmer（2013，2015，2016）等人的贡献，逐渐形成了 TiVA（Trade in Value Added）和 KPWW 方法。它们

可以测量每个经济体中实际的劳动分工收益。根据上述方法的测算，实际结果清楚地表明了，发展中经济体确实存在增值能力不足的问题。

Koopman（2010）在两个统计口径下比较了 40 个经济体中金属制品行业的显性比较优势（RCA）指数。如果把总量口径转换至增量口径，新兴经济体（如中国和印度）的产业竞争力急剧下降，而欧美发达经济体的竞争力却凸显出来。电子、光学设备制造和商业服务行业的 RCA 指数的计算结果还表明，我们高估了中国制造业在全球价值链中的分工收益（Wang，2013；Lu，2015）。中国制造业融入全球价值链之后，基于 KPWW 和 TiVA 方法的国内学者通过经验验证了"低端锁定"的主张。该研究的第一阶段使用全球价值链定位（GVC－Position）指数作为评估分工地位的核心指标（周升起等，2014；王岚，2014）。结论是中国制造业分工地位整体偏低，附加值增值能力弱。上述学者将中国制造业分工状况从 1995 年到 2009 年的变化描述为"L"或"V"曲线，反映了中国制造业在嵌入全球价值链过程中，不断向低附加值环节发展，入世后也难以升级的趋势。实证分析支持了刘志彪、张杰（2009）关于"低端锁定"的观点，这种"锁定"效应在中高科技产业中的表现尤为突出。

但后续研究发现，俄罗斯和巴西的 GVC－Position 指数大于美国和日本；德国、意大利和法国的 GVC－Position 指数小于中国和印度。该指标描述了全球价值链的上游和下游关系。也就是说，俄罗斯和巴西处于价值链的上游，即原材料供应端，美国和日本处于价值链的下游，即产品需求端；德国、意大利和法国等发达国家同理；而中国和印度等新兴国家处于中间的生产端。也就是说，GVC－Position 指数衡量的是全球价值链中经济体的分工位置，而不是获取附加值多少的分工地位。分工位置（Position）和分工地位（Status）是两个相关但不等同的概念（Wang Lan，2015）——应该有其他指标来评价我国在价值链中的地位。

鉴于全球价值链位置指数着眼于分工的特点，对中国的第二阶段研究结果在评估时使用产品技术复杂性指数代替了全球价值链位置指数。产品技术复杂性指数由 Hausmann（2005）提出。实质是以显性比较优势指数（RCA）

为权重的各经济体人均 GDP 值。该指标反映了技术进步带来的全球价值链升级，这将有助于经济体增值能力的增长。产品技术复杂性指数的计算结果表明，中国制造业的增值能力落后于阿根廷，仅领先越南和柬埔寨，位居世界上最落后的经济体之列。从趋势上看，从 1995 年到 2009 年，中国与欧美、日本等发达国家的差距仍然很明显，国际分工地位的提升非常缓慢（刘斌，2015；苏庆义，2016）。

早期案例研究和增值措施的当前成熟度表明，在全球价值链中进行短期流程升级和产品升级之后，大多数新兴经济体难以继续改善其控制和增值能力，并被"俘获"和"锁定"在全球价值链的低附加值环节。出口产品的主要增加值是由欧洲、美国和日本等发达国家获得的。新兴经济体陷入总出口量大幅增长，人均收入和技术水平提升缓慢的局面。它客观地检验了全球价值链升级机制的研究结论。长期的"低端锁定"不仅会导致"悲惨增长"，而且还面临竞争加剧的风险。随着全球价值链的治理者降低进入壁垒并把更多的后发国家纳入其中，低附加值环节将产生激烈的竞争，一些公司或经济体将被锁定、替换甚至从全球价值链中挤出。

三、我国要警惕挤出风险与"新工资洼地"

Humphrey 和 Schmitz（2002）首先描述了在全球价值链中新兴经济体可能出现"不升反降"的挤出风险。他们研究了巴西的案例——位于西诺斯谷的制鞋业主要是为耐克、阿迪和其他品牌做代工。1960 年代，当地制鞋生产活动相当繁荣，但在 1990 年代，它被更具有竞争力价格的中国制鞋业迅速取代，市场份额下降，当地制鞋业也陷入萧条。随着中国人口的老龄化以及资源和环境的恶化，人口红利和资源禀赋的比较优势逐渐消失（蔡炜，2009），同样的挤出风险在中国出现。自 2008 年以来，松下和夏普等品牌的外国投资逐渐从中国撤出，主要的国际品牌制造商已将其代工环节转移到印度和东南亚国家（韩民春和张丽娜，2014）。Liu（2016）从全球价值链的角度研究了金砖国家与其他新兴经济体之间对外国直接投资的竞争，结果也证明了中国和其他新兴经济体具有一定的竞争效应。

　　有人认为,全球价值链挤压效应的出现与低附加值环节进入壁垒低有关。在全球价值链中,低附加值环节中有许多国家或地区,具有更大的地理弹性。这个数值越高,竞争就越激烈,其他地区更容易被取代(张辉,2005)。刘林青(2011)把"地理弹性"的概念进一步提升,并归纳了价格和成本波动的影响以及跨国巨头对销售和分销的垄断对全球农产品价值链的挤出效应。首先,新兴经济体处于全球价值链的底端。它们面临发达经济体的不对称优势,没有讨价还价的能力,并且容易受到价格和成本冲击的影响(Maizels,2000;Fernández,2015)。其次,现有技术的短缺以及跨国公司和国际买家等全球价值链管理者的封锁使新兴经济体难以完成全球价值链的升级。全球价值链的低附加值环节中嵌入了更多的后发经济体,这势必给环节的原始控制者带来挤出风险。张少军(2015)将大量新兴经济体同时归入全球价值链的低附加值环节,受需求的"总体约束",将其归纳为"合成谬误"的困境(萨缪尔森,1941)。为了避免被挤出全球价值链并获得低附加值的任务,将引发"逐底竞争"以降低产品价格。考虑到资本相对于劳动力的强势地位,降低工资已成为暂时排除风险的一种方法。鉴于发展中经济体主要从事标准化和同质化的低技能劳动力,因此参加"自下而上的竞争"意味着世界劳动力市场的深度整合(Harrigan 和 Balaban,1999)。一旦投资政策和商业成本等因素的变化导致低附加值行业的工资价格上涨,控制全球价值链的发达经济体便通过高度一体化的世界劳动力市场,迅速发现新的"工资洼地"并重新配置低附加值环节。

　　新兴经济体由于受到全球价值链中非对称性优势、"合成谬误"和"逐底竞争"的影响而阻碍了产业升级,从而逐渐面临挤出风险。为了在全球价值链中生存,新兴经济体被迫降低工资水平并成为"工资洼地",这与升级全球价值链以增加产品复杂性、提高增值能力的目标背道而驰。但如果要进入高附加值的环节,就需要提高工资水平。这又会带来挤出风险,与全球价值链完全脱节,并且不再享受价值链中分工所产生的专业经济。上述在全球价值链中挤出风险的机制表明,挤出风险和"新工资洼地"的出现是共生关系。

全球价值链的升级已成为新兴经济体避免挤出风险并稳定增加内部工资的重要途径。鉴于工资在挤出风险形成机制中的核心地位，确定新兴国家工资和就业水平的经验分析已成为检验全球价值链分工对产业升级影响的新视角。陈继勇等（2016）使用微观数据分析了中国异质性企业的工资水平与出口国内附加值之间的关系。他指出，产品价值创造的增加是中国劳动要素收益增加的重要决定因素。劳动生产率和资本密集度对工资水平的提升也发挥了积极作用，这肯定了上述关于升级全球价值链的判断，劳动生产率和资本密集度的提升是稳定增长新兴经济体工资的一种方式。劳动技术水平的差异使工资增长的效果不均衡。随着中国攀升到全球价值链的高端环节，将增加对高技能劳动力的需求。提高工资是吸收高素质人才的重要手段。全球价值链中高素质人才收入的有针对性增长将进一步拉大高技能劳动力与低技能劳动力之间的工资差距（李惠娟，2016；李强，2014；刘瑶，2016；胡昭玲，2016）。Timmer（2012，2013，2015）从全球价值链的角度对欧洲制造业1995 年至 2011 年的工资和就业水平进行了分析，结果表明，全球价值链分工的利益分配的两极分化加剧了，高技能劳动力和需求的报酬继续上升。

转型中的中国和成熟的欧洲经济体在全球价值链中处于不同的位置，朝着各自的升级目标攀升，同时显示出对高技能劳动力的强劲需求。这主要是因为高科技劳动力是人力资本和技术的重要载体，而人力资本和先进技术是全球价值链升级的关键因素。新兴经济体高端人才的工资和就业增长，不仅是全球价值链升级的体现，而且是重要的驱动因素。对人力资本和其他影响因素的全面澄清可以触及如何实现中国制造业全球价值链升级的核心命题。

第二节 "二战"后的世界经济格局

上一节介绍了全球价值链的相关概念，并分析了全球生产网络运行多年对世界不同经济体的影响。本节我们将回顾1945 年之后的世界经济格局演化历史，以判断其未来发展趋势，并从中寻找我们国家的发展机会。

一、技术革命是经济繁荣的主要驱动力

1950 年代和 1960 年代是世界经济发展的黄金时期。市场经济国家和计划经济国家的经济都以前所未有的速度增长，国际贸易和国际投资蓬勃发展。这是由于科学技术领域的巨大进步。这一时期被称为第三次技术革命。

这场技术革命始于 1940 年代和 1950 年代的美国，然后扩展到西欧和日本等其他国家。技术革命的原因如下：

（1）1930 年代的发明积累的未使用技术；

（2）为了假想战争的需要和冷战时期的军备竞赛；

（3）相关国家对科学和教育的大力支持。

在美国，研发成本与 GDP 的比率从 1950 年的 1% 增加到 1960 年的 2.8%，而在同一时期，苏联从 1.8% 增加到 2.5%。其他发达市场经济国家也显示出相同的趋势，用于科学研究的资金通常约占国民生产总值的 2.5%。教育方面的投资正在增加。1965 年到 1974 年，美国教育支出在国民生产总值中的比例从 5.3% 上升到 6.6%。1960 年到 1971 年，美国的人均官方教育支出增加了 51%，英国增加了 53%，联邦德国增加了 34%，法国增加了 56%。科研和教育经费的大量增加使创新能力保持在较高水平。

这场科学技术革命的规模、深度和影响远远超过了过去发生的任何技术革命。它的特点是全面性，几乎影响了与生产力提升相关的所有因素。工业、农业、交通运输、邮电和其他服务业均受到影响，并取得了空前的发展。它综合了所有科学部门的重大发现，在几乎所有科学技术领域引起了深刻的变化，使其出现了新的飞跃，并产生了一系列新兴的科学技术。在这些科学和技术的基础上，出现了新兴的工业领域，如聚合物合成、原子能、电子计算机、半导体、航空航天和激光，等等。电子工业是第二次世界大战后迅速崛起的行业。在此期间，集成电路、晶体管和由这些组件生产的产品已成为人们的日常必需品。特别是计算机行业，其发展速度和普及度是其他行业所无法比拟的。

1966—1976 年的 10 年中，这些国家计算机生产台数，从 1.05 万台增加

到 14.25 万台，价值从 38 亿美元增加到 149 亿美元。同期电子计算机从 4.43 万台增加到 54.91 万台，价值从 137 亿美元增加到 826 亿美元。电子计算机的运用不仅大大提高了劳动生产率和经济效益，而且正在改变着人们的生活方式。新科技革命不仅导致一系列新兴部门的产生，也使传统部门的生产发生了革命性的变化。钢、棉纺织、玻璃、造船和建筑业等传统行业都使用了新的生产技术。如在钢铁工业中，利用吹氧转炉的快速炼钢法，从装铁水到出钢，只需 20 分钟。如果单凭生产人员经验控制，冶炼的成功率很低，采用真空光量计和电子计算机控制后，则可在几秒钟内分析 30 种元素成分，并使冶炼成功率提高到 90% 以上。

二、技术革命催生管理革命

第二次世界大战之前，西方国家的公司管理经历了一系列进步。所有权和管理权的分离使各种职业经理人有更好的机会发展管理理论和实践。20 世纪 40 年代至 60 年代，出现了以"行为科学"和"管理科学"为主要流派的现代管理理论。行为科学从社会学和心理学的角度研究管理，并关注社会环境和人际关系对改善人机工程学的影响。管理科学从操作方法和工作水平的研究进一步扩展到科学组织的研究。它吸收了运筹学、系统工程和计算机等现代自然科学和技术科学的一些新成就，全面发展为现代组织和管理科学。管理科学的发展促进了公司管理的重大进步，这些进步增强了企业"有形之手"的作用。它们主要体现在以下几个方面：

（1）完善管理体系，使集权和分权，系统性和灵活性日益结合；

（2）实行生产专业化，在专业合作的基础上更好地融合大小企业；

（3）从一般质量管理过渡到全面质量管理；

（4）注意准备各种计划并及时调整以适应市场变化；

（5）以销售为基础，实行生产合理化制度；

（6）大力培训管理专家队伍，重视对在职人员的培训；

（7）实行民主管理，以吸引工人进入管理决策机构。

管理科学和先进管理技术的发展（如计算机的广泛使用）使管理人员可

以有效地管理大型混合企业。同时，所有权和管理权的分离也促使管理者加强多种业务。所有者持有多种证券以分散其投资风险，而管理人员仅需通过扩大公司产品的种类来分散其风险。1950 年代和 1960 年代的美国掀起了第三波并购浪潮，尤其是以 1960 年代为高潮。由于企业管理结构发生了变化，这次企业并购的发起人更多的是企业经营人员，而不是股东、兼并促办人或投资银行家，经理成了这次并购中最繁忙的人。这次并购持续了很长时间，并购的流行形式是混合并购。混合并购实现了经理分散风险的希望，并实现了公司的多元化业务战略。公司的目标和活动范围已扩展到与公司无关的许多业务领域，导致公司本身的组织结构发生了新的变化，并且对管理的要求更高，从而促进了管理革命的进步。不再仅仅从规模经济、追逐垄断或降低交易成本的角度来理解并购，经理们寻求增加管理保证，而不是最大化利润，因此，并购费用从 1950 年代新并购投资的 5% 上升到 1968 年的 50% 以上。这次合并的规模非常大，在 1967 年至 1969 年这三年的高峰期，美国完成了 10858 项并购，较大的并购交易起了重要作用。1968 年，大规模（超过 1000 万美元）的并购仅占总并购数的 3.3%，但其资产却占 42.6%。

三、管理国际化催生新国际经济秩序

全球分工要求母国有效管理东道国的产业。随着国内管理理论的发展，学术界和工业界已开始将这些先进的管理概念应用于国际范围。这加快了全球产业链的运营效率，并催生了新的国际经济秩序。它的成立促进了 1950 年代和 1960 年代国际贸易和国际投资的惊人发展。

据统计，从第二次世界大战到 1960 年代末，非计划经济体的商品出口价值以年均 6% 的速度增长，1960—1973 年，增长率甚至更高，达到年平均 8% 的水平。在此期间，世界贸易仅在 1951—1952 年和 1957—1958 年危机期间下降。这一时期世界贸易发展的另一个特点是，世界贸易量的增长几乎每年都超过产量的增长。1953—1963 年，初级产品贸易增长了 44%，制成品贸易增长了 83%。同期农业产值增长了 22%，采矿和制造业产值增长了 54%。同样的情况一直持续到 1970 年代后期。1963—1979 年，农业贸易增长了

94%，而产量仅增长了 45%；矿产品出口增长 99%，与产量增长保持同步；制成品出口增长了 281%，而制成品生产仅增长了 149%。从历史上看，1870—1948 年的 80 年间，世界贸易一直落后于世界工业生产。第二次世界大战后，贸易增长超过了生产发展，这表明贸易已成为经济增长的引擎。

国际贸易的迅速发展增加了贸易在世界经济中的重要性，提升了各国国民经济中对外贸易的地位。1950 年，国际贸易值占世界总产值的比重为 15.4%，1980 年为 34.4%。世界出口值占世界总产值的比重从 8.5% 上升到 17.1%。同期，发达市场经济国家的出口系数从 7.7% 增加到 26.8%，苏联和东欧国家的出口系数从 4.6% 增加到 9.3%。

出口商品的结构发生了重大变化。1876 年到 1938 年，初级产品（包括食品和原材料）在国际贸易中的比重始终高于制成品。第二次世界大战后，初级产品的比例显著下降，工业制成品的比例显著增加，大大超过了初级产品的比例。

但是，这种增长并未在世界不同地区平均分配。在 1950 年代，除计划经济国家外，欧洲工业化国家、北美和日本的增长率均高于世界平均水平。结果，这些国家在世界总出口中的相对份额从 61% 增加到 70%。计划经济国家和发展中国家都下降了，计划经济国家从 12.1% 下降到 9.9%，发展中国家（不包括石油输出国）从 14.8% 下降到 11.9%，但是石油出口国从 5.9% 增加到 7.3%。显然，发达的市场经济国家获得了更大的利益。

在此期间，国际投资增长迅速。1965 年至 1969 年，国际直接投资的年均总额为 66 亿美元，1970 年至 1974 年为 128 亿美元，1975 年至 1979 年为 256 亿美元。国际直接投资的年均增长率在 1950 年代为 4.3%，在 1960 年代为 5.3%，在 1970 年代中期以后，该比率下降了。1983 年以后，比率又大大增加，到 1980 年代末达到了 29%。第二次世界大战后，美国取代英国成为最大的直接投资国。1970 年代中期之前，美国的外国直接投资约占世界直接投资的 40%。国际投资的目的地集中在发达市场经济国家和新兴工业化国家。跨国公司在世界直接投资中的地位不断提高。根据联合国跨国中心的数据，截至 1980 年代末，西方发达市场经济国家中 90% 的外国直接投资是由跨国公司提供的，跨国公司成为世界直接投资的主要提供者。

四、国际产业转移与全球生产网络

建立国际经济秩序与国际产业转移的步伐几乎相同。从全球角度来看，自第二次世界大战结束以来，大约有四次国际工业转移浪潮，从而形成了当前的全球生产网络。

第一次浪潮发生在第二次世界大战结束后的 1950 年代。主要移民国是美国，美国当时是全球经济和工业技术的领导者。它将技术密集程度较低的纺织、钢铁、造船以及普通工业机械等向外转移，专注于电信、电子和自动化等新兴技术密集型产业的国内发展，以调整和升级产业结构。主要承接国是日本和西德，它们在第二次世界大战中遭受了沉重打击。由于它们当时相对廉价的人力成本优势，其承接了从美国转移过来的大规模劳动密集型产业，并成为全球劳动密集型产品的主要供应商。日本也借此机会成为继英国和美国之后的第三家"世界工厂"。

第二次浪潮发生在 1960 年代。其主要原因是在两次世界能源危机的影响下，石油和矿产等主要能源价格迅速上涨。它的主要移出国家是美国、日本和德国。它们为了集中精力应对能源危机，专注于发展低能耗、高附加值的技术和资本密集型产业，如钢铁、精密化工、机械制造、汽车和电子集成电路等。主要承接国是新兴工业化国家和地区，如韩国、巴西、葡萄牙、西班牙、希腊等。它们承接了来自美日德的高能耗、高环境污染的重化工业部门。

第三次浪潮发生在 1970 年代末和 1980 年代初，其主要移出国与承接国表现出多层次的特征。首先是美国、欧洲国家和日本，它们致力于发展高附加值、低能耗的计算机以及信息技术和技术密集型产业。它将具有"重、厚、长、大"特征的钢铁、造船和化工等重工业及一些资本密集型行业，如汽车和家用电器等转移到国外。其次是韩国和中国台湾地区。一方面，它们不仅着眼于抓住机遇，发展钢铁、造船、石化和汽车等重工业；另一方面，它们还将劳动力密集型产业——如纺织业转移到了中国大陆和其他东盟国家，这些国家正在逐步开放市场。

第四次浪潮发生在 1990 年代中后期，一直持续到今天。它的主要移出国与承接国仍然呈现出多层格局。美国、日本和欧洲各国将信息和网络技术等知识密集型产业转移到新兴国家和地区，如"亚洲四小龙"。而新兴国家和地区则将资本密集型产业和一些劳动密集型产业转移到了中国和其他国家。这一过程导致了新的国际劳动分工体系的形成，并使中国成了一个新的国际制造业中心，使"中国制造"享誉全球。

纵观第二次世界大战以来的四次国际工业转移浪潮，国际产业转移在转移主体（包括移出国和承接国）或转移客体（转移产业）方面既多样化又分阶段进行。它的影响范围日益扩大，在世界经济一体化过程中的重要作用越来越明显。在这四波国际产业转移浪潮的带动下，世界各国之间产业结构的关联性和互动性不断增强，世界经济产业结构的有机体系逐渐形成。在这个系统中，每个国家的产业结构的变化和升级不是独立进行的，各个国家的产业结构是紧密联系在一起的，这些变化通常是多个国家和因素共同作用的结果。

第三节 全球价值链治理的传统势力

上一节介绍了 1945 年后的全球经济格局演化历史。我们发现，在世界经济发展的过程中，科技是主要的驱动力。谁掌握了核心技术，谁就能左右世界经济格局的变化。本节我们回顾战后主要经济极的崛起与发展轨迹，并分析它们在全球价值链治理中扮演的角色。

一、21 世纪之前一超多强的时代

第二次世界大战后，美国的绝对优势地位因日本 20 年的高速发展和欧洲的联合而受到挑战，但是总体看来，美国的综合实力不容置疑。

（一）日本的经济奇迹

经历了第二次世界大战之后的恢复和改革之后，日本于1955年进入了快速的经济发展时期。1953年到1973年的20年中，日本经济的实际年均增长率达到了10%，其中制造业的年均增长率为13.2%，约为联邦德国和法国的2倍，是美国和英国的3倍左右。日本的国民生产总值在1967年超过英国和法国，在1968年赶上联邦德国，仅次于美国，成为资本主义世界第二大经济大国。在快速增长的20年中，日本已经完成了其产业结构的高层次发展。石化、电子、合成纤维、原子能、汽车和其他新兴工业部门发展迅速。第三产业所占比例在1973年上升到51.8%。

日本的经济奇迹应归因于日本公司独特的产业组织和运营制度、政府的指导性干预准则以及有利的国际形势。

首先，第二次世界大战后，日本公司组织的最大特点是公司之间的相互持股，特别是金融机构持股的增加和个人持股的减少。在日本前300大公司中，金融机构占股权的73.5%，其他法人占17.2%，个人仅占2.8%。这种以金融资本为轴心并与企业相互联系和互补的组织形式，极大地减轻了私人股东在资本市场上追求高分红的压力，使企业追求长期的共同利益。这种低股息高股价运作是日本公司的控股特点。

其次，日本企业管理系统的特色体现在终身雇佣制、年功序列制和企业内工会中。终身雇佣制度意味着一旦正式雇用员工，日本公司就不会随意解雇。当经济低迷时，将对员工进行各种培训或换工作，并在企业之间转移他们以维持永久性的雇佣制度。年功序列制是指在一定时期内增加正式雇员的薪水并在一定时期内提升其职位的做法。内部工会是日本工会的组织形式。它通过劳动管理咨询系统传达劳动和管理的意见。工会一方面为员工的权益而奋斗，另一方面与资本合作以确保企业的生产。日本企业的这些特征使企业相对稳定，员工具有企业归属感，对劳资纠纷漠不关心，也提高了职业教育水平和劳动力的劳动素质。

最后，日本在此期间的成功也应归因于世界经济的繁荣，世界贸易的扩大以及1950年代和1960年代科学技术革命的有利影响，这对严重依赖海外市场的日本来说非常重要。例如，1955 年到 1970 年的 15 年间，日本在技术引进上花费的外汇约为 60 亿美元——如果要自己研究开发这些技术，估计需要花费 1800 亿至 2000 亿美元。

（二）欧洲联盟的经济实力

1967 年，由法国和联邦德国发起，欧洲经济共同体正式成立。参加国是法国、联邦德国、意大利、比利时、荷兰和卢森堡。1973 年，英国、丹麦和爱尔兰加入。这样，整个欧洲西部经济初步融为一体，成为可以与美国和日本并肩站立的力量。1975 年，这三个经济体的国民生产总值在世界上所占的比例为：美国占 24.5%，日本占 7.9%，欧洲共同体占 22.1%。在 1980 年代后期，这种平衡更加明显，美国占 25.2%，日本占 11.8%，欧洲共同体占 18.6%。欧共体已经成为国际公认的世界大国格局的真正极点。1991 年 12 月，欧洲共同体的 12 个国家通过了《马斯特里赫特条约》，为实现欧洲经济联盟和货币联盟制定了具体计划。正在实现一个完全区域化和一体化的欧洲，如经济、货币、政治、科学和技术以及国防。到 1993 年 1 月 1 日，欧共体和欧洲自由贸易联盟国家的人口达到 3.8 亿，国民生产总值高于美国，平均个人收入略低于美国。欧盟已成为最具有经济发展潜力的区域集团之一。

（三）美国的经济地位

随着日本和西欧国家的经济崛起，美国、日本和欧洲之间的差距逐渐缩小。1950 年，美国人均 GDP 是德国联邦的 4 倍，日本的 15 倍。1980 年，美国的国民生产总值是 2617 亿美元，日本、联邦德国、法国和英国分别是 1041 亿美元、8174 亿美元、6585 亿美元和 5255 亿美元。当时，日本的经济还不到美国的 40%，联邦德国的经济相当于日本的 80%。1988 年，美国、日本、联邦德国、法国和英国的国民生产总值增加到了 48631 亿美元、28586 亿美元、12089 亿美元、9499 亿美元和 8088 亿美元。与 1980 年相比，它们分别增长了 85%、175%、48%、44% 和 54%。日本的增长最快，经济接近美国的 60%，几乎相当于联邦德国、法国和英国的总数。1989 年，日本的国民生产总值为 3.1 万亿美元，美国为 5.2 万亿美元。日本、美国和西欧的国民生产总值比为 1.0∶1.7∶1.3。这个比例在 1945 年为 1∶185∶62。

从三大经济体的企业排名来看，在 1970 年代，美国占世界 100 家大型工业公司的 64 家，欧洲占 26 家，日本仅占 8 家。到 1988 年，美国下降到了42，欧洲到 32，日本到 15。三大化工公司都在德国。1970 年，在全球 50 家主要银行中，北美有 20 家，欧洲有 16 家，日本有 15 家。1988 年，北美只有5 个，欧洲有 17 个，日本有 24 个。到 1990 年，美国已有银行跻身世界 20 大银行之列。

同时，美国自身的经济状况也加剧了美、日、欧三方分庭抗礼的局面。

第二次世界大战后的 20 年，美国和其他资本主义国家经历了长期的繁荣与发展，但是美国的国民生产总值的增长率除了比英国高以外，低于其他发达国家。此外，美国在世界各地都介入了国际事务，特别是对朝战争和对越战争。两次战争不仅使成千上万的美国士兵丧命，而且在经济上也让美国付出了巨大的代价。与苏联的军备竞赛使美国的军事开支猛增，1950 年为121.8 亿美元，1960 年为 413.4 亿美元，1970 年为 765.5 亿美元，1980 年为1329.9 亿美元，1986 年为 2733.8 亿美元，是 1950 年的 22.4 倍。军工生产虽然可以在一定程度上刺激经济发展、促进科学技术进步，但从根本上说会浪费大量的物质和人力资源，是阻碍经济发展的重要因素。在 1960 年代中后期，随着越南战争的升级，美国经济开始下滑，随后经济停滞了近 10 年。到1980 年代，美国的经济指标恶化了。其预算赤字和贸易赤字急剧增加，在世界生产总值和世界出口中所占的份额急剧下降。美国由债权国成为世界上最大的债务国。

但是，就综合实力而言，美国仍然是超级大国。美国的克莱因教授提出了一种评估国家整体实力的方法（Cline，1981）。它包括五个方面：

（1）基本实体：领土和人口；

（2）经济实力：国民生产总值、能源、主要矿产资源、工业能力、粮食生产和对外贸易；

（3）军事实力：核战略力量、常规军事力量；

（4）战略目标：政治目标，需要保护的国家利益；

（5）奉行国家战略的意愿：国家动员人民支持政府决策的能力和程度。

　　尽管美国的经济地位相对下降，但美国的优势仍然非常突出。它是唯一的超级大国，在国际事务中具有不可替代的作用。多极结构与经济中心的均衡概念不同，美国仍然是全球经济的中心。

　　（四）潜在的治理势力

　　首先，俄罗斯是一个潜在的极点。苏联解体后，其大部分遗产已由俄罗斯继承。俄罗斯现在是除美国以外最强大的军事国家，其核武器和武装部队是任何其他国家所无法比拟的。从经济上讲，尽管面临着严重的困难，但其经济发展有许多有利条件：

　　（1）俄罗斯摆脱了一些经济负担。例如，军备竞赛的缓和减轻了沉重的军事支出负担；不再需要对东欧国家进行经济援助；苏联的崩溃使一些较贫穷的边缘地区与俄罗斯分离，减少了财政扶贫支出。

　　（2）苏联为俄罗斯的经济发展奠定了良好的基础，苏联原有的丰富资源大多在俄罗斯的疆土之内。此外，俄罗斯拥有良好的工业技术基础和高素质的劳动力。俄罗斯每 10000 名居民的专家和工程师数量跻身世界前五。

　　（3）俄罗斯，作为过去超级大国的继任者，在世界范围内具有很大的影响力。只要俄罗斯探索适合其民族特色的发展道路，其前景就十分光明。

　　其次，一些大型发展中国家，如巴西、印度、埃及和中国，在当时都显示出潜在的治理实力。随着这些国家的发展壮大，尽管它们不能在某些国际事务中起决定性作用，但将增加其他发达国家垄断世界事务的难度。如 21 世纪的中国，就已经越来越受到关注。从目前的角度来看，中国在世界经济中的份额正在增加。从长远来看，中国将成为发达国家。当时，尽管中国在各个方面仍然存在许多问题，但许多人对 21 世纪中国的发展趋势感到乐观。

　　一超多强时代的到来反映了单极性模式的离心力。分权加剧了国际经济的不稳定，但是从历史上看，一个国家提供稳定有序的国际规则的时期并没有持续。多个大国的均衡发展以及发展中国家与发达国家之间的融合是实现世界和平的必要条件。

二、经济全球化与民族化的矛盾

　　经济全球化和国有化是当今世界经济发展的两个方面。我们不能因为强调全球化的发展而放弃国家利益，也不能强调国家利益而忽视经济全球化的趋势。因此，国际经济中将存在无休止的争执与协调。

（一）经济全球化

经济全球化主要是指各国经济体的高度开放以及与国际市场的融合，包括全球资金流动，人才和技术转让。自19世纪世界市场形成以来，各族裔之间的经济往来日益频繁，经济生活已开始国际化。第二次世界大战后，随着科学技术和生产力的发展，国际劳动分工的深化和国际贸易的发展，世界经济已经全球化。具体表现在五个方面：

（1）国际劳动分工从纵向发展到横向和全面，并继续加深，加强了国民经济的相互依存。

（2）国际贸易的发展速度高于国民生产总值，已成为世界经济增长的引擎和维持力。一个国家的出入境数量已经成为国民经济实力的重要指标。

（3）跨国公司取得了巨大的发展，其跨国经营、资本和利润来源的多样化使公司国籍的概念变得越来越模糊。

（4）国际经济组织在协调国际经济运作中发挥着越来越重要的作用。

（5）出现了一系列综合组织，组织内实现了不同程度的贸易和投资自由化。

简而言之，整个世界经济正在一体化，国家和国家的相互依存和共同发展已成为不可阻挡的趋势。

同时，科技创新和信息时代的到来解决了经济全球化的技术难题。运输和通信的成本已大大降低，并且它们可以实现速度的成倍增长，这使得在全球范围内实现新的通信和控制成为可能。从1930年到1990年，空运成本从每英里68美分下降到11美分，纽约和伦敦的三分钟电话费从244美元下降到3美元。而到了2010年，这个费用降低到了3美分，这带来了跨大西洋通信的零成本。信息技术的发展使大量信息和数据可以在全球范围内快速经济的传输，因此跨国公司的生产者和管理者可以在世界各地广泛地分布各个阶段的生产地点并传递信息，以统一的方式组织这些活动，而不会失去控制。此外，由于信息技术的发展，管理人员可以立即了解世界各地的市场状况，并进行必要的计算，找到利润机会，最有效地为本地市场分配资源。经济全球化影响着人们对世界的看法并改变了他们的思维方式。

（二）经济民族化

在经济全球化的过程中，经济国有化的趋势不可忽视。经济国有化是指国际经济交流中的国家利益占据了越来越重要的地位。无论世界如何发展，只要一个国家存在，就有国家利益。尽管自19世纪以来，世界各民族之间的交流有所增加，并且民族融合的趋势有所发展，但这只是国界的扩大，而不是民族的灭亡。世界经济的全球化并不意味着各国的经济已经失去了独立性。相反，由于各族裔之间的频繁经济往来，国家利益更加突出。这是因为在一定时期内，世界市场容量有限决定了生存和发展的空间有限。第二次世界大战后，所有国家都开始全力发展自己的经济，并意识到世界市场的重要性。结果，进入世界市场的商品数量急剧增加，但是国际经济结构没有及时调整，国际市场的容量没有按比例扩大。这使得国际竞争不可避免。这种竞争关系到一个国家的根本利益，是为一个国家的生存空间和发展空间而斗争。

世界经济的民族化趋势主要表现在三个方面：

（1）发展区域经济集团。世界经济一体化组织是区域集团，这些区域群体是封闭的或半封闭的，它们的共同特征是内部自由和偏好以及外部自由和歧视。其目的是保护集团的利益，基本上是国家的利益。

（2）发达国家贸易保护主义的抬头。第二次世界大战后，以美国为首的发达国家基本实行了自由贸易政策。但是，随着国际竞争的加剧和国家经济矛盾的加剧，各国的贸易政策逐渐改变，开始转向保护主义。尤其是，在第二次世界大战初期，美国已从自由贸易学说转变为公平贸易学说，也就是说，它不再"免费"向发展中国家提供市场。至于发展中国家，市场从未完全开放，民族主义实际上是这些国家经济发展的思想力量。

（3）区域集团与国家之间的经济竞争和经济矛盾日益以政治和种族矛盾的形式表现出来。例如，中东问题，日本追求成为政治大国以及发展中国家对大国控制的反对，等等，都旨在维护国家利益。

因此，在经济全球化的过程中，贸易摩擦和贸易冲突从未停止。

（三）争端与协调

第二次世界大战后，一些主要西方国家的经贸争端显著增加，特别是美国和日本之间的贸易战、美国和欧盟之间的贸易摩擦，以及日本和欧盟之间的贸易争端日趋激烈。

美日之间的贸易战经历了许多阶段：在 1970 年代末和 1980 年代初至 1985 年，美国和日本之间的摩擦重点是撤回和降低日本的关税以及非关税壁垒。在美国的强劲需求下，日本的关税急剧下降。同时，日本于 1982 年建立了市场公开投诉处理和促进总部，专门接受美国和欧洲制造商对日本的非关税壁垒的投诉，并根据它们的要求改进和简化海关程序。从 1985 年到 1989 年，汇率调整成为美国和日本之间摩擦的焦点。1985 年，美国在纽约召集了 5 个西方国家举行财政部长会议，迫使日元对美元汇率大幅升值，以纠正日美不断增长的贸易失衡。美国国会还于 1986 年通过了一项法案，要求日本每年自动减少 10% 的对美出超，否则美国将采取报复行动。此后，日元汇率飞涨，自 1990 年以来日元汇率逐渐稳定在 1 美元兑 135 日元的水平。但是，美国对日本的贸易逆差并未减少。

1989 年之后，双方的攻防重心都转向了结构调整。美国认为，在与日本的竞争中，美国是被动的，因为日本的经济体系已经对自由竞争造成了障碍。它归咎于日本国内市场的封闭和排他性，美国强烈要求日本扩大其市场开放度。1994 年的汽车及其零件之战使美日贸易战达到高潮。美国威胁要对日本使用"超级 301"条款来制裁。后来，尽管日本做出了让步，但美日贸易不平衡问题并未得到彻底解决。

欧洲共同体建立了一个非常有限的市场，威胁到美国和日本在欧洲的利益。美国与欧盟之间最突出的贸易争端是农产品出口补贴问题。欧盟实施农产品补贴政策后，对美国农产品出口的传统市场产生了影响，降低了美国农产品的净收入，美国也被迫采用农产品出口补贴。1993 年，乌拉圭回合谈判取得了初步成功。法国同意削减农业补贴，但法国农业工人举行了示威和抗议活动，给法国政府带来了很大压力。而日本与欧共体之间的贸易摩擦体现在欧共体对前者的指控上，即日本向欧洲出售的日本汽车超过了欧洲国家允许的配额，欧洲也希望日本向他们开放市场。

世界的贸易争端远远不止于美日、美欧和欧日。美国和加拿大曾经就小麦、啤酒和木材贸易争执不休。中美之间则是最惠国待遇和知识产权保护引起的贸易争端。各国和发达国家在进口限制和非关税壁垒方面存在严重分歧。这些争端在全球化进程中时大时小，但它们总是会发生。

争端的存在使国际协调非常重要。一种方法是争端的双方通过谈判和自我消化做出让步，大多数双边争端都通过这种方法解决。另一种方法是通过各种国际组织调解。主要的国际组织是世界贸易组织、国际货币基金组织、世界银行和国际清算银行。它们的具体功能如下。

1. 世界贸易组织

该组织于 1995 年 1 月成立。它是正式统一管理国际贸易的机构，基于关贸总协定乌拉圭回合决定创立。它使得国际贸易体系从关贸总协定等"协定"升级为世界贸易组织等"国际机构"。世界贸易组织的历史使命是使世界贸易从双边主义和区域主义转向多边主义。世界贸易组织成立后，处理贸易争端的能力大大增强。在世贸组织体制下，单方面的制裁和紧急进口限制已得到遏制。世界贸易组织还包括一些控制目标范围的新领域，并制定了相应的规则。从某种意义上说，关贸总协定的规则侧重于实物贸易，世界贸易组织已将其扩展到全球化中出现的新领域，如服务贸易和知识产权。服务贸易包括金融、海运、通信广播和流通服务，知识产权包括专利权和版权等。

2. 国际货币基金组织

其主要业务范围包括四个方面：

（1）监督成员国的外汇安排和外汇管制；

（2）与会员国进行定期或紧急磋商；

（3）提供一个国际论坛，供成员国之间就国际货币问题进行磋商；

（4）向成员国提供贷款或紧急财政援助，国际货币基金组织的主要资金来源仍然是每个国家的缴纳份额。

3. 世界银行

其任务包括：

（1）促进生产性投资并协助成员国的经济复苏以及生产和资源开发；

（2）促进私人外部贷款和投资；

（3）鼓励国际投资并开发成员国的生产资源；

（4）促进国际贸易的长期均衡发展，保持国际收支平衡；

（5）基于国际信贷合作，提供信用担保。

4. 国际清算银行

这实际上是各个国家的中央银行。其职能是促进中央银行之间的合作，并为中央银行提供更多的国际金融服务便利；行使中央银行的银行职能，并担任国际金融清算业务的受托人或代理人；接受来自各国中央银行的存款，并向中央银行贷款，发行债券，买卖外汇和黄金以及协助政府间借贷。

这些国际组织为第二次世界大战后，特别是冷战后的世界经济运行提供了组织保障。它们为各国的经济政策提供了总体的长期指导，维护和协调了成员国的经贸利益，做出了巨大的贡献。但是，国际组织在进行经济协调时不可避免地受到经济霸权的干扰。例如，尽管世界贸易组织具有上述功能，但是在美国，由于存在"301条款"和"超级301条款"，因此难以保证其能够完全按照规则运作。此外，某些追求经济霸权主义的国家拒绝了世界贸易组织的投票程序（一国一票），认为它不可能代表一种新的治理机制。这些国家认为，世界贸易组织是一个没有强制执行力的空头组织，不可能做出任何决定。受此压力，国际货币基金组织和世界银行也在不断变化的国际环境中寻找着自己的位置。

三、南北国家的斗争与合作历程

第二次世界大战后建立的国际经济秩序没有考虑到发展中国家的利益，因此出现了南北关系问题和发展中国家为建立新的国际经济秩序而进行的斗争。在与发达国家的斗争中，发展中国家之间的合作也在逐步形成。

（一）南北差距

尽管在第二次世界大战初期，发展中国家的平均经济发展速度高于发达国家，并且其中许多国家已经取得了工业化的成功，进入了中等发达国家的行列，但是大多数发展中国家的经济发展困难依然存在。经过 40 多年的发展，发展中国家与发达国家之间的差距不仅没有缩小，而且在扩大，甚至有继续扩大的趋势。在 20 世纪 50—70 年代，发展中国家的平均经济增长率高于发达国家，并且两者之间的经济差距曾经缩小。但进入 1980 年代后，发展中国家的经济增长率显著下降，仅为 4.3%，略高于发达国家的 3%，人均 GDP 的增长率略低于发达国家。

1989 年和 1990 年，发展中国家的经济增长分别仅为 3.4% 和 2.5%，低于发达国家的 3.7% 和 2.8%。从 1981 年到 1985 年，对人均 GDP 指标进行比较，发展中国家下降了 4% 以上，发达国家上升了 10%。1955 年，发达国家与发展中国家的人均国民收入之比为 1.0∶30.8，1980 年为 1.0∶40.8，1985 年达到 1.0∶43.7。这意味着发展中国家进入了前文提及的"低端锁定"阶段。

（二）传统社会理论和中心—外围理论

对于南北差距的扩大，有人认为这是由于发展中国家的问题所致，有人认为国际经济秩序不合理是一个重要因素。前者称为传统社会理论，后者称为中心—外围理论。

根据传统社会理论，欠发达是当地社会的自然属性、文化习俗和人种个性所致，无法反映工业化的刺激作用。传统社会中僵化的社会结构或腐败的官员阻碍了工业化进程。在这样的社会中，尽管发达国家向他们提供了资本、技术和训练有素的精英，如西方企业家和政客，但这种社会不存在或无法迅速产生政治、经济和社会体制框架。因此，发展不足源于发展中国家本身。人口和资源较大的国家更有可能使用该理论来解释其发展不足。

中心—外围理论认为，现有不合理的国际经济秩序是不发达国家落后的根源。阿根廷经济学家普雷维什首先提出了中央—外围理论（1949）。他将世界分为两个主要系统：中央系统和外围系统。发达国家处于世界体系的中心，而欠发达国家处于边缘。他们依赖发达国家，被迫接受不利的生产分工和不平等的交换关系。欠发达国家向西方提供了大量廉价的农业和矿产产品，初级产品出口价格的长期下降限制了国内生活水平的提高，严重阻碍了工业化的发展。同时，殖民主义加强了这种经济发展模式。一方面，外国资本对几种主要产品的投资产生的飞地经济限制了利用资源促进其他部门发展的可能性。另一方面，欠发达国家的工业处于发达国家的资本管制之下，这对其国民工业的发展构成了威胁。因此，中央国家对周边国家的剥削在不发达国家造成了贫穷，从而扩大了南北之间的差距。

美国经济学家布鲁尔进一步发展了中央—外围理论。他认为，资本主义世界体系可以分为三个层次的国家：中央国家、半外围国家和外围国家。基本区别在于，不同国家具有不同的优势，这种差异导致了剩余价值从外围国家向中央国家的转移，从而进一步增强了中央国家的实力。每当市场活动的主体未能使利润最大化时，它们就试图避免市场的正常活动，而求助于国家权力来改变贸易条件。因此，国家权力已经成为追求利润最大化的核心机制。另一位美国经济学家弗兰克断定，过去造成某些国家发展不足的是资本主义，无论是世界资本主义还是一国的资本主义，而今天仍在造成这种情况。

根据中央—外围理论，发展中国家与发达国家之间的关系是尖锐对立的。只有发展中国家与中央国家决裂时，国民经济的独立发展才有唯一的出路。尽管其他相对温和的思想趋势并未将国际经济秩序归咎于发展中国家的不发达根源，但他们仍将其归咎于其成为发展中国家经济发展的障碍。

（三）争取建立国际经济新秩序的斗争

1955 年的亚非万隆会议和 1961 年的不结盟国家第一次首脑会议是发展中国家建立新的国际经济秩序的初步努力。在亚非会议上，新独立国家首次发出呼吁，要求世界改变旧的国际经济关系，实现经济独立。1964 年 3 月，第一届联合国贸易和发展会议由 118 个国家和地区参加。在会议上，77 个发展中国家（77 国集团）发表了联合声明，指出它们将参与其中。在国际经济合作中，它们确定了共同目标并制定了联合行动计划。1974 年在纽约举行的联合国第六届特别会议通过了《关于建立新的国际经济秩序的宣言》和《关于建立新的国际经济新秩序的行动纲领》。同年，国际经济合作会议筹备会议（"南北对话"）在巴黎举行，从而使发展中国家为建立新的国际经济秩序而进行的斗争达到了高潮。

新的国际经济秩序的基本原则是在主权平等与和平共处基础上建立合作、平等互利的国际经济关系。尽管发展中国家为建立新的国际经济秩序而进行的斗争遭到了旧秩序的捍卫者的反对，但也取得了一些成果。在资源主权方面，产油国已通过共同斗争从西方石油垄断企业撤回了对石油的主权。关于维护海洋权，经过 9 年的艰苦谈判，第三次联合国海洋法会议通过了《海洋法公约》草案，赢得了 200 海里领导的海权的胜利。拉丁美洲国家在国际援助方面，已经确定了发达国家对发展中国家的年度援助指标。在债务方面，一些发达国家已同意降低官方利率并放宽还款期限。在国际贸易方面，为了稳定原材料的出口价格，发展中国家在 1976 年 5 月正式提出了"商品综合方案"。消费国和生产国为发展中国家出口的 18 种初级产品提供了共同基金作为缓冲存储。特别是，非洲、加勒比和太平洋地区的 46 个发展中国家与欧洲经济共同体签署了 1975—1979 年的五年经贸协议，即第一个《洛美协定》。根据协议，非洲、加勒比和太平洋国家的所有工业产品和 96% 的农产品都可以免税和无限制地进入欧洲共同体；进入欧洲共同体的商品可享受最惠国待遇，但不能免税，欧共体为这些国家主要初级产品因价格下跌或自然灾害而遭受的损失提供经济补偿。

第二次和第三次《洛美协定》分别于 1979 年和 1984 年签署，为期五年，扩大了稳定出口和补偿产品的范围，成员国数量逐渐增加到 65 个。《洛美协定》为发展中国家采取各种措施争取公平贸易，并改变南北之间不合理的国际经济关系提供了保障。与此同时，西方国家中有一些力量主张缓和南北矛盾，加强南北合作。"国际发展独立委员会"成立于 1977 年，发表了两份报告，1979 年《北方和南方：争取生存的共同纲领》和 1983 年《共同的危机：南北合作争取世界经济的回升》，希望以此促进南北的进一步沟通与对话。

（四）南南合作

在争取新的国际经济秩序的斗争中，发展中国家之间的经济合作正在逐步形成。77 国集团和不结盟国家首脑会议的目的都是加强发展中国家之间的经济合作，在国际经济和贸易中采取共同立场，制定联合行动计划，并采取集体谈判战略。77 国集团在每次会议的决议中都会提出一套方案和计划，以加强在贸易、技术、粮食和农业、能源、金融和工业化等各个领域的南南合作。随着这些组织的发展和发展中国家的共同努力，发展中国家之间的合作取得了丰硕的成果。

从 1970 年到 1980 年，石油输出国组织向一些发展中国家提供了 485 亿美元的优惠贷款和赠款。1981 年，其成员国提供的援助占其国民生产总值的 1.93%，大大超过了当年发达国家 0.35% 的平均水平。自 1960 年代以来，发展中国家之间建立了各种区域和跨区域经济一体化组织，取得的显著成果包括：东南亚国家联盟、海湾合作委员会、西非经济共同体、中美洲共同市场、加勒比共同体和共同市场。它们都在促进成员国经济发展中发挥了积极作用。

目前，南南合作仍处于起步阶段，发展中国家之间的合作具有巨大的潜力和广阔的前景。

（五）国际援助

发达国家曾经对发展中国家的工业化表现出极大的热情，认为世界经济发展不平衡最终将阻碍其自身发展。1946 年开业的世界银行开始向发展中国家提供最初的经济援助。从 1946 年到 1960 年，世界银行批准了 260 笔贷款，总净额为 50 亿美元。1960 年之后，世界银行的子公司国际开发协会开始向发展中国家提供低息贷款。1988 年，IDA 贷款达到 477.66 亿美元，其中 267.15 亿美元用于亚洲，147.38 亿美元用于非洲。国际开发协会对某些贫穷发展中国家的贷款的关注使世界银行得以向更多发展中国家提供贷款。1981 年，世界银行的贷款总额为 680 亿美元，其中拉丁美洲获得 32%，欧洲和地中海国家获得 28%，东亚和太平洋地区获得 23%。1988 年，世界银行的累计贷款总额为 1550 亿美元，其中亚洲的份额上升到 33%，欧洲和地中海国家的份额下降到 26%。在世界银行成立 50 周年之际，对发展中国家的贷款和援助总额达 3000 亿美元。世界银行贷款投入的主要部门是农业、乡镇发展、运输、工业和能源。世界银行向正在进行经济改革并从计划经济向市场经济转变的国家提供政策建议和贷款支持。世界银行官员在总结其作用时说，世界银行的主要任务是利用富裕国家的财政资源来促进发展中国家的经济发展和人民生活水平的提高。

其他协助发展中国家的区域组织也开始在 1950 年代后期发挥作用，主要包括欧洲发展基金、美国银行、亚洲开发银行和非洲银行。欧洲发展基金的目标是非洲、加勒比和太平洋地区等欧共体前成员国的殖民地。这些区域援助组织的一个特色是提供技术援助。

自 1980 年代以来，发达国家逐渐呈现出了援助疲劳的症状。美国的对外经济援助逐渐减少，在 1990 年代平均每年只有 69 亿美元。其他发达国家的官方援助也逐渐减少。只有日本和法国增加了官方援助。1980 年，官方发展援助仅占援助资金总流量的 36%。联合国的目标是要求发达国家提供的官方发展援助到 1975 年占其国民生产总值的 0.7%，但是到 1980 年代末，只有极少数的发展援助委员会成员国实现了这一目标。发展援助委员会提供的援助平均不到其国民生产总值的 0.4%。1994 年流向发展中国家的援助净额为 1840 亿美元，其中 1640 亿美元来自经合组织国家。但是，以直接投资、银行贷款和股票购买等形式出现的私人资本流动为 1100 亿美元，占总额的 60%，官方援助为 597 亿美元，占 1/3。按实际价值计算（不包括通货膨胀和汇率变动），1994 年的官方援助与 1993 年相同，少于 1992 年。1994 年，经合组织成员国的援助在其国民生产总值中的份额为最低点（0.3%），在 1992 年之前的 20 年中一直保持在 0.35% 左右。

除了援助减少的原因外，1980 年代发展中国家的债务增加也是值得考虑的重要因素。1980 年，发展中国家的外债总额达 6500 亿美元，拉丁美洲的债务已达到危机水平。1982 年 8 月 13 日，墨西哥财政部长向国际货币基金组织宣布时，债务危机爆发，并迅速蔓延至拉丁美洲、东欧和东南亚。加上欧美国家的高利率政策和美元的不断贬值，债务国的偿债负担更加恶化。非洲的局势最悲惨。1989 年，外债总额达到 2500 亿美元。在 5 亿人口中，有 1.2 亿失业和半失业，而 50%~70% 的人口处于贫困之中。1980 年代的 4 年严重干旱造成 100 万人死亡。1990 年代以后，尽管发展中国家的利率和通货膨胀率下降了，但债务问题仍是一个严重的问题。

发展中国家对发达国家的援助也存在争议。有人认为，援助资金造成的累积债务将导致国际组织（例如国际货币基金组织）干涉该国的政策。确实，1980 年代债务危机爆发后，国际货币基金组织对债务危机国家采取了紧缩调整政策，以减少债务国的投资和进口。然而，沉重的杂项税和令人担忧的通货膨胀导致资本外流和经济停滞。失业增加，社会福利减少，国民也更加贫穷。在 1980 年代，拉丁美洲的穷人爆发了反对国际货币基金组织的行动。1994 年，美国非政府组织团体也批评了国际货币基金组织和世界银行，认为它们向低收入国家提供的融资条件很苛刻，无助于改善低收入国家的生活。一些发展筹资还造成了环境破坏和民族贫困的加剧发展。联合国说，近年来有 47 个在国外提供大量援助的国家没有经济增长，其人均国民收入一直在缓慢下降。

2013 年，我国在习近平总书记提出"一带一路"倡议后，通过创设亚洲基础设施投资银行等措施，积极投身对相关国家的国际援助中。截至 2019 年 7 月，亚洲基础设施投资银行成员数增至 100 个，顺利获得联合国大会永久观察员地位，贷款总额达到 85 亿美元并成功发行了首笔美元全球债券。同时，通过制定一系列重要战略和政策，亚投行已成为多边开发体系新的重要一员。

第四节　跨国公司在全球化中的角色

我们通过上文回顾了近几十年世界经济秩序和治理体系的形成过程。我们发现，在全球价值链中占据高端地位的经济体，其技术和资本实力肯定是最雄厚的。而在全球价值链的治理中，直接角色并不是一个国家或地区之类的经济体，而是一个架构完备的企业。而有能力对价值链在全球范围内进行有效管治的，必定是那些实力超强的跨国公司。跨国公司是指在两个以上国家拥有从事生产经营活动的分支机构，并将它们置于统一的治理结构之下的企业。资本输入将为东道国带来投资效应，而生产活动的转入则将在东道国引起生产转移效应。由于跨国公司的投资效应和国内投资无明显差异，故本节只综述对东道国生产转移效应的研究。

一、跨国公司的发展历程

跨国公司在全球范围内组织生产和流通，并成为经济全球化的动力和主力军。早在 1997 年，联合国的统计数据就表明，当时全世界有 44000 家跨国公司的母公司和 280000 家外国子公司和分支机构，形成了庞大的全球生产和销售系统。这些跨国公司控制着世界 1/3 的生产，控制着世界 70% 的外国直接投资、2/3 的世界贸易、超过 70% 的专利和其他技术转让。30 年后，跨国公司变得更加强大。但不同的是，其中有许多来自我们中国。

跨国公司自 1950 年代开始发展。在第二次世界大战后的前十年或更长时间里，主要是以美国为总部的跨国公司向外部扩张。主要资本主义国家的跨国公司在 1960 年代和 1970 年代取得了巨大的发展。美国跨国公司仍具有显著优势，而西欧和日本的相关企业也发展迅速。

进入 1970 年代，跨国公司的发展形势以部分股权所有为主。1970 年代中期，美国有 180 家跨国公司在发展中国家建立了子公司，分别占总股本的 43% 和与东道国的合资企业的 52%。1980 年代后，企业的跨国合并成为外国投资的主要方式。1980 年代，美国跨国公司在西欧建立的子公司中有一半以上是与当地公司合并的结果。其中著名的合并包括福特汽车公司合并捷豹公司、百事可乐公司并购史密斯和洛克公司。跨国并购浪潮具有后续效应。一旦合并发生，类似的公司通常会展开同类并购，以扩大竞争优势并确保其海外市场，加强海外生产网络，这又会进一步推动合并浪潮的新发展。跨国并购促进了各国经济相互依存的程度，使其发展到更深层次。

跨国公司的业务战略已从区域范围逐步过渡到全球范围。在第二次世界大战后的初期，跨国公司的分支机构在每个东道国均充当独立实体，并具有高度的自治权。基本上，每个分支公司都直接与母公司联系，以保证每个分支公司的最大利润。随着科学技术的进步，发达国家逐渐采用了商品和资本自由流动的原则，越来越多的发展中国家采取了开放政策，跨国公司加强了母公司与分支机构之间以及分支机构之间的联系，也就是说，在从全球范围安排投资、生产、销售和科学研究等业务活动时，在确定其业务战略时，各机构考虑的是使整个公司的利润最大化，而不是斤斤计较当地子公司的损益。

跨国公司已将其在各个地区的子公司紧密整合在一起，形成了一个网络，从而提高了生产和管理的整合程度。根据生产要素最优分配的原则，它充分利用了世界各国的不同资源禀赋和市场优势，凭借其雄厚的实力，可以更为科学地选择在全球范围内生产某种产品，或在某国家生产某种产品的某些部分。

跨国公司以世界为工厂、以国家为车间，促进生产的国际化。跨国公司内部和之间的贸易已成为当今世界进出口贸易的重要组成部分。跨国公司生产的国际化已导致企业内部（子公司之间以及子公司与母公司之间）的大量产品跨境交易。跨国公司的活动也促进了金融全球化。金融全球化加快了资本跨境流动的速度和规模，这既是跨国公司发展的条件，也是跨国公司发展的结果。跨国公司创造了宏观经济活动，这些活动通过微观经济实体的运作影响经济全球化。跨国公司作为国际投资和产业技术转让的主要载体，已经成为世界经济发展的直接动力。

二、跨国公司对东道国的影响

对于东道国而言，跨国公司将带来资金和生产活动的转入。根据生产转移效应的作用途径，我们从三个方面分别进行综述：分工效应，指跨国公司进入对要素在产业间，以及同一产业不同工序之间的配置所产生的影响；竞争效应，表示跨国公司进入后所导致的国内产品市场的竞争加剧；溢出效应，表示跨国公司通过与当地企业之间的水平或垂直交互而产生的外部性效应。

（一）分工效应

首先，我们必须研究水平型跨国公司进入东道国的劳动分工。如果跨国公司的子公司的生产结构与东道国的本地企业完全相同，则跨国公司的进入将导致东道国的要素从其他行业流向跨国公司进入的行业，从而增加所在行业的产出规模，而其他行业的规模则相应缩小。鉴于专有资产是企业成为跨国公司的必要条件，跨国公司经营的行业通常是专有资产密集型行业，在实际经济中，它们通常也是技术密集型行业。因此，水平型跨国公司对东道国经济的分工效应将加剧东道国产业结构的技术复杂性。

然而，跨国公司子公司和本地公司具有相同生产结构的假设不仅与实际情况有很大出入，而且导致理论上的不完整，从而无法分析专有资产的来源。实际上，专有资产通常是公司研发的产物，这种模型要求研发与生产的两个环节相互分离，跨国公司必须首先在其本国进行研发，再创建相应的专有资产，然后才能使用该资产进入东道国市场。因此，水平型跨国公司对东道国的分工效应应该考虑到垂直分工因素。

通常，整个跨国公司的生产都是由资本密度最高的总部服务部门创建的，这相当于三个环节：研发、中间产品生产和最终产品组装。跨国公司的进入意味着将最终产品组装转移到东道国，或者同时将中间产品生产和最终产品组装转移。与水平型跨国公司一样，相关要素也从其他行业转移到了跨国公司所在的行业。水平型和垂直型跨国公司的不同之处在于，在同一行业中，水平型跨国公司将导致从总部服务创建到最终产品组装的要素流动效用。假设跨国公司所在行业的技术强度高于其他行业，并且总部服务所创造的技术强度高于中间产品的生产，而中间产品的技术强度产品生产高于最终产品组装，则跨国公司进入的分工效应在各产业之间的反映是——产业结构的技术复杂性增加和产业内技术密集度的降低。也就是说，跨国公司的进入会使东道国的产业间结构优化，但是却恶化了产业的内部结构。

但是，不能忽视的是，东道国的本地企业也设有总部，以建立一个完整的产业链流程。当东道国是一个落后的发展中国家时，其产业的发展可能远低于跨国公司的母国。当地公司也不太可能具有与跨国公司相同的产业链结构。在极端情况下，垂直跨国公司进入之前，东道国技术复杂度最高的生产环节的技术水平低于母国技术水平最低的生产环节的技术水平。而若跨国公司将诸如最终产品组装和低端中间产品生产之类的低技术生产环节转移到东道国，而这些生产环节的技术强度也高于所有本地企业的话，在一个行业中跨国公司的进入将导致要素从低技术密集型环节转变为高技术密集型环节。跨国公司进入的分工效应增加了行业本身的技术复杂性，从而优化了其内部结构。

从母国和东道国工业发展水平的实际差异来看，跨国公司进入对东道国国内产业的影响是这两个条件结合的结果。一方面，跨国公司的进入促使东道国的一些管理人员转变为生产工人；另一方面，它也催生了由高技能生产人员和管理人员组成的高效企业。跨国公司进入的总体效果取决于该产业的发展水平。差异越大，跨国公司就越有可能增加产业的技术密集度，反之亦然，降低技术密集度的可能性就越大。

（二）竞争效应

从字面上看，竞争效应意味着跨国公司进入东道国后，本地企业面临的资源稀缺性增加。这里的资源通常包括消费者的需求以及资本和劳动力因素。由于跨国公司分工效应的机制是增加对一种生产活动的需求并提高要素价格，以便搜索其他产品以释放相应的分工，因此分工效应包括明显的竞争要素。为了区别分工效应，本书的竞争效应主要体现在跨国公司的进入和对消费者的激烈竞争中。

跨国公司的竞争效果取决于本地企业对外国竞争的响应。这种响应可以大致分为两种类型：一种是攻击响应，即选择加倍努力以应对和抵制跨国公司进入的威胁；另一种是防御响应，即减少工作量、缩小业务范围或退出市场。需要进一步指出的是，本地企业的响应类型取决于市场结构和先发优势规模等因素。由于本地企业对外国竞争的响应的一个重要反映在于其研发战略，因此应在评估跨国公司进入企业对其研发的影响后，再对跨国公司的竞争效果进行更详细和全面的讨论。

一方面，在跨国公司通常的均衡分析框架下，跨国公司进入后的竞争效果最直观的体现是增加了同类产品的数量，从而减少了本地企业的销售额。另一方面，如果跨国公司比本地公司更有效率优势，尤其是当跨国公司在落后国家投资时，则销售相同质量产品的跨国公司的价格将低于本地产品。价格差异越大，跨国公司进入东道国的竞争效果越强。

在垂直跨国公司的分析框架下，本地企业通常可以分为三种类型：中间投入产品制造商、最终产品制造商和综合企业。只有后两者在产品市场上存在和跨国公司之间的上述竞争。因此，跨国公司的竞争效果不平衡，仅影响最终产品制造商和综合企业，从而降低了这些企业的销售量，最终导致这两种类型的企业萎缩或退出市场。

（三）溢出效应

关于跨国公司的技术溢出效应，根据影响的渠道，可以将溢出效应分为水平溢出效应、前向关联效应和后向关联效应。水平溢出效应是指跨国公司的子公司对东道国和生产该公司类似产品的其他公司的外部影响；前向关联效应是指跨国公司的子公司对其价值链上游的东道国企业的影响；后相关联效应是指跨国公司的子公司对其价值链下游的东道国企业的影响。

水平溢出效应是最早进入人们视野的溢出效应，也是发展中国家吸引跨国公司的主要动机之一。它源于跨国公司在东道国的运营中所产生的外部性，并且这种外部效应很难整合到新古典理论框架中，因此需要将其视为外部性机制。结果，得出结论，存在水平溢出效应。它完全取决于所涉及的外部性，因此该结论对假设并不可靠。实际上，这种外部性显然不利于跨国公司，应予以大力避免。例如，跨国公司经常采取各种措施来限制技术知识的传播和技术人员的外流。在经验研究中，人们可以说出跨国公司进入东道国的溢出效应的唯一共识是，没有可靠的证据说服人们，跨国公司的进入对东道国经济产生积极的水平溢出效应。

对东道国企业的正向关联效应正好相反。可以在主流均衡框架中对其进行解释，并且它的存在也得到了许多可靠证据的支持。例如，公司的生产效率与所使用的中间投入类型的数量成正比，供应商和用户对所在地的接近程度对于大多数中间投入至关重要，并且中间投入多样性的中间需求的市场规模有限制。母国的公司也可能倾向于使用东道国作为中间投入，而跨国公司是实现这一动机的唯一途径。在这种情况下，跨国公司在东道国建立企业，进口母公司在母国生产或购买中间产品，并将它们与在东道国购买的中间产品组装在一起生产最终产品。

对东道国企业的向后关联效应反映在东道国对中间投入品的需求市场的扩大上，需求市场的扩大将导致市场上中间投入品的种类更多。品种数量也相应增加，因此效率也相应提高。根据前面的分析，可以知道，跨国公司的进入相当于母国的管理人员在东道国雇佣生产工人进行生产，并且东道国的一些管理人员被转移到生产工人，这些生产工人将与能力更强的经理匹配在一起，组成更为高效的工作组。

我们可以用一种更通用的方式来描述，产品的生产包括三个环节：一是总部提供的服务，这相当于管理人员解决问题的活动；二是中间产品的生产，相当于生产工人的生产活动；三是将总部服务和中间产品组装成最终产品。跨国公司的进入意味着在东道国建立了最终产品组装公司，总部服务从母公司进口，中间投入则在本地购买用于加工和组装。不同之处在于，我们假设跨国公司从本地购买中间投入物不是匿名的市场交易过程，而是子公司与本地中间投入物生产者之间的长期合同交易过程。为了反映假定的管理能力和生产工人能力的互补性，假定跨国公司总部服务的利用效率与签订中间投入品合同的当地生产者技术水平成正相关，中间投入品生产者与总部合同服务质量成正相关。根据这些假设，具有高质量总部服务的跨国公司的进入将导致东道国中间投入品生产者支持的总部服务质量得到总体改善，并相应提高技术水平。这符合跨国公司对东道国的技术溢出效应。同时，与本地公司相比，跨国公司将对中间投入品供应商的供应质量和交货时间提出更高的要求，一些跨国公司甚至会提供供应商管理和人员培训。这些措施将对供应商的技术水平产生促进作用。

第五节　新兴国家和地区工业化回顾

在上一节中，我们了解了跨国公司是当前国际产业格局塑造的主要推动力。它给承接产业转移的东道国带来技术和发展的同时，也带来了各种各样经济和社会问题。在本节中，我们将回顾主要新兴国家的工业化进程。在传统生产模式下，我们中国的成功经验是什么？如何警惕与绕过某些国家陷入的困境？

一、工业化战略的时代背景与必经阶段

第二次世界大战后，许多新成立的国家属于发展中国家，发展中国家面临着工业化的问题。对于这些国家而言，重要的不是是否要实现工业化，而是如何实现工业化。因此，第二次世界大战后，这些国家将发展民族工业和促进工业化作为当务之急。自 1950 年代以来，工业化浪潮掀起。这是继发达国家早期工业化之后的第二次工业化浪潮。但是，由于工业基础薄弱，资金严重不足，经济结构不健全以及发达国家已经完成工业化的事实，发展中国家需要对发达国家的工业化经验进行学习讨论，并选择工业化战略。

关于经济增长方式的新古典经济学有两种理论：第一，经济增长是生产要素增长的结果，如资本积累、劳动力增加和技术进步；第二，经济增长是生产结构转变的结果。增长要素理论分析了资本、劳动力和技术对经济增长的贡献。尽管不同的学者强调不同的要素，但是每个要素对经济增长的重要性都不能忽略。为此，经济学家提出了各种增加生产要素的方法，包括引进外资、加强教育和培训企业家。增长要素理论基于竞争均衡的假设，认为所有部门的劳动力和资本都可以带来相同的边际收益。结构转型理论认为，当可预见性不足且要素流动受到限制时，各个生产部门的生产率就不一样。因此，劳动力和资本从生产性较低的部门向生产性较高的部门的转移可以加速经济增长。该理论认为，发展中国家的资源转移比发达国家的转移更为重要，如资源从农业向工业的转移或从工业向第三产业的转移。

关于跨国公司的技术溢出效应，根据影响的渠道，可以将溢出效应分为水平溢出效应、前向关联效应和后向关联效应。水平溢出效应是指跨国公司的子公司对东道国和生产该公司类似产品的其他公司的外部影响，前向关联效应是指跨国公司的子公司对其价值链上游的东道国企业的影响，后向关联

效应是指跨国公司的子公司对其价值链下游的东道国企业的影响。

水平溢出效应是最早进入人们视野的溢出效应，也是发展中国家竞争吸引跨国公司的主要动机之一。它源于跨国公司在东道国的运营所产生的外部性，并且这种外部效应很难整合到新古典理论框架中，因此需要将其视为一种外部性机制。它完全取决于所涉及的外部性，因此该结论对于假设是不可靠的。实际上，这种外部性显然不利于跨国公司，因此应予以大力避免。例如，跨国公司经常采取各种措施来限制技术知识的传播和技术人员的外流。在实证研究中，并没有可靠证据来证明跨国公司进入东道国的水平溢出效应是对东道国经济产生的积极影响。

对东道国公司的正向关联效应正好相反，可以在主流均衡框架中对其进行解释，并且这一效应的存在得到大量可靠证据的支持。例如，公司的生产效率与所使用的中间产品投入数量成正比。对于大多数中间品投入，供应商和用户与位置的接近程度至关重要，并且中间投入多样性的中间需求的市场规模有限。母国的公司也可能倾向于使用东道国作为中间投入，而跨国公司是实现这一动机的唯一途径。在这种情况下，一家跨国公司在东道国建立业务，进口母公司在母国生产或购买中间产品，并将它们与在东道国购买的中间产品结合起来生产最终产品。

经济学家根据新古典主义发展理论并总结了发展中国家的发展经验，提出了进口替代和出口替代理论。进口替代和出口替代是发展中国家的工业化或经济发展战略的两种主要类型。所谓进口替代，是通过建立和发展国内制造业等行业来代替过去的制成品进口，以带动经济增长，实现国内工业化。同时，实施该战略的直接目的之一是试图通过替代进口来纠正过去长期存在的外贸逆差，并解决国际收支不平衡的问题。出口替代策略则基于贸易是经济增长引擎的理论，建议该国的工业生产面向世界市场，制成品的出口逐步取代过去的初级产品出口。一些经济学家认为，在实施这种战略时，通常会有三个交替的阶段。

第一阶段是鼓励初级产品出口。因为在很长一段时间内，初级产品是发展中国家可以出口的唯一主要商品，这可以扩大就业机会并为发展中国家创造外汇。但是，从根本上说，初级产品的出口对发展中国家的经济发展没有重要的贡献，而且通常也会带来不利影响，且会持续很长时间。尽管此阶段是不可克服且必不可少的，但这仅是过渡到下一阶段的基础。

第二阶段是进口替代阶段。最初的进口替代通常开始于普通消费品的替代。它需要较少的资金、简单的技术，并且大多数是劳动密集型行业。只要有足够的国内市场，就可以减少对外国经济的依赖并促进技术进步。但是，当进口替代逐步扩展到耐用消费品时，将会遇到相对有限的资本、技术和市场瓶颈。此时，需要进口大量原材料和中间产品，这将使国际收支恶化，并降低进口替代程度。因此必须继续进行下一个阶段。

第三阶段是出口替代阶段。它使该行业能够面向国际市场，提高产品质量和企业效率，发挥其国内优势，增加出口收入，扩大劳动力就业，利用贸易促进经济增长的良性循环，并加速从传统经济转型到现代经济。

二、亚洲四小龙的成功与停滞

新兴工业化国家是根据联合国工发组织确定的标准，人均收入超过 1100 美元，制造业净产值占当年国内生产总值 20% 以上的国家和地区。亚洲四小龙是新兴工业化国家和地区的代表。

（一）工业化战略的选择

与其他大多数发展中国家和地区一样，亚洲四小龙也经历了长期的殖民统治。尽管殖民统治对国家和地区的影响并不相同，但它们属于在殖民体系中处于不利地位的国家和地区。它们没有西方发达国家市场经济的繁荣，经济结构单一，难以发展初级产品，生产主要取决于对早期工业化国家的单方面依赖。早在 1824 年，新加坡就沦为英国殖民地。直到 1959 年，新加坡建立了一个自治州并实行内部自治，在此期间，新加坡于 1942 年至 1945 年被日本占领。当新加坡建立自治邦后，英国仍然保留着国防、外交、宪法修正案和紧急法令。1963 年 9 月，新加坡与马来西亚合并，又于 1965 年 8 月从马来西亚分离出来，建立了共和国，成为英联邦的成员国。

自鸦片战争以来，新加坡和中国香港在英国殖民体系中长期以来一直是自由港，经济主要依靠转口贸易来实现英国对东南亚自由贸易的构想。1950年代后，韩国工业特别是重工业得到发展，但是现代工业的存在和发展并未改变该国的传统社会结构。中国台湾地区的情况与韩国相似。

亚洲四小龙都把工业化作为改变这种经济状况的唯一途径。这时，综合因素促使他们选择了进口替代—出口替代—高级进口替代的工业化策略。原因如下：

（1）四个国家和地区的土地面积和人口都很小，再加上国民收入低和购买力低，所以国内和区域市场狭窄，海外市场相对更具吸引力；

（2）它们都位于半岛或岛屿的战略位置。它们有漫长的海岸线和优越的深水港。它们都在交通的主要道路上。最近，它们已成为东西方贸易的中转站。商业信息交换频繁，开展国际商业活动的成本相对较低；

（3）西方发达市场经济国家的产业结构调整为亚洲四小龙的经济发展带来了机遇。

第二次世界大战后，在发达市场经济国家第三次技术革命的推动下，制造业重心发生了转移。一些劳动密集型产业和污染程度较高、技术含量较低的产业面临转型，而发展中国家是这些产业的理想承接地。同时，随着生产和资本国际化的加强，一些跨国公司从其全球业务战略入手，竞相在发展中国家寻找生产基地，以利用廉价的当地劳动力降低生产成本并提高生产效率和产品竞争力。通常来说，是将一些技术含量较低的产品或零件转移到发展中国家进行生产，或者将零件运输到发展中国家进行较少的技术组装，然后再出售给国内或国际市场。但是对发展中国家来说，从西方发达国家转移过来的传统产业是"先进的"，并将带动整个产业和技术水平的提高。西方国家经济全球化战略的实施为发展中国家提供了直接获取资金、技术和管理知识的绝佳机会。这时，亚洲四小龙抓住国际商机，通过相互促进进出口，采用进口原材料—加工半成品—出口制成品的机制促进了产业结构的不断改善。

（二）进口替代阶段

从1950年代到1960年代初，亚洲四小龙实施了第一次进口替代战略。

在此期间，为了抵御外部垄断资本的竞争压力，政府当局采取了各种监管政策来保护国内市场，并支持发展竞争力较弱的非耐用消费品进口替代产业。当时采用的主要政策是：实行复式汇率制度、高值汇率、对非耐用消费品征收高额关税、阻止资本外流等。这样，一些小产业在政策的保护下逐渐成长起来，形成了产业发展的初步基础，为产业发展向国际市场转移的方向创造了条件。

新加坡于 1959 年发布并实施了《新兴工业法》和《工业扩展法》，以降低税收并吸引投资者投资新兴产业。新兴产业主要是劳动密集型产业，如食品加工、木材加工、纺织品、服装和电子工业产品的组装。这些加工业的资金周转速度快，投资少，可以扩大就业，节省外汇。为了支持新兴产业的发展，新加坡已经实施了一些贸易保护措施，逐步扩大了进口税的范围，并设定了进口配额。但是，政府认为，要保持新加坡的自由港地位，进口税率要比周边国家低得多，整个制造业的平均名义税率仅为 5%。在实施进口替代的现阶段，为了扩大国内市场，新加坡政府从 1961 年起与马来西亚联邦就新加坡与马来西亚结成联邦问题举行谈判，1963 年谈判成功，新加坡加入了马来西亚联邦。新加坡政府希望通过合作，将马来西亚作为进口替代工业发展的国内市场。经过进口替代工业化以后，新加坡的国内工业有了一定程度的发展。1960 年，国内产品仅占新加坡总出口的 6.2%。到 1966 年，这一比例上升到 28.6%。国内工业的发展已成为新加坡进一步发展出口工业的基础。

自 1953 年以来，中国台湾地区一直致力于发展进口替代产业。具体措施包括以下四个方面。

（1）发展棉纺织业，并使用美国绝大部分外汇援助进口原棉。然后，集中精力建立诸如合成纤维、塑料和合成板之类的产业。

（2）外汇管制。对消费品的进口进行严格限制，把外汇优先分配给原材料，燃料、机械和设备的进口。

（3）实行双重汇率。该政策规定，在检查进口商品时，应根据该材料经济和社会发展的紧迫性规定不同的汇率。当时急需的谷物、原材料、机械和设备的进口以较低的汇率结算，而奢侈品的进口以较高的汇率结算。

（4）采取关税限制。

以上措施使中国台湾地区迈出了快速发展的第一步。从1952年到1953年，中国台湾地区的GDP年均增长率为6.9%，农业生产年均增长率为4.8%，工业生产年均增长率为11.7%。工业在整个经济中的地位也相应提高，所占比例从17.9%增加到27.8%。工业消费品在岛上市场的销量已大大增加，并已基本实现自给自足，为过渡到出口替代做了准备。

虽然朝鲜战争也曾使韩国经济瘫痪，但在战后重建时期，韩国政府实施了强有力的进口替代战略，包括高关税、高估韩元、多重汇率和多种限制，以此来保护其工业并控制进口，主要任务是开拓国内市场。

中国香港地区的经济发展与海外市场紧密相连，敏锐地反映了外部市场的变化。在此期间，上海的大量资本家来到香港，他们带来的资本、设备和熟练劳动力恰好满足了第二次世界大战后海外市场对大量机械设备的需求。这样，香港地区的工业在大量订单的刺激下发展。

（三）出口替代阶段

在1960年代和1970年代，亚洲四小龙开始实施基于出口替代的工业化战略。进口替代策略则基于内部市场，随着时间的流逝，经济发展将受到内部市场规模的限制。一旦没有需求促进，经济将难以发展。此外，与进口替代共生的贸易保护主义将逐渐暴露出保护不力和效率低下的弊端，从而导致生产缺乏竞争、成本高昂和产品质量无法保证的严重后果。到1950年代末，实行进口替代的国家的增速已大大放缓，甚至停滞不前。严峻的现实使这些国家改变了其工业化战略。国内经济已经对外开放，积极引进外资和技术，放松对外投资政策，调整汇率，鼓励出口，利用当地劳动力资源优势，建立出口加工区，大力发展具备国际竞争优势的劳动密集型出口产品。

新加坡和马来西亚的经济合作没有取得实质性进展。相反，由于马来西亚政府实施的"马来西亚优先政策"，它遭受了损失。1965年，新加坡从马来西亚联邦退出，成为一个独立的国家。同时，在1966年，英国宣布将其驻军从新加坡撤出。由于英国在新加坡的军事和海军空军基地约占新加坡国民生产总值的20%，将近40000新加坡人为该基地服务。这次撤军使得新加坡原先就已经饱和的市场承受着巨大的压力。需求下降，失业率上升，进口替代策略正濒临破产。1968 年，新加坡进入出口替代阶段，政府制定了相应的政策。

（1）重新定义新兴产业。生产出口商品的工业企业获得新兴产业的地位，并享有税收优惠。来自出口的外汇收入无须缴售给国家。出口商还可以从新加坡出口信用保险公司购买出口信用保险，然后抵押保险单。当地银行获得贷款。

（2）建立了一套吸引外资的方法。一方面，加强基础设施建设；另一方面，对国内外投资采取平等的政策，并遵守相同的法律法规。新加坡没有具体规定外国投资的运作方式，也没有规定合资企业中内外资持股的比例，对外国公司的资本和利润的汇回没有限制，也没有专门的外国投资法。非歧视性政策使新加坡成为外资投资的"天堂"。

3. 建立许多工业区，如著名的裕廊工业区（包括综合冶金、造船、化学、炼油、电子和一些轻工业综合工业区）、加冷公园工业区（主要是造船业和船舶修理业）、格蓝芝工业区（主要是木材和木材加工业）等在该工业区实施了特殊政策来鼓励出口。出口替代战略的实施导致制成品出口迅速增加，对外贸易增加。

1967 年，新加坡只有 30% 的制成品出口。到 1973 年，这一比例上升到 54%。1973 年，各行业产品的出口值占该行业总产值为：纺织品 66%、鞋类 75%、皮革 67%、木材 61%、石油 63%、非电机 46%、电机 90%、运输工具 43%、其他产品 44%。总贸易的平均年增长率在 1960 年代为 4.2%，在 1970 年代为 20.2%。出口替代还促进了产业结构的不断调整和升级。到 1980 年代初，新加坡已经从依靠转口贸易的单一经济结构转变为以重化工业为主的自由港多元化经济结构。

在 1960 年代初期，中国台湾地区的某些轻纺行业已实现进口替代，但岛内的国内市场也开始饱和。此外，中国台湾地区人口在 1950 年代迅速增长，经济发展的结果被人口增长所抵消，有 100 万人面临失业。1960 年代，中国台湾地区利用与美国和日本的特殊关系，确定了从日本进口机械设备、原材

料和半成品并经加工后出口到美国的经济结构。为此，中国台湾地区出台了
以下政策：

（1）降低了关税税率，建立了出口退税和出口补贴制度；

（2）放宽进口管制，简化汇率，将十几种双重汇率统一为单一汇率，并
实行高估货币贬值，贬值新台币62%；

（3）制定和颁布与投资和技术合作有关的一系列激励措施，以吸引外国
和海外华人来台投资；

（4）建立出口加工区，为外商投资创造良好的投资环境；

（5）引导产业平稳转型升级，扩大出口。

从1963年到1973年，中国台湾地区的工业生产年均增长率为18.5%，
GDP的年均增长率为10.1%。从1966年到1971年，出口活动为制造业产出
的增长贡献了57%。到1981年，中国台湾地区的进出口贸易总额已跻身世
界前20个贸易国家和地区。

1950年代末，韩国的经济发展遇到了进口替代战略的限制，并且该国的
政策转向了出口替代工业化战略。1961—1963年，当时的军政府对外汇进行
管制，税收制度和其他政策也进行了改革，并采取了必要的措施来鼓励出口
和引进外资。从1964年开始，政府开始制定和实施一系列与出口替代相协调
的措施：汇率改革、促进出口以及进口自由化计划。政府将官方汇率从130
韩元兑1美元贬值至256韩元兑1美元，贬值了97%，并宣布将固定汇率制
改为单一浮动汇率制。韩元贬值后，出口商品的价格竞争力大大提高。政府
还实施了一些新的刺激出口的措施，如减税、优惠出口贷款，政府还通过扩
大韩国贸易促进协会的海外网络来支持出口商，对亏损出口商进行补贴等。
在进口方面实施进口自由化计划。随着出口的迅速增长，韩国的外汇储备增
加了。1967年7月，政府实施了进口自由化计划。自动允许进口的商品数量
已大大增加。1967年下半年的进口自由化率（自动允许进口的商品数量除以
可交易商品的总数）为60%，1968年上半年为62%。由于国内通货膨胀的
加剧和国际收支状况的恶化，自1968年下半年以来，韩国进口自由化率没有
继续增加，反而下降了。1975年为49%，此后逐渐增加。1980年约为69%，

1982 年和 1983 年分别上升到 77% 和 80%。

1970 年代，韩国开始大幅降低关税。1973 年的关税改革将平均关税税率从 38.8% 降低到 31.3%。1977 年的改革导致征收的商品税率约为 20%，占可贸易商品的 35.7%，增加到 52.8%，同时减少了高关税的数量。出口替代导致工业产品出口快速增长。从 1962 年到 1980 年代初，制造业的年均增长率达到 16%，GDP 增长到 8.4%。制造业在 GDP 中的比重从 1960 年代初的约 14% 增加到了 1980 年的 29%。

在 1950 年代，中国香港地区的出口替代已经取得一定成效。1950 年，中国香港地区的服装出口占世界总出口的 3.5%，1960 年占 35%，1970 年代中期占 44%。当时，将近一半的制造业劳动力从事服装生产。服装出口快速增长后，其他类型工业产品的生产和出口形势令人鼓舞。自 1960 年以来，电子产品和手表的生产发展迅速。到 1980 年，中国香港地区已成为世界上最大的手表出口地区。1960 年代和 1970 年代，各种塑料产品的出口价值平均每年增长 37%。出口替代的成功反映在收入的增加上。从 1964 年到 1973 年，中国香港地区的工资以每年 5.4% 的速度增长。

（四）出口替代中的进口替代

自 1970 年代以来，亚洲四小龙继续实施进口替代战略，同时还实施了第二次进口替代战略。进口替代产品已从非耐用消费品扩展到中间产品、耐用消费品和机械设备。某些出口产业和第二次进口替代产业已同时成为工业发展的主导产业。第二次进口替代很大程度上是第一次进口替代的延续和补充。因为第一次石油危机爆发后，以进口为基础的出口行业陷入了困境。因此，第二次出口替代产业的发展一方面可以减少对进口的依赖，提高中间投入产品的自给自足和生产率，增加出口产品的附加值，并继续保持纺织等劳动密集型产业的竞争优势；另一方面，它可以保护和培育当时仍处于相对劣势并在未来有可能具有比较优势的资本和技术密集型产业，具有国际竞争力的产业正在不断更新。在此期间，亚洲四小龙还同时发展了一些劳动密集型产业和资本技术密集型产业，如纺织、电子和其他装配业，以及石化、钢铁和机械业。因此，到 1980 年代，这些国家和地区的经济达到了一个新的水平。

新加坡 1970 年代中期和后期，政府大力推动了资本密集型产业的发展，改革了产业结构，并减少了经济对劳动密集型产业的依赖。在工业领域，新加坡集中精力发展石油精炼、塑料产品、合成纤维、燃气轮机、工业机械、光学产品、办公设备和其他工业。在服务行业，努力使该国成为世界一流的交通、通信、金融、医疗和旅游中心。从 1965 年到 1980 年，新加坡的实际年增长率为 9%。其中，服务业发展最快，到 1980 年代初，新加坡的 GDP 的 2/3 来自服务业。1970 年代，新加坡已成长为世界第八大港口，成为重要的区域石油工业中心。进入 21 世纪后，新加坡已经成为世界第三大港口和区域金融中心，依旧是重要的区域石油工业基地。根据 2018 年亚洲四小龙的经济统计数据，虽然总量不如韩国，但从人均 GDP 来看，新加坡位列第一名，达到了人均 6.4 万美元。

中国台湾地区制定了钢铁、铝、石油、化学和合成纤维的发展计划，努力调整产业结构，发展高科技产业。在此期间，中国台湾地区当局专注于对公共部门的投资。1973 年到 1979 年，公共部门的固定资产投资超过了中国台湾地区总投资的一半。1974—1975 年的危机之后，中国台湾地区对公共企业的投资刺激了经济复苏。1982 年后，国际市场对中国台湾地区出口产品的需求急剧增长，有效地带动了中国台湾地区的经济增长。到 1980 年代中期，中国台湾地区经济已实现长期增长。新型计算机、计算机外围设备、无线电话、视听和电信设备已成为中国台湾地区的主要产品。1990 年代，中国台湾地区经济迎来鼎盛时期，GDP 总量一度超过中国大陆 GDP 的 1/3。不过进入 21 世纪以来，中国台湾地区的经济发展速度开始减缓。相关数据显示，在 2018 年，中国台湾地区 GDP 总量约为 3.9 万亿元人民币，约占我国国民经济总量（90.03 万亿元）的 4.3%，在全国省份中名列第八。

韩国政府于 1973 年实施了重工业和化学工业计划，为造船、钢铁、机械制造和石化工业的快速增长做出了贡献。1976 年，韩国的造船量仅为 70 万吨，到 1983 年激增至 400 万吨，超过了除日本外的所有国家。一家国有钢铁公司在 1973 年仅生产 100 万吨钢铁，到 1984 年，钢铁产量猛增至 1200 万吨。到 1982 年，2/3 的劳动力从事非农业工作，而 1960 年，2/3 的劳动力从事农业。经过一代人的努力，韩国已从世界上最贫穷的国家转变为拥有大量财富的国家。根据 2018 年的统计数据，把亚洲四小龙的 GDP 总量横向对比，韩国处于遥遥领先的位置，甚至超过了新加坡、中国香港地区、中国台湾地区之和。2018 年韩国人均 GDP 为 3.14 万美元，排在亚洲四小龙第三位，在全球排在第 28 位。但由于 2008 年世界金融危机的影响，和 20 世纪 90 年代相比，最近 10 年韩国的经济增速明显减缓，其在 2018 年的增速是 2.7%，也落后于全球平均 3.7% 的增速。

1970 年代以来，中国香港地区的出口构成发生了重大变化。从 1973 年到 1981 年，通用机械和运输机械的出口增长最快，达到 324%，汽车出口增长 302%，其他机械产品为 280%，工业原料和燃料为 220%。同时，服务业正在逐步取代制造业在整个经济中的作用。航运、航空、旅游、银行和保险业发展迅速。中国香港地区已成为世界第三大黄金市场，在中国香港地区从事金融活动的银行数量是新加坡的两倍。在 1980 年代初期，旅游业赚取的外汇占出口的 8%，其航空港在世界上排名第十一。中国香港地区在亚洲及世界的服务业中正逐渐扮演着高度专业化的角色。进入 21 世纪以后，中国香港地区已转型成为重要的国际金融中心，为我国经济的良好发展提供了持续的外部融资渠道。

三、其他新兴经济体的不完全工业化

在本节中，我们重点介绍巴西、印度和主要石油出口国。它们是发展中国家中的独特国家。巴西的高外债、高通货膨胀和高增长引起了广泛关注。印度的"绿色革命"和经济计划是独具特色的。而石油出口国通过控制重要资源，在世界经济中占有重要地位。

（一）巴西的工业化

在 1933 年大危机之前，巴西是一个典型的开放国家。进出口总额占 GDP 的 23%。在 1920 年代，巴西利用其出口政策取得了发展成就，其中实际 GDP 的年平均增长率为 5.3%。1933 年的大危机严重打击了依赖初级产品

出口的国家，而巴西的情况则更为严峻，因为从 1924 年到 1929 年，巴西出口总收入的 73% 来自咖啡。1929 年到 1932 年，出口收入下降了 60%，实际 GDP 下降了 3.5%。饱受打击的巴西认为，以出口为导向的增长政策已使该国遭受严重的外贸平价损失，而国内潜在市场是经济发展的真正动力，因此它确定了进口替代的原则。第二次世界大战后，巴西通过进口管制、多种汇率和高额进口税对新兴的国内工业实施了严格的管制。同时，金融机构使用额外的税收和强制性储蓄来积累资金，并将其投资于基础设施的建设，如钢铁、水泥、石油、电力、公路、冶金、机械和重工业。巴西的进口替代政策取得了辉煌的成就。1940 年至 1945 年，巴西实际 GDP 的平均年增长率为 3.1%，1946 年至 1955 年为 7.5%，1956 年至 1961 年为 8.0%。巴西已经成为耐用消费品和汽车卡车等资本产品的制造商。耐用消费品和中间产品的进口替代已经基本完成，设备的自给自足达到了很高的水平。

在进口替代期间，实际出口和实际进口均停滞不前，进口占国民生产总值的比重从 1929 年的 23.8% 下降到 1964 年的 5.6%。外汇限制日益明显。1961 年至 1967 年，国内政治局势动荡，金融形势恶化，经济发展放缓，出现了就业、产业效率和不平等分配等多个问题。人们将巴西出口的停滞归因于多种汇率和对本国货币的高估，巴西迫切需要改变其工业化战略。

巴西政府在 1966 年降低了进口税，在 1968 年使用爬行钉住汇率机制对汇率进行了指数化，并在 1969 年对制成品的出口进行了补贴。出口替代战略的实施很快产生了效果。实际国民生产总值的年均增长率 1968 年至 1973 年高达 11.1%，1974 年至 1980 年高达 7.1%，通货膨胀率也下降了。这是"巴西奇迹"的黄金时代。

到 1970 年代末，巴西进入了中等发达国家的行列。1977 年，巴西生产了 1140 万吨钢铁和 918000 辆汽车。工业在经济结构中的比重上升了。工业总产值的增长幅度是农业产值增长的 3.1 倍，而这个数字在 1960 年是 2.1 倍。另外，该国经济的外向型结构变化也非常明显。在 1960 年的巴西出口中，工业产品所占的比例为 3%，到了 1977 年，迅速增加到近 30%。

然而，外债已成为困扰巴西经济的主要问题。1964 年之前，巴西的内向经济对外国投资实行严格的限制。随着 1960 年代中期出口替代策略的选择，进口和出口都急剧增加。尽管国际收支在 1974 年之前保持盈余，但劳动和转移支付的赤字逐年增加。经常账户下的赤字必须由资本流入来弥补。多年来，巴西外债净额从 1960 年代中期的 30 亿美元增加到 1973 年的 72 亿美元。但是，当时的外债问题并没有引起太多关注。人们认为，巴西外债的增加是基于出口的增长，而且外债是长期的。中央银行大量的外汇储备可以防止这种需求。

1970 年代初，全球石油危机引发的经济危机使巴西的外债问题浮出水面。1974 年，该国贸易逆差为 47 亿美元，经常项目逆差为 71 亿美元，动摇了巴西的信誉，外国资本开始出现流失征兆，这进一步降低了外汇储备。但政府不敢降低实际汇率——因为汇率贬值将加剧国内两位数的通货膨胀，而是采取鼓励出口来限制进口的措施。鼓励出口增加了政府的财政负担。面对国际市场低迷，巴西的经常账户收支没有根本改变。同时，美元利率的上升使巴西的债务负担更加沉重。

1980 年代，为了延迟债务偿还危机，巴西举借了大量的短期外债，从而增加了金融风险。1982 年，巴西的外债偿还率（每年偿还本金和利息占出口总额的百分比）高达 87%，巴西不得不向国际货币基金组织寻求帮助。国际货币基金组织帮助巴西制定了一项调整计划。1984 年，它组织了 65 亿美元的新贷款，以推动巴西结清未偿利息并恢复外汇储备。1984 年，巴西贸易顺差达 130 亿美元，国际收支良好，经济增长 4.5%。但是，通货膨胀仍然很严重，通货膨胀率为 223%，没有达到国际货币基金组织的要求。

自 1980 年代以来，巴西经济出现了三个特征：

（1）经济快速增长，1984 年以来经济增长率达到 7.5%；

（2）高通胀率，出现了三位数的通胀率；

（3）外债仍然很高，达到 1000 亿美元。

进入 21 世纪后，巴西依然无法越过中等收入陷阱，再加上阿根廷的衰退，这导致拉丁美洲目前没有真正的发达国家。根据 2018 年的统计数据，巴西的 GDP 排名世界第九，但巴西的贫富差距过大，社会保障差，随后的发展还有待观察。

（二）印度的工业化

印度摆脱英国殖民统治并获得独立后，为了加速经济发展，印度政府利用经济计划实施了重工业发展的优先战略。早在1944年，印度大资产阶级就在"孟买计划"中提出希望该国帮助发展工业以克服困难和不稳定的经济状况。独立后，印度政府为公共和私营企业的平行发展提出了"混合经济"政策。该政策明确规定，印度政府对经济发展负全部责任，所有基础和战略性工业或公用事业或仅由国家提供资金的重工业都由政府管理。国有经济在国民经济中逐渐占据主导地位。同时，从1951年开始，印度开始实施一系列经济计划。第一个五年计划（1951—1956）的重点是农业、电力和交通的发展。第二个五年计划（1955—1961）的主要目标是发展重工业并为工业化奠定基础。第三个五年计划（1961—1966）的主要目标是扩大钢铁、化工、燃料和电力等基础产业。第四个五年计划（1969—1974）的主要目标是优先促进出口和替代进口工业，继续发展冶金、机械、化工、采矿、电力和运输部门。第五个五年计划（1974—1979）的主要目标是发展和促进出口并取代进口产业，强调发展农业和基础产业。为了发展重工业，印度政府在每一个五年计划的实施期间都进行了大规模投资，其中70%～80%用于基础产业和重点产业，以促进整个经济的发展。在此期间，印度工业生产增长了3倍多，一些主要重工业产品的产量增长甚至更快。1951年到1979年，印度钢铁产量增加了6倍以上，原油产量增加了30倍，发电量增加了14倍。印度的工业结构发生了重大变化，到1970年，在整个制造业中，重工业提供的国民收入占48%，轻工业占52%，独立初期的相应数字分别为22%和78%。1960年，农业在国内生产总值中的份额为50.8%，在1980年下降到38.8%。

在印度的经济发展中，"绿色革命"发挥了重要作用。1959年，由美国福特和洛克菲勒基金会资助的一组美国专家在审查了印度的农业状况后，向国会提交了《印度的粮食危机及克服办法》的报告。经印度政府批准，美国、日本和有关国际组织相继投资和贷款，并于1960年代中期发起了"绿色革命"。其主要内容是：

（1）推广使用改良品种；

（2）提高栽培技术水平，提高农业生产技术水平，特别是增加农业机械和化肥的使用；

（3）开展农田水利设施建设，增加灌溉面积。

"绿色革命"促进了粮食生产和劳动生产率的提高，增加了农民的收入。但是，"绿色革命"也加剧了农业地区的不平衡以及贫富差距。富裕地区的地主和富农从中受益更多。

印度工业化的主要成就是：

（1）国民经济结构已转变为以工业为基础；

（2）"绿色革命"已基本实现了粮食自给；

（3）印度建立了相对完善的工业体系。

1950 年到 1951 年，农业占印度 GDP 的 58.9%，工业占 15.0%，服务业和基础设施占 26.0%。1984 年到 1985 年，农业仅占 31%，工业占 27%，服务业和基础设施占 41%。但是，印度的工业化也存在一些问题。例如，重工业的单方面发展导致农业轻重比例失衡，导致经济发展缺乏后劲。同时，社会贫富差距扩大，两极分化加剧。占人口 10% 的富人的国民收入份额从 1950年的 40% 增加到 1985 年的 50%，而该国总人口的 36.9% 处于贫困线以下。印度需要一段时间才能完成其工业化。

受 2008 年世界金融危机的影响，欧美传统经济强国进一步衰落。印度作为世界上人口第二多的国家，其庞大的国内市场受到发达国家资本的青睐。基于其相对落后国家良好的工业基础，该国经济稳步增长。特别是政治强人莫迪于 2014 年上任后采取的一系列有效政策，使印度迎来了又一轮新的发展机遇。根据 2018 年的统计数据，印度 GDP 排在世界第七位，其发展良好，大有赶超欧洲某些老牌发达国家之势。

（三）石油输出国的工业化

石油输出国是一个独特的发展集团组织。他们以石油开采和炼制业为主要生产部门，以石油及其产品的出口为主要收入来源。他们的石油出口占该国商品出口的 50% 以上。13 个成员国（伊拉克、伊朗、科威特、沙特阿拉伯、委内瑞拉、阿尔及利亚、厄瓜多尔、加蓬、印度尼西亚、利比亚、尼日利亚、卡塔尔、阿拉伯联合酋长国）占世界石油产量的 51.3%，出口占世界的 84.4%。

在 1970 年代之前，石油出口国的石油资源被西方大企业所垄断。从 1960 年代后期开始，这些国家通过提高石油所得税，调整石油价格，加强对外国石油公司的监管，参与股权，将外国公司国有化并开始独立出口和出售石油，重新获得了对石油资源的主权。据统计，1972 年石油输出国组织的石油收入为 144 亿美元，1980 年猛增至 2700 亿美元。1972 年至 1981 年的 10 年间，该组织成员国的石油收入总计 12900 亿美元。

石油收入的增加为这些国家的经济建设和人民生活水平的改善奠定了基础。它们利用石油收入对经济和文化事业进行大规模投资，以期迅速实现国家工业化和经济现代化。在 1973 年石油收入大幅增加之后，主要石油国家制定了经济发展计划，将投资增加了几倍甚至几十倍。沙特阿拉伯第二个五年计划的投资比第一个五年计划增加了 8 倍，达到 1420 亿美元。据估计，1975 年到 1980 年，阿拉伯产油国的经济发展总支出达 2200 亿美元，相当于前五年总投资的 12 倍。

这些投资主要用于以下领域：

（1）石油加工业。1973 年，石油输出国组织的炼油能力仅为 1.92 亿吨，1977 年增至 2.38 亿吨，1985 年增至 3.5 亿吨。伴随着炼油能力的提升，一批出口型石化企业建立起来了。

2. 基础产业。在沙特阿拉伯的第二个和第三个五年计划中，基础设施投资分别占总投资的 50% 和 35%。1980 年，石油输出国组织的发电量比 1975 年增长了 5 倍。

3. 农业。以沙特阿拉伯为例，为了促进农业发展，该国除了免费将国有荒地分配给游牧民族外，还大力修建排水和灌溉项目，对生产材料和农产品价格实施了补贴，发放了低息贷款，发展了农业教育和技术普及。政府提供了每吨小麦 800 美元的价格补贴。仅在 1984 年，政府的支出就超过 10 亿美元。沙特阿拉伯的小麦产量从 1974 年的 126000 吨增加到了 1984 年的 360000

吨，基本满足了国内需求。鸡蛋和乳制品已经基本满足了国内需求。

　　4. 社会公益事业。一些富油国家都已实施了免费教育、免费医疗、免纳所得税、无息贷款建房、养老和劳保制度。

　　根据世界银行发展报告，石油生产国的国内生产总值年均增长率在1955—1970 年为 6.0%，在 1970—1980 年为 5.7%，高于一般发展中国家。许多石油生产国已成为世界上最富有的国家，其人均收入水平已超过许多西方发达国家。根据国际货币基金组织的估计，1972—1982 年，石油输出国组织 13 个成员国的国际收支经常项目顺差达到 4320 亿美元。这些"石油美元"中有 80% 以上是通过存款、购买债券、股票和房地产流入西方发达国家的。

　　另外，石油收入和财富也对石油出口国的进一步发展产生了负面影响。例如，大量财富集中在少数王子、贵族和垄断商人的手中，社会与阶级之间存在明显的两极分化。同时，巨大的财富使这些国家在建设中盲目引进技术设备和商品，脱离本国实际，造成资金的巨大浪费，出现消化不良的症状；巨大的财富还使国家盲目发展大城市，加剧了社会矛盾。

　　20 世纪 80 年代中后期，原油价格下跌，石油输出国的财政状况不容乐观。沙特阿拉伯自 1983 年以来，财政和经常收支一直是双赤字。石油出口收入的锐减，加上石油时代建立起来的国家统包的免税高福利体制和过度消费倾向在低增长年代未能及时纠正，造成结构性赤字。在主要财政收入（石油出口）锐减的同时，几乎免费的水电、电话、医疗、教育等公共设施的服务对象——本国国民数量却在增加，因而控制财政支出极为困难。另外，过高的军事支出也进一步加剧了财政恶化。在 1979 年的伊朗革命以及其后的两伊战争中，为对付伊朗的威胁，海湾阿拉伯产油国开始竞相扩充军备。在1990—1991 年的海湾战争中新添了多国部队费用的负担，之后又开始为对付伊拉克的威胁而扩军备战。同时，石油跌价时股市和不动产价格的暴跌，导致国内金融机构拖欠巨额不良债务，国家为避免出现金融危机不得不继续投入国家资金。基于以上原因，沙特和科威特每年都在花费石油时代积累的财产。20 世纪 80 年代初沙特阿拉伯高达 1500 亿美元的国家应用财产到 20 世纪 90 年代减少了一半。沙特阿拉伯和科威特在海湾战争后都从国际金融市场上借入了大量资金。

沙特阿拉伯政府为从根本上重建财政，在 1995 年发表的年度预算中将财政支出压缩 6%，同时对水电、电话费等提价，首次真正向国民提出公共设施费用由受益者负担的方针。科威特也开始讨论引进个人所得税问题，引进征税制度无疑是重建财政的关键。但是，多年来已习惯公共服务免费的国民，强烈反对这种做法。主要产油国严峻的财政状况给其增产石油的投资蒙上了阴影。

产油国的财政重建，已成为 21 世纪能源供应的重要课题。而进入新千年后，利比亚的动荡、卡塔尔与沙特阿拉伯等国的交恶、厄瓜多尔局势不稳等政治事件的频频发生，也为该组织的发展和成员合作前景打上了一个问号。

第二章

3D 打印技术的发展趋势

第一节 3D 打印与服务型制造简述

一、3D 打印基本概念

3D 打印，或称增材制造，被认为是一种能够颠覆当前全球工业格局的创新技术（王飞跃，2012；Berman，2012；Campbell 等，2012）。通过共性制造设备，它可以直接将数字文件转换为物理产品，这意味着没有定制和灵活性。它既不需要工具也不需要模具来制造复杂的几何结构，这也消除了冗余装配，减少了制造过程中的手动操作（Weller 等人，2015）。

2012 年，英国《经济学人》杂志刊登的封面文章《第三次工业革命》认为，3D 打印将"与其他数字化生产模式一起推动实现第三次工业革命"。近年来，该技术虽然在效率和精度上存在缺陷，但在材料应用领域取得了重大突破。可用于 3D 打印的材料有 100 多种，如热塑性材料、金属材料、尼龙材料、丙烯酸材料、石膏材料、陶瓷材料甚至食用材料。因此，3D 打印产业在全球范围内发展迅速。根据 3D 打印行业的权威评估机构《Wohlers 报告》，在过去 27 年中，3D 打印市场规模每年增长 26.2%。越来越多的组织，包括政府、工业界和学术界，都关注这一领域。在一些国家甚至被视为国家战略，如美国的《国家先进制造战略计划》（2012）和"国家制造创新网

络"(2012)，德国的《工业 4.0》(2013 年)，以及中国的《中国制造 2025》
(2015)。这些国家把这种直接数字化制造模式作为未来重要的产业方向。

欧美国家对 3D 打印的研究比我国提早数十年，其相关成果众多。因此，
这些国家更能感受到 3D 打印的脚步来临。如今，美国有数以百万计的个性
化助听器被 3D 打印出来；美国食品药物管理局（FDA）最近批准了一种供
消费者使用的 3D 打印处方药片；一家英国初创公司利用 3D 打印为网络红人
订制了一件镶嵌着施华洛世奇水晶的假肢。在目前相关技术还不成熟的情况
下，3D 打印都已经以各种方式改变着我们的世界。有时是直接颠覆我们的
习惯模式，有时是缓慢地渗透到我们的生活。如果相关技术进一步成熟并广
泛推广应用呢？那时的世界还能维持当前的国际产业格局吗？

二、通过 3D 打印攀升价值链高端

本书聚焦于 3D 打印的目的，不是为了欣赏该技术的精妙与神奇，而是
它有可能和我们中国的未来发展密切相关。当前，我国众多产业处于全球价
值链底端，需要以低成本战略为主导，这种运作模式使产品同质化的市场竞
争越演越烈。与此同时，客户需求的定制化、差异化使基于实物产品的技术
创新越来越难。在资源可全球支配的背景下，越来越多的制造企业依托实物
产品，融入更多的服务元素向客户提供异质化的产品，以实现传统制造模式
的转型升级。

当前，中国制造业的产出约占世界的 20%，但大多数制造企业尚未占据
全球制造技术的制高点，与发达国家制造企业竞争力差距较为明显。中国制
造企业要摆脱产品同质化的低端恶性竞争，向价值链的两个高端攀升，就需
要不断增强服务融入传统制造业务的广度和深度。这样，才可以使其转变以
高消耗、低价值、高成本为特征的发展模式，达到实体经济的可持续发展。
也就是说，基于 3D 打印的服务型制造是我国未来产业发展的一个主要方向。

（一）传统模式下的服务型制造

早在 1988 年，Vandermerwe 和 Rada 就提出了"制造业服务化"的概念，
认为制造企业将从单纯提供制造产品转向提供"产品 + 服务"，并指出服务

将是制造企业价值增值的主要来源。制造业服务化的过程是制造商的角色由以产品主导逻辑的产品提供商向以服务主导逻辑的服务提供商动态转变的过程。到了 21 世纪，随着生产技术的不断发展，为满足客户的个性化需求，制造业与服务业的融合逐渐深入。制造企业开始在产品生产和服务提供过程方面进行差异化。进入新千年后，Robinson 等（2002）以化学品行业为研究对象，得出"实施服务型制造战略是创造差异化优势的重要手段"这一结论。孙林岩等（2008）、Schemenner（2009）、罗建强等（2014）结合不同时间段的产业实际，比较了服务型制造与传统模式的区别。服务型制造为了实现制造价值链中各利益相关者的价值增值，通过产品和服务的融合、客户全程参与、企业相互提供生产性服务和服务性生产，实现分散化制造资源的整合和各自核心竞争力的高度协同。而要实现制造业的服务化转型，除了基本的产品生产外，关键是考虑到顾客的参与和体验（谢文明，2012）。

如何更好地把基于顾客感知的服务融入产品制造中？Jacob 等（2008）研究了企业制造与服务业务的边界确定。这是传统制造业转型形成完善的产品服务系统需要解决的首要问题。李冀等（2012）设计了面向全生命周期的服务制造网络。邓建刚等（2014）打造了面向服务型制造的自适应客户定制平台。姚锡凡等（2014）提出了面向互联网的人机物协同制造新模式。而姚奇富等（2012）、谢文明等（2012）、方晓波（2016）分析了宁波制造业、上海电气、长虹集团等具体案例。上述文献对传统制造业的服务化，打造面向未来的服务型制造模式提出了若干可行建议。

（二）3D 打印模式下的服务型制造

新一代的数字制造技术——3D 打印具有快速成型的特点，可快速响应消费者的需求，有助于服务型制造的实现。Zeleny（2012）提出，该技术可实现更复杂产品的制造，也允许对顾客通过修改数字文件以实现更精准的产品个性化定制。这会引起制造活动的重新布局。Weller 等（2015）预测，3D打印技术会受到广泛欢迎，因为它符合市场四原则——通用的生产机械、免费且高灵活度的定制模式、免费的复杂产品、简化的组装工序。但 Thiesse 等（2015）认为，3D 打印材料成本昂贵，成品的耐用性较低、制造精度不高，且传统制造商会通过降价或升级来提升传统产品的吸引力，以应对3D打印产品的竞争。在相当一段时期内，3D打印并不会完全替代传统制造工艺。

如何把该技术有效应用在现有制造系统中？Zhu等（2013）认为，3D打印的速度目前还不能满足大规模同时生产。他提出一种面向未来的混合制造模式——将3D打印和车铣刨磨等传统技术结合在一起使用，提高定制产品大规模生产的可行性。Monostori等（2015）认为，3D打印会改变刚性、集中性的传统分级制造流程，未来的系统会更动态和开放，以适应不断变化的消费者需求。

3D打印技术"一体成型"，可以大大降低材料损耗。这会给物流供应链带来什么影响？Bell等（2012）指出，由于原材料需求降低，远距离运输需求会减少，产品运费会下降。金玉然等（2014）认为，该技术会提高产品制造柔性，使得安全库存水平合理下降。

根据已有研究，服务型制造是传统制造业在未来的发展方向，也是目前学术界和产业界研究的热点。但相关成果主要从传统技术和模式出发，对3D打印的应用研究仍停留在较浅层级。3D打印属于前沿技术，目前尚未规模化应用。如果要实现应用3D打印的服务型制造模式，就必须回顾其技术发展历史，以更好地预测它未来的发展。

第二节 3D打印技术的发展回顾

一、3D打印的技术原理与用途简介

（一）早期的3D打印

3D打印始于1984年，其正式名称叫"增材制造"。当时Charles Hull发明了基于数字文件"逐层叠加"创建对象的打印过程。我们可以把其比喻为几万张、几十万张不同体积的纸、用不同形状的材料印上不同的平面图案后，再按照一定的顺序叠装起来，所以也叫立体平版印刷术。"3D打印"一

词在 2010 年后由媒体创造，现在已经成为更形象的白话术语，在消费者和制造商社区中流行。

直到 20 世纪 80 年代，3D 打印一直被用于原型制作。经过十数年的技术发展后，打印机变得更便宜，并且能提供更高质量的输出。20 世纪 90 年代，为满足对快速模具的需求，人们开始应用 3D 打印来制作夹具和模具——这比传统工艺更快、更便宜。传统的模具需要 3～4 周，成本是数千美元；但 3D 打印模具可以在一周内制成，而且成本要低得多。

21 世纪初，3D 打印机的价格降到了 500 美元以下，更适合家庭使用。主要制造商 XYZ printing 提供的最便宜的打印机在 Amazon 上甚至低至 295 美元。虽然打印机价格在两年内大幅下降，但对于普通消费者来说，使用起来不像普通 2D 打印机那么容易。早期的尝试者更像是一个个修补匠，需要抛光、磨刺等大量的后处理工序。但熟悉了以后，工程师和业余爱好者还是觉得它非常有用，并且倾向于用该技术打印很多对象。

3D 打印行业是高速增长的典型的朝阳产业，其资源高度分散，很少有大型公司垄断整个业界。相比而言，Stratasys 和 3D Systems 是目前最大的两个企业，其业务范围遍布全球。除此之外，还有数百个小微及初创企业，它们的影响力仅限于在所在国的某区域内传播。但即使像 3D Systems 这样的大型公司，其市值在巅峰期的 2016 年也只是维持在 20 亿美元左右，到了 2019 年更是下降到了 10 亿美元左右。而致力于 2D 打印机的惠普公司，其市值在 2016 年已经达到 260 亿美元，到了 2019 年更是上升到了 300 亿美元。

所有 3D 打印机制造商都在竞相提供"更快、更便宜、更好"的产品——也就是用更快、更便宜的打印机生产更便宜、质量更好的产品。据国际数据公司（IDC）统计，2019 年全球 3D 打印的支出增至 270 亿美元。这其中，美国和欧洲的企业更显著地推动了这种需求。在亚洲，对其更为重视的国家主要是中国和日本，但总体水平要落后于发达世界经济体。

（二）3D 打印的工作流程

与传统的制造工艺流程不同，3D 打印的通用性更强，流程步骤更加简单。具体如下：

第一步：数字设计或复制。

设计和复制一个3D可打印文件有多种方式。包括：（1）使用像Google Sketch Up、Onshape、Solidworks和AutoCAD这样的3D设计软件为一个对象生成一个三维数字设计文件。Google Sketch Up和Onshape更容易新手用户使用，Solidworks和AutoCAD越来越多地被专业人员使用。（2）使用3D扫描仪或基于手机的应用程序来扫描对象并将其转换为3D文件。

第二步：把设计文件处理后上载到3D打印机。

3D文件达到打印标准后，上传到工业用户或家庭消费者的打印机里，或使用诸如Shapeways、Sculpteo、3D Hubs等在线打印服务。

第三步：打印制作并完成后处理工序。

启动打印机，制作出目标产品，并把打印出来的产品按照要求进行清洗和后处理。后处理包括去除多余材料、表面打磨光滑、上漆和组装。

"打印"这个单词完美地映射了这种工艺的实质，比正式名称"增材制造"要更直白——后者虽然严谨但有点晦涩难懂。如果我们比较3D打印和2D打印的流程，会发现"打印墨水"变成了"打印线材"或"打印粉末"。在二维平面的打印机领域，大多数打印机使用喷墨或激光技术。在3D打印世界上，根据ISO／ASTM 52900：2015标准，现有的50种不同的3D打印技术可以分为以下七大类：

（1）还原光聚合——容器中的液体聚合物（比如说塑料）通过光来聚合成型。这也称为立体光刻（SLA）和数字光处理（DLP）。

（2）材料喷射——此过程类似于2D喷墨打印机。把打印材料通过打印头射出，再通过紫外光固化或硬化成型。这也称为多喷射模型（MJM）。

（3）材料挤压——这是所有3D打印过程中最普遍的。塑料线材被送入加热的打印头中，然后挤压（非常像意大利面）到一个构建平台上，冷却后成型。这也称为熔融沉积建模（FDM）。

（4）粉末床熔合——在搭建的平台上沉积一层材料粉末，然后使用激光把这些粉末熔在一起成型。这也称为电子束熔化（EBM），选择性激光烧结（SLS）和直接金属激光烧结（DMLS）。

（5）黏合剂喷射——这类似于粉末床熔化，但该工艺使用液体黏合剂来代替激光，把油墨添加到沉积过程中，可得到全彩打印品。

（6）薄片层压——用胶水或超声波将薄片材料熔合在一起焊接。用激光或刀把不必要的材料切掉后成型。这也称为层压物体制造（LOM）或超声波焊接（UC）。

（7）定向能量沉积——把热能集聚起来用于熔合材料（通常是金属材料），沉积后成型。

（三）3D 打印的适用范围演化

3D 打印一开始作为快速原型创新的小批量制造技术应用于生产领域，但现在已经在某些产品的制造中得到应用。自从《经济学人》杂志在 2012 年隆重介绍了 3D 打印，认为它和其他技术是下一次工业革命的核心基石后，产业界和学术界对它产生了更多关注。该技术的开发者一开始的愿望是——通过 3D 打印的分布式制造模式来降低制造业的准入门槛，为更多的发展中国家提供不同的可持续发展道路选择。但更多学者认为，不仅是发展中国家，甚至发达国家都会受益于这项技术。分布式定制替代集中式规模制造，这意味着个人生产和工坊定制将取代大部分的工业过程。

在小批量需求的利基市场，3D 打印技术的潜在影响更为显著。专用 3D 打印技术可以应用于一些高端制造业务（如用于飞机发动机部件和汽车备件的生产）（Khajavi 等，2014；Liu 等，2014；Sirichakwal 和 Conner，2016），但基于开源 3D 打印的桌面级 3D 打印机（例如家庭制作的家居用品）也开始成为某些欧美家庭的常设家电。但直到现在，桌面 3D 打印机仍然属于新技术追求者和文创工作者的小圈子，还没有有效切入主流应用领域。究其原因，包括大小限制、分辨率、易用性、速度和材料的复杂性等技术限制。但现在也有研究证明了该技术与传统制造的结合会使得生产流程更加经济，成本和效率更加优化，如使用 3D 打印快速制造注塑工艺用的模具。

早在 2013 年，Wittbrodt 等人就做了一项有趣的研究。为了测试 3D 打印技术的经济性，他们在一组美国家庭中使用 3D 打印机 RepRap 进行了为期一年的实验。RepRap 是一种开源打印机，甚至可以打印机器本身的零部件——也就意味着该机器使用时可以永远不用购置大部分零部件。该实验基于技术的生命周期经济分析展开，并对材料成本和施工时间进行了定量分析。在实验中，他们选择了 20 种已经开放源代码、可打印设计的典型产品。在实验家庭组的日常生活中，当他们要使用上述产品时，都需要自行用 RepRap 打印机来生产。他们对打印时间、打印能耗和耗材用量进行了规范性量化，并与同类产品的市场价格进行了比较。结果表明，假设家庭每年只使用打印机生产选定的 20 种产品，就把这些产品的采购成本节约下来。成本金额大概在每年 300 美元到 2000 美元。在此过程中，假设所选产品需要平均25 小时的必要打印时间，只要在一年中平均分配打印活动，RepRap 打印机可以在 4 个月到 2 年内收回初始投资，并提供 40% ~ 200% 的利润。本书得出的结论是，RepRap 对美国普通家庭来说已经是一项具有经济吸引力的投资。显然，随着 3D 打印技术的可靠性提高、成本持续下降以及开源设计的数量和假定的效用继续呈指数级增长，开源 3D 打印机将成为一种大众市场的机电一体化设备。

当然，3D 打印截至目前并没有在所有行业中推行开来——20 种日常产品的打印使用对于消费者来说还未达到足够的吸引力。在技术上，3D 打印可能还需要数年的酝酿才能更为普通人群接受。但如果 3D 打印发展到了一个"所想即所得"的成熟阶段呢？

作为空间概念而言，线状物品可称为 1D，1D 打印就是我们最古老的打印术；面状物品可称为 2D，比如说一幅图画就属于 2D 打印；对于立体物品，如果不使用切削刨磨等传统的减材工艺来制造，也可以用熔融层积、光固化、激光烧结等工艺，基于特定的 2D 图形把材料层层堆叠并固定出一个形状——所以，3D 打印也被称为"增材制造"。有点像小时候我们用橡皮泥捏小动物一样，3D 打印能够基于数字设计文件打印出一个固态的 3D 物体。不同之处在于，由于使用电脑来辅助构造物体结构，理论上任何形状都是可以被打印出来的。

我们知道，传统的商品生产销售模式是"制造商→批发商→零售商"。虽然说现在进入了网络销售年代，在某些分销渠道里，线下批发商被线上平台所代替，但中间环节还是存在的。但如果 3D 打印实现广泛应用的话，一个熟练的 3D 打印操作者可以很方便地直接利用手头的打印耗材获得一个最终形状的成品。这不用通过工厂大规模加工，也不用通过批发商和零售商层层转售商品，制造环节和中间环节就会完全消失。消费者自己就是生产者，这个新角色也被称为"生产性消费者"（prosumer）。

二、开源创新促进 3D 打印加速发展

（一）技术垄断与小众技术阶段

自 20 世纪 70 年代以来，3D 打印机的一些初级版本已经出现，但他们并没有商业化或广泛扩散。技术的改进使得这类制造技术从 80 年代便开始在快速原型业务上应用。如著名的宜家家居，其位于瑞典总部的产品设计中心每年都把大量的设计图用光固化的方式转化成原型，并邀请消费者和专家实地感受这些原型的适用效果。如一把新设计的叉子原型，消费者和专家会分别对它的手握舒适度、叉刺食物的触感、外观审美，与其他餐具共同摆放的和谐程度等参数打分。根据分数高低，再选择可以投放到市场的设计，外包至东欧或亚洲的工厂进行大规模生产。

从 20 世纪八九十年代一直到 21 世纪初，3D 打印业务由几家专业公司垄断，并与其他公司的研发部门合作（如 3D Systems 公司、zCorp 公司、Strasasys 公司和 Objet Geometries 公司）。这些公司提供的服务在分辨率、可选颜色、打印时间等方面各有不同。由于业务范围小，相关的专业打印机相当昂贵——在 2 万美元到 3 万美元之间。如果是用于打印金属原型的打印机，其价格甚至超过 50 万美元。在产业界，尽管打印成本高，这些机器还是被那些需要快速原型服务的企业所接受。但如果要在家里或在当地的普通商店进行 3D 打印，这个价格是不可接受的。这也限制了 3D 打印业务的推广。

（二）开源创新与大众尝新阶段

但在 2004 年，一项名为的 RepRap 的开源 3D 打印机项目在英国开始进行。由于这是开源打印机，所有的构造和零件参数都是公开的。这也意味着如果该机器有任何一个零件损坏的话，再打印一个同款零件换上去就能修

好。这种 RepRap 打印机中使用的工艺被称为熔融线材制造（Fused Filament Fabrication，FFF）。这与另一种 3D 打印机的常用工艺熔融沉积成型（Fused Deposition Modeling，FDM）类似，主要进行塑料制品的打印（两项工艺的名称不一样是为了规避后者的商标侵权）。RepRap 项目的目标是制造出一个永不停止运转的 3D 打印机——它不仅能够打印各种产品，而且还自我复制。到 2018 年为止，RepRap 的最新版本甚至可以打印自身约 50% 的组件，这大大降低了机器的运维成本。从另一个层面来讨论，这种自我修复的打印机，其运作原理甚至有点像著名的"忒修斯之船悖论"。

一方面，开源创新需要更多参与者——如果只是来自企业内部的研发人员，其创意会受到固定思维模式的限制（Rayna 和 Striukova，2015）。另一方面，知识产权问题也会拖累开源创新的效率（Bechtold，2016）。与传统制造流程相比，基于 3D 打印的开源创新上升轨迹是陡峭的，一旦参与者找到共鸣点，大量新思路会一下子爆发出来。

这个开源的 RepRap 项目在技术改进方面不断取得成果，新的设计方案几乎每天都公布。但到底取得了多少进展，这很难量化。Reprap. org（这是 RepRap 项目的官方网站）显示，2006 年至 2009 年，能够达到达尔文进化级别的独立方案发布了 20 次；但到了 2010 年，这个次数变成了 41；2011 年则发布了 99 次；2012 年，光是第一季度就推出了 43 个独立方案。到了 2013 年之后，该项目逐渐走出实验室，开始参与激烈的市场竞争。这也是目前部分桌面级打印机的技术原型。

与 RepRap 类似的项目，如 Thingiverse 数据库，其存储了近百万的数字设计，并每天不断更新发布新的设计，这些设计都是可以直接免费打印出来的实体。根据粗略统计，2013 年前，总共只有大约 70000 台低成本的 3D 打印机被出售。但就在 2013 年，销售数量陡然增至约 145000 台。那一年的销量是之前全部总量的两倍还多。当然，目前大多数的设计文件严格上来说是很难通过著作权和版权法审查的。因为这些方案大多只是在已有的专利设计上做了一些小修改。除了 Thingiverse 之外，还有许多 3D 打印设计数据库开始涌现出来，包括 YouMagine、Stanford 3D Scanning Repository、Github、Repables、

Pirate Bay Physibles 等，这些都有着非常多的狂热追随者。

有趣的是，类似 RepRap 项目的 3D 打印研究平台，其核心目标之一是使 3D 打印机能够自我复制，也就是说，不用再向商家购买打印机，而是由操作者自己把打印机制造出来。尽管这一目标尚未完全实现，这类技术的潜力正在迅速发展。然而，某些关键专利长期由一些专业企业把持着，这限制了 3D 打印技术的更有效发展，也为打印机的降价和普及制造了障碍。例如，与激光烧结相关的专利还没有到期，这使得研究人员很难在线材熔融方面推出更好的替代技术。

（三）专利到期与群雄竞起阶段

当用于塑料打印的关键技术——FDM 专利在 2009 年到期时，全世界涌现出数百个类似的创新团体和企业，它们的主打业务是从 RepRap 项目中衍生出来的。一些公司仍然保持开源，如 Ultimaker 公司。或者是资源可访问但不可修改，如 Type A Machines 公司。但有更多公司选择了闭源，如 MakerBot 公司。

选择开源的公司是为了便利使用 RepRap 社区的快速创新资源。基于这些创新设计方案，这些 3D 打印公司可以继续研究该社区的初衷——如何设计可打印的部件。如 Lulzbot 公司，一个由 Aleph Objects 公司运营的一个商业 3D 打印企业，建造了一间工厂。在工厂里，数百台 Lulzbot 打印机正夜以继日地把打印组件生产出来，以供组装以后的新打印机。这些开源 3D 打印公司不仅为制造商社区提供机械设计的改进方案，还和开源电子设计公司合作，推出更好的创意产品，如 Arduino microcontrollers 公司。使用开源硬件的公司，也会为社区提供基于开放式设计的任何改进信息。这就是快速创新和改进设备的动力源泉。

在 2009 年到 2013 年之间，标准 RepRap 项目的运营使得 3D 打印机购置费用降低到 1000 美元以下。相同性能的打印机如果购自专业的设备制造商，其价格差不多要多 10 倍。

由于他们不需要取得许可证，也不需要支付版税，低成本的 3D 打印机在这几年呈现几何式爆发态势。几十家公司争先恐后地提供不同版本、不同功能的开源打印机。这些公司的资金很多来自众包网站，如 Kickstarter 和 Indiegogo。

这一段技术的密集发酵期使得 3D 打印迅速发展，同时伴随着机器成本的显著下降，甚至到了只有几百美元（Cautela 等，2014）。当然，低价的打印机需要手动装配某些部件。但一般而言，商用非开源 3D 打印机为了保持质量和可靠性，在适用性方面有所限制。而 RepRap 和其他开源 3D 打印机会更加灵活，如表 2 - 1 所示（就像苹果 IOS 系统和安卓系统的运作模式差别）。

表 2 -1　开源打印机和非开源打印机的参数对比

对比参数	开源打印机	非开源打印机
技术改进	以周为单位的技术协同创新	多年的技术积累与内部改进
机器价格	RepRap 打印机大约是 400 ~ 3000 美元	用于塑料打印的设备大于 20000 美元
打印耗材	原料种类繁多，甚至是废弃回收塑料也可打印，但精度有影响	专用线材，精度很高

值得注意的是，尽管常规的 RepRap3D 打印机都可打印多种材料，包括陶瓷和金属都可以，但绝大多数打印机还是用在塑料制品的制作商。随着 RepRap 拉低了 3D 打印的成本，大公司现在也提供较低成本，如小于 2000 美元的打印机，这样能够以有限的方式进行塑料品制作（例如，仅适用于某种塑料，而这种塑料线材随包装盒附送，提高消费者对该材料的使用黏性。这个道理就像惠普公司免费赠送打印机但高价销售硒鼓一样）。

目前，这一类开源低成本的 3D 打印机取得的技术提升案例包括：更多种类材料可用于打印，甚至是导电材料；同时打印多于一种类型的材料；多个打印喷头同时打印，以实现更大的打印量；更高的分辨率；更大规模的打印范围；更新颖的设计用于改进组装和维护流程，并方便消费者使用。

三、3D 打印推广扩张的其他因素

当前 3D 打印技术处于一个显著扩张的阶段。其产业在全世界的增长率

虽然达不到爆发型的趋势，但平均 20% ~ 30% 的增长率还是令人瞩目的。除了核心专利到期和开源设备共享外，还有以下几个因素在推动其发展。

（一）大财团的进入

惠普（HP）、施乐（Xerox）、通用（GE）等财大气粗的垄断企业陆续进入了该产业，将推动打印机和材料的开发进程。惠普宣布他们的多喷射熔融技术要比排名与他们最接近的竞争对手快 10 倍。Stratasys 和 3D Systems 等专业龙头必须加快创新步伐，以迅速迎接外来者的挑战。除此之外，也有像 Carbon 3D 这样的初创公司发布了他们的超高速打印技术——CLIP，该公司通过谷歌风投和其他资本公司筹集了 1 亿美元。该技术被认为大大提升了业内的技术变革速度，因为它更快、更便宜，而且打印质量更好，具有相当强的竞争力。

（二）打印材料领域的发展

今天 3D 打印机可以打印的材料范围越来越大，从塑料到金属再到陶瓷，几乎每个月都有适用新材料的公布。工程零件——特别是在航空航天和汽车领域，能不能通过最终安全适用标准，金属和合金打印材料的质量很重要。3D 打印部件的质量必须符合耐久性和表面光洁度等标准。至于需要生物相容性的打印材料，当它们通过 FDA 等监管机构审查后，很快就会被医疗行业采用。

（三）更容易使用的设计软件

比如 Autodesk 的 123D，或者是和 Google 的 Sketch Up，它们是免费的，也很容易上手。这些软件的使用都在让设计过程民主化，这加速了 3D 打印技术的采用进程。以色列一家初创企业推出了基于云计算的设计软件——Onshape，它提供的多人协作工具是其主要的卖点之一，这个软件对个人是免费的，使用这些个人设计的企业则为每位用户支付象征性的年许可费。

（四）3D 设计和打印技能

在过去的 10 年中，编码技术已经产生了爆炸式的发展势头。现在，在业内有 10 年编程经验的程序员可以独立为一个应用程序编写代码并将其发布到苹果的 App Store 或安卓的 Playstore 里（这两个平台类似于国产手机的应用商店）。但 3D 打印数字设计还不是这样——这方面人才是严重匮乏的。不同于游戏或者虚拟程序的3D设计经营多年，前者拥有一批熟练的技术人员，但适合3D打印的设计行业才刚刚起步，相关人才非常少。这就存在一个行业可持续发展的问题。为了弥补技术人才资源匮乏的缺陷，需要在学校教育阶段就开始逐步引入3D打印编程课。德勤大学出版社（Deloitte University Press）和Coursera项目都在免费提供关于3D打印的大规模公开在线课程（慕课，MOOC）。新加坡的南洋理工大学是首批提供3D打印硕士学位的大学之一，而新加坡政府补贴了相关课程费用。

上述驱动因素也符合风险投资领域的分析，Venture Scanners提供的报告显示，材料开发和软件开发一直是风投青睐的3D打印两大方向，它们的发展也在吸引着新的参与者入场。

第三节　世界各国3D打印产业现状

总览全球，据《Wohlers报告》测算，截至2017年，全球工业级3D打印设备的存量分布大概是：亚太地区28.8%，欧洲27.9%，北美38.7%，其他地区4.5%。各个国家所占份额大概如表2-2所示。

表2-2　各国工业级3D打印设备存量分布

国家	份额	国家	份额	国家	份额	国家	份额
美国	36.8%	中国	11.9%	日本	9.2%	德国	8.4%
英国	4.2%	韩国	3.4%	意大利	3.3%	法国	3.1%
加拿大	1.9%	俄罗斯	1.4%	土耳其	1.3%	西班牙	1.2%
瑞典	1.2%	其他	12.8%				

一、近年来世界各国3D打印的应用发展

考虑到技术的破坏性及其对生产力的影响，世界各大经济体都积极地将大量投资集中在3D打印技术领域。在3D打印相关产业，美国的存量和增量

都是当之无愧的第一。日本也是一个老牌的 3D 打印研发强国，技术与市场都在世界前列。而如果不考虑日本，3D 打印在亚洲的推广应用比欧美地区要迟很多。大概从 20 世纪 90 年代末开始，亚洲企业才开始尝试接受这一技术。工业级 3D 打印机一般安装在技术中心、大学和培训中心，在一般的工厂里使用还不多。值得注意的是，近年来亚洲的 3D 打印产业发展迅速，我们中国尤为显眼，目前已经成为全球第二大 3D 打印市场，但在核心技术的掌握上，我国还在补以前的短板。另一个迅速崛起的亚洲国家是韩国，目前它的 3D 打印产业规模排在亚洲第三。

欧洲对 3D 打印的研究几乎与美国同步，在某些领域的成就甚至超过美国。它们的学术界和产业界更青睐金属 3D 打印技术的开发，在相关领域的基础研究与应用研究成绩斐然。在欧洲，金属 3D 打印商品的年产量非常高，比世界其他国家的总和还大，包括美国。目前它们的主要打印技术是粉末床熔合与定向能量沉积，相关专利也领先于世界。欧洲主要的 3D 打印产业大国是德国、英国、意大利。另外，荷兰本土的 3D 打印产业虽然规模不大，但它的学术研究成果却是世界顶尖的。这四个国家是我们在欧洲的重点研究对象。

以下这些国家的 3D 打印相关动态值得优先关注。

（一）美国

美国总统特朗普对制造业回流很在意，他选择的方式是发动对其他国家的贸易战。但如果我们回顾一下奥巴马总统的态度，就会发现他对制造业回流的热衷程度不亚于特朗普，而他选择的方式是提高美国在 3D 打印领域的技术竞争力。在 2013 年国情咨文中，奥巴马说："我们的首要任务是让美国成为吸引新工作和制造业的磁石。我们现在可以做一些事情来加速这一趋势。去年，我们在俄亥俄州扬斯敦创建了我们的第一个制造工艺创新研究所。一年时间飞逝而过，现在它已经变成了一个当前最先进的实验室。在那里，新产业工人正在掌握 3D 打印技术——这有可能赋予我们一个机会，彻底改变传统的制造方式。这在其他地方是不可能发生的。所以今晚我宣布，通过与国防部和能源部合作，再推出三个这样的制造中心。有些地区曾经因为全球化而变得落后，现在它们将有机会重新变成全球高科技就业中心。我请求国会最后能帮我们组建一个先进制造网络，它会由 15 个这样的制造中心组成，并保证下一次制造业的革命是在美国首先发生的。"①

这次的国情咨文中，前总统奥巴马宣布了三个国家级增材制造创新研究所（National Additive Manufacturing Innovation Institute，NAMIIs）的成立。在此之前，第一家公司于 2012 年在俄亥俄州扬斯敦成立，其资助来源于 4000 万美元的公共资金。这些机构打着"美国制造"项目的旗号运作，促进了商界、学术界、非营利组织和政府机构领导人之间的合作。其专注于包括与 3D 打印相关的设计、材料、技术、劳动力等各方面的进步，以帮助美国 3D 打印产业变得更具全球竞争力。从那以后，"美国制造"项目为它们的会员资助了各种各样的发展项目，如提供 800 万美元的研发资金支持美国空军开发更安全、更有效的可持续性的技术。

"美国制造"项目拥有 160 多名成员。其中既包括全球 500 强和中小企业，又包括学术机构、非营利组织和政府机构。比如，以下的一个典型案例就包含了众多参与合作者——包括挪威钛公司、纽约州政府、纽约州立大学（SUNY）理工学院等机构都参与了该项目。

这个雄心勃勃的 3D 打印工厂建设计划从 2018 年开始。成立于 2007 年的挪威金属 3D 打印公司 Norsk Titanium（NTi）最近几年积极进入美国市场。该公司大量吸引来自美国的关注和投资，因为它不仅将业务从石油和天然气领域扩展到航空航天业，并且还与美铝公司（Alcoa）、波音、空中客车等众多知名公司进行合作，它甚至还和纽约州政府达成了合作关系。为满足不断增长的市场需求，2018 年开始，NTi 与纽约州立大学理工学院（SUNYPI）合作，计划用 40 台 MERKE IV 型工业级打印机建起一座超级 3D 打印工厂。一旦建成，这座工厂就有望创造近 400 个新的就业岗位并在未来 10 年中吸引超过 10 亿美元投资。这个占地 20 万平方英尺的 3D 打印工厂将归政府所有，

---

① President Obama's 2013 state of the Union ［EB/OL］. White House Press Office, 2013 - 02 - 12.

并由 NTi 操作。它将使与国防相关的 3D 打印飞机工业比目前使用的技术便宜得多。

（二）日本

日本作为亚洲第二大 3D 打印产业市场，其在相关领域深耕多年，并持续发力。早在 2014 年，日本经济产业省就成立了未来增材制造技术研究协会（Technology Research Association for Future Additive Manufacturing，TRAFAM），动员了 3 所主要大学和研究所以及三菱、日产和松下等 27 家日本公司开发高精度和高效率的金属 3D 打印机。迄今，日本政府已向多个国家级 3D 打印项目拨款 40 亿日元，其中 80% 的资金用于开发可制造工业用金属终端产品的 3D 打印机。另外 15% 将用于开发包括 FDM、SLS 的超精密 3D 打印技术，及后处理和粉末回收技术。该国的长期目标是到 2020 年，推出世界级水平的工业级 3D 打印机。

许多的日本制造商近年来都推出了新款的打印机，包括一些初创企业和老牌企业。从打印和复印社转型而来的 3D 打印企业推出的打印机以中档的聚合物打印机为主，从机床制造商转型而来的公司则推出更多金属混合打印机。但是日本企业近年来对金属打印的投入趋缓，因为它们比其他国家的类似企业更谨慎，认为对金属打印的投入产出比有很大的不确定性，还需要全面论证。即使这样，它们还是在金属打印方面取得了一些进展。比如，山崎马扎克机床公司开发的一项金属打印技术，能够使打印出来的铸件呈现出五轴铣削的特征。大隈株式会社在 2017 年推出的激光金属打印机可以同时实现金属铸件的激光烧结、铣削、车削、精加工和退火工序。

日本工业级金属打印机的用户主要包括当地的代工厂、部件供应商、研究中心和服务商。日本白铜株式会社专门成立了一个增材制造局，来为它们加工的原材料开发对应的 3D 打印材料。专攻影印成型领域的 Solize 集团则已购买了十数套金属 3D 打印设备。但在这个国家，对聚合物打印的研发更热衷，这也是日本工业的另一个强项。目前日本企业已实现多种高新能塑料，如饱和聚酯对苯二甲酸丁酯（PBT）、聚硫化二甲苯（PPS）、聚芳醚酮（PAEK）等 3D 打印材料。用于低端塑料的开源打印机多使用熔融层积法来打印，质量较差。但这类高性能塑料的打印方法多用到激光烧结，打印质量上乘，具有相当强的竞争力。包括理光（Ricoh）、东丽（Toray）等集团公司都使用这些新材料来参与某些制造工序。

（三）韩国

韩国与中国一样，都是 3D 打印新兴市场。近年来韩国的相关科技进步和市场扩展也是令人瞩目的。而其动力除了政府，也来自活跃的中间商。这些企业以提供 3D 打印部件中介服务为主。特别是号称占据了该国 50% 以上的 3D 打印市场份额的 Rokit 公司，在 2016—2017 年间，其成功地把数款聚合物打印机商业化，甚至推出了一款生物材料打印机。还有 Carima 公司，专注于使用 DLP 工艺进行工业精细成型市场的开拓。还有很多公司，包括 Inssetek 公司和 Winforsys 公司等，也在致力于聚合物打印机和打印材料的产业应用。

为了赶上世界水平的创新步伐，韩国政府成立了创新技术路线图，举全国之力进行支持。根据这份路线图，15 项关于材料、硬件和软件的核心科技被确定引入 "K – TOP 10" 计划，包括智能模具、定制产品、电子材料的 3D 打印、汽车部件、机床设备、生物医药设备、医疗植入物、牙科植入物、设计软件和内容服务等。政府希望该计划能强化该国在 3D 打印领域的竞争力。该计划还设定了一个目标——到 2020 年培养 1000 万创意人才，用于推广其文化创意产业。另外，韩国政府也宣布了针对 3D 打印研发活动的税收减免，相关企业可以要求高达 30% 的研发费用可抵扣税额。

由于韩国的经济体制主要是由大企业财团主导，对 3D 打印技术的开发与应用也要服务于大企业财团的需要。比如，对于核心产业之一的造船业，为了维持其竞争力，韩国贸易工业和能源部正在为一项五年计划（2017—2022）投资 2000 万美元，吸引中间商开发用于船舶和离岸设备的 3D 打印技术。也就是说，该国企业更善于把实验室科技转化为市场应用，满足客户需求。

（四）德国

制造业占德国经济的 21%。德国制造业以卓越的质量和性能闻名。尽管来自亚洲的廉价产品有很强的竞争力，但德国的制造业出口却一直在增长。这个国家的中小企业强大的竞争力是成功背后的主要原因。2007 年的一项研究显示，超过 1130 家德国中小企业在他们的产品销售领域，总是占据着世界第一或第二的位置。这被称为"隐形的世界冠军"。德国中小企业成功的关键因素是弗劳恩霍夫协会（Fraunhofer Society）。它是一个独立的非政府组织，资助高质量的短期应用研究。它的市值约为 24.5 亿美元，通过 22000 个员工管理着 60 多家研究机构，专注于 250 多个商务前沿领域。

基于德国在 2013 年提出的"工业 4.0"战略，弗劳恩霍夫增材制造联盟与德国各地的 16 家机构建立了合作关系，目前正专注于以下五个领域的工业解决方案，包括生物医学工程、微系统工程、汽车工程与航空航天、工具制造、搬运和组装。

最近一项由安永（Ernst 和 Young）做出的报告指出，采用 3D 打印技术的研究让德国成为全球领先的国家。37% 的德国公司已经使用该技术，另外还有 12% 计划在不久的将来使用它。由于德国厂商的卓越实力，从 2015 年开始的短短两年时间里，在法兰克福举办的 Formnext 增材制造大会成了领先的 3D 打印欧洲博览会，超过 261 个展商在 2016 年参会，后期的展商数量也在稳步上升中。

德国的工业级和桌面级打印设备都很流行。在工业应用方面，大型公司的 3D 打印相关活动都会广泛宣传，如空中客车、宝马、西门子等老牌企业等。而在家庭应用方面，为了实现桌面级设备的打印自由，Concept Laser、EOS、SLM Solution 等知名公司遭遇到很多挑战。但它们克服了这些难题，其成本降低，速度和产量一直在保证稳定输出。

在德国学术界和产业界，中短期的研发活动主要用来解决产业问题。帕德博恩大学的直接制造研究中心、汉堡的 Laser Zentrum Nord 公司、弗劳恩霍夫 ILT 和 IWS 等公司在这些项目中初步受益。这些项目还需要确定新发展标准和新流程检测和控制方法。长期研究则包括如何解决 3D 打印材料和打印机器结构方面的问题。其资助来源一般是公共资金，如在 Erlangen 运营的协同研究中心。在亚琛，甚至出现了名为"Photonik"的研究集群，它成立于

2016 年，并在激光技术研发方面取得了多项成果。由于该集群的成效显著，它受到从学术界到产业界超过 300 个资助者的支持。

（五）英国

对于英国来说，无论是在 3D 打印还是更广阔的研究领域都呈现出一种难以解释的苗头。2016 年开始，闹得沸沸扬扬的英国脱欧事件导致英国与欧洲其他主要工业国家在 3D 打印的合作研究上出现了障碍。比如，英国有份出资的欧盟委员会增材制造研究基金由于脱欧陷入了运营困难的境地。但英国政府还是坚持独立资助相关研究。由于资金总额不足，英国政府于 2016 年制定了一个未来十年的 3D 打印基础研究资助计划。首笔拨款约 450 万英镑，后续拨款约 2800 万英镑，重点瞄准有望在近五年能取得商业成果的领域，对于已经开始收获应用成果的方向再加大投入。

比如，英国政府 2018 年在考文垂投资了 1 亿英镑建立一个国家级航空航天研究中心用于研发飞机发动机、汽车和医疗设备的 3D 打印部件。其中一项技术来自克兰菲尔德大学，它使用自研的金属打印机把航天航空级铝材加工成世界最大的金属部件之一，一件 6 米长、300 千克重的双面翼梁。能代表英国 3D 打印发展的另一个标志性事件是耗资 2000 万英镑建设的先进金属粉末加工中心。该中心是英国自然科学基金资助的“未来制造枢纽”项目成果之一。它是一个由 5 个大学、17 个打印设备企业组成的英国高端制造网络，致力于解决金属粉末加工过程中的各种基础技术问题。

对于英国的 3D 打印供应链而言，在脱欧的困扰下还是听到了一些积极的新闻。比如，劳氏船级社正在发动一个针对 3D 打印部件的认证框架，以逐步确保这些产品的质量和安全；德国西门子公司获得了金属打印粉末供应商 Material Solutions 公司的 85% 股份；专业 3D 打印巨头雷尼绍（Renishaw）新推出大功率 3D 打印机，等等。但要维持这个老牌资本主义国家在 3D 打印领域中的些许优势，人才储备必不可少——特别是在脱欧背景下，本土人才的培养更显急迫。英国的战略发展委员会在 2016 年发布的一份名为《英国增材制造平台》的报告总结了英国 3D 打印产业发展过程中急需的技能人才类别。为此，该国创设了一系列不同水平的 3D 打印课程，以求培养出合格的技术人员、工程师和管理者。

（六）意大利

意大利正逐渐成为一个令人瞩目的大规模 3D 打印市场，包括航空、医疗和能源等产业部门都显示出巨大的增长潜力。这也吸引了该国的私人企业加大在相关领域的技术投资，包括通用航空在卡美里的航空部件项目、利马公司在圣丹尼的医疗应用项目、通用新比隆在佛罗伦萨等地的油气项目等。上述企业拥有超过 40 台专业打印机，为它们开足马力地制造各自业务领域的产品。

在意大利，服务供应商是 3D 打印产业的主要驱动力之一。急速成长的中小企业不断扩大它们的市场份额，包括 Eurocoating 和 BeamIT 这样的初创企业。这些服务供应商安装了相当多的 3D 打印机，大大增强了该国的打印能力。同样地，某些小快灵的微型企业把 3D 打印应用在消费者定制的商业模式中，如塑料的快速成型等，Formlabs 是其中的典型。

该市场急需大量的熟练的技术工人，这又催生了大学和研究中心不断推出相关的训练课程。与此同时，像 EOS 这样的专业打印公司为了培养一个更完善的 3D 打印生态圈，投资了一个名为"创新配对"（Innovation Consortia）的项目。这个项目成立的目的是让那些熟练和有经验的企业或个人把它们的专业知识传授给需要指导和协助的潜在客户和学术机构，通过知识分享，最终实现产学研三方的碰撞与螺旋式协同发展。

2016 年开始，就已经有数所大学和研究机构把目光投向 3D 打印，不管是教学还是科研，包括都灵理工大学、热那亚大学、帕多瓦大学和乌迪内大学。在都灵大学的 Luigi Einaudi 校区，工程系和法律系联合成立了一个 3D 打印研究中心，致力于解决 3D 打印应用中的版权保护问题。除此之外，意大利快速成型协会（APRI）的工作卓有成效。它们不断举行各种宣传活动，也积极举办每年的"增材制造与逆向工程会议"和"快速制造论坛"，吸引着来自产业和学术界的眼球。

（七）荷兰

荷兰的 3D 打印公司实力非常强，而它的服务对象不仅限于本土，还包括欧洲乃至全世界的客户，特别是桌面级 3D 打印机领域。而更伟大的是荷兰还想把这些桌面设备通过网络连接在一起，为各地客户服务。据统计，源自荷兰的 3D 打印云网络已经制造出超过 650000 个产品，每天都有 3D 打印机的持有者加入这个打印云中，包括服务供应商和商业客户等。其中一个标志性企业——Shapeways 公司就是从荷兰诞生，今天已扩张成为世界级专业打印公司。另一家标志性企业——Ultimaker 的业绩继续强劲增长，特别是工业客户方面的市场份额增长迅速。

2015 年，荷兰政府、产业和研究机构投资了 1.34 亿欧元用于 3D 打印研究项目。资助对象包括荷兰国家应用科学院（TNO）、荷兰三角洲研究院（Deltares）、代尔夫特理工大学、埃因霍温理工大学和特温特大学等知名学术机构。大部分资金将投入在 TNO 和埃因霍温理工大学领衔的项目"打印谷2020"。该项目的研究主题是把不同的 3D 打印方法融合在一起，创设一个3D 打印综合平台，以实现生产全流程的高速化。2016 年，TNO 在高输出打印喷头、微立体成像、玻璃粉末加工等方面都取得了大量研究成果。到了 2018 年，TNO 推出了用于金属零件批量生产的羟脯氨酸增材制造系统。其国内 3D 打印市场的相对小规模并不能掩盖这个国家在该领域的真正实力。

二、3D 打印在各类制造业中的技术扩散

制造业是形成当前全球生产网络的关键节点，与全球价值链更相关。因此我们要重点研究 3D 打印在不同行业中的扩散速度、广度和密度。Laplume等人（2016）根据《国际标准产业分类规则》（International Standard Industrial Classifications）对现有制造业进行分级，又根据文献量化与产业调研预测了 3D 打印技术在某行业当前和若干年后的扩散趋势，并得到表 2－3。3D 打印技术在不同产业中的扩散趋势如该表所示。

表 2-3 3D 打印在不同制造业中的应用趋势（基于 ISIC 规则）

趋势	当前	未来
在该产业很难应用	10 - 食品制造	11 - 饮料制造
	14 - 服装鞋帽制造	12 - 烟草制品制造
	18 - 扩散媒介的打印和复制	13 - 纺织品制造
	25 - 除机械设备外的金属制品制造	15 - 皮革及相关产品制造
	26 - 计算机、电子和光学设备制造	16 - 木材和软木制品制造
	27 - 电气设备制造	17 - 纸和纸制品制造
	29 - 机动车、拖车和半拖车制造	19 - 焦炭和精炼石化产品制造
	30 - 其他运输设备制造	20 - 化学品和化工产品制造
	31 - 家具制造	24 - 基本金属制造
在该产业广泛应用		10 - 食品制造
		14 - 服装鞋帽制造
		18 - 扩散媒介的打印和复制
	22 - 橡胶和塑料制品制造	21 - 非金属矿产品的制造
	23 - 非金属矿产品的制造	23 - 非金属矿产品的制造
	28 - 机械和设备制造，不另分类	25 - 除机械设备外的金属制品制造
	32 - 其他制造	26 - 计算机、电子和光学设备制造
	33 - 机械设备的修理和安装	27 - 电气设备制造
		29 - 机动车、拖车和半拖车制造
		30 - 其他运输设备制造
		31 - 家具制造

在该表中，我们要分别讨论三类不同的产业：一是某制造业在当前或未来会"无或少量"采用3D打印技术，二是某制造业正在深度应用3D打印技术，三是某制造业在未来很有可能采用3D打印技术。

（一）不受影响的产业

一些行业不太可能受到3D打印技术的影响，无论在今天，还是在未来。比如由天然材料制成的产品，如实木、软木、皮革、天然纺织品、纸张和烟草制品，大部分是不适合转化为3D打印线材来生产的，因此不会受到影响。尽管现在市场上推出了几种类型的混合了木质粉末的打印线材，但那只适合低端木制品，要完美复制木质结构的精细打印，其成本还是很高昂的。消费者在购买这些产品时，往往更关注它们的天然属性，如抗张强度、颗粒度或质地，因此其生产不太可能受到3D打印影响。

另一类不会直接受3D打印显著影响的产业是工业原料的生产，如石化产品和金属原锭等。我们可以用石化或金属原料加工成3D打印耗材，但不能用打印机直接生成这种原材。同样原理，本来就是把原材料进行碎片化处理以进行下一步加工的行业也不受该技术的影响。

（二）当前开始应用3D打印的产业

简单结构的制造品目前是受3D打印影响最多的产业。这些产品往往体积小，只用一种或少数几种材料组成，内部结构也不包含很多的互动部件。这是低成本3D打印的理想选择。因此，珠宝、乐器、体育用品、玩具、医疗器械等产品的制造，可以在很大程度上采用3D打印技术（Cooper，2015）。

例如，部分品类的玩具和游戏目前已经引入了3D打印技术来生产，并且很受欢迎。它们确保在最大的数字设计资料库Thingiverse的头条位置占有自己重要的一席之地。市场上大多数的开源打印机都可以用塑料线材把这些设计打印出诸如国际象棋、建筑玩具、骰子、桌面游戏、机械玩具、套装玩具和智力玩具之类的制成品。一般情况下，用单一原料——如塑料、陶瓷或金属进行生产是可行的。无论是机械设备的制造还是维修，都正在受到3D打印技术影响，如备件的即时打印和更换等，这种维护作业已经变得非常普遍。这一趋势的最好证明就是3D打印机本身的技术进步，正如前面所提到的，许多打印机的零件是可以自我复制和打印的。

（三）未来很可能应用3D打印技术的产业

某些行业目前受3D打印的影响比较小，但有可能在未来广泛采用该技术。这里重点分析四个示范性产业——食品、服装、汽车和医药，这样就可描述出3D打印技术应用的广度，也可证明该技术是一项共性技术。

　　食品制造很可能在未来会更多应用 3D 来实现。3D 打印机的发展一日千里，很快就具备打印更复杂几何形状的能力（Sun 等，2015；Rodgers，2016）。当前，成功的案例仅限于把巧克力和糖果打印出精美的图案。巧克力可以打印成美丽的玫瑰，婚礼蛋糕更可以精心定制成梦想中的形状。与其类似的是，同样的技术也可扩展到包括打印糖果、面食、饼干和披萨饼。例如，美国航空航天局 2014 年出资 125000 美元在一个项目里，力求实现在太空中 3D 打印出适合宇航员食用的披萨。看起来，主食类食品不太可能受到影响，如炒饭、面包等。但如果使用对象需要，也不是不可以满足的。包括餐馆、特殊食品商店和甜品店都可以采用该技术以减少厨师的需求，提高出餐效率。

　　服装的制造目前局限于塑料制作的时尚产品。为了突出个人风格，我们可以在 Shapeways 在线社区下载合适的设计，打印出一套独一无二的比基尼，甚至具备更复杂几何形状的时尚装备。有些运动鞋和靴子拥有眼花缭乱的图案，如果用传统的方法来缝制，其人工消耗量将会相当惊人。但用 3D 打印制作，效率又高、款式又潮，肯定会是高性价比的时尚选择。

　　另一种使用 3D 打印技术来制作会更加光彩夺目的服装是飘逸的长裙。由于这类服装更讲求裙摆的款式效果，3D 打印可以把设计文件里的作者意图更原汁原味地反映出来。当更多合成材料实现 3D 打印时，如尼龙，该技术在服装行业的扩散将相应增加。如果 3D 打印技术在服装行业被更多人接受，该技术将在高水平定制和客户响应方面发挥更重要的作用。因为在时尚界，专利或版权的制约相对要少，厂家把独特的审美能力和设计能力融入 3D 打印生产流程，能更进一步推动他们走向成功。越贴近客户需求，就越能使产品呈现个性化的私人定制属性，从而引领整个流行趋势和制造范式。

　　金属制品的生产目前受到 3D 打印的影响还不明显，但 3D 打印金属是当今的一个热门话题（Dawes 等，2015）。根据 3D 打印行业的权威报告——Wohlers Report 的统计数据，该行业的整体材料部门在 2018 年实现了创纪录的增长。特别是金属打印材料的相关收入增长了 41.9%，延续了每年超过 40% 的 5 年连续增长。材料供应商和客户之间的这种强烈活动被认为表明金属的3D打印越来越多地用于生产应用。另一方面，如果导电材料真的可以实现精细的3D打印，计算机、电子和电气设备的生产流程都可能受到影响。与金属3D打印激增的相关活动也将影响机动车和其他运输设备的制造模式，工业级打印机的可打印物品尺寸将会显著增大。

黏土和陶瓷制品也在3D打印的候选应用之列。根据Web of Science的学术统计，每年的陶瓷3D打印研究同比增长约45%。可打印陶瓷的发展主要是由医疗应用来驱动的，包括从多孔支架材料的定制到骨质整形植入物的更换。然而，该技术在这个利基市场还可以继续细化，以允许更多其他应用选择。最后，已经有迹象表明，以后会用3D打印来生产更复杂的化学制品和药物，因为其允许前所未有的化学反应和分布精准控制打印。

（四）3D打印的共性扩散特征

对以下四个参数的分析可以解释3D打印技术在给定的制造行业中的扩散特征：

（1）该制造业的自然属性，包括打印材料的类型；

（2）快速运输的需求；

（3）根据消费者喜好而不断变化的产品定制和快速响应的需求；

（4）低成本，小批量产品的需求，如原型制作。

由此，我们可知，首先，3D打印很难用于原材料到中间品的精炼加工，比如原油转化为石油产品、金属矿石转化为金属锭和金属线材。根据这一思路，用作3D打印制造的输入部分决定了3D打印技术的适用性。而一些材料不适合加工成3D打印线材，如实木和大理石。虽然说，这两种材料都可被用作复合的3D打印线材添加剂——如包含40%再生木屑的木质线材，或者用聚合物黏合的石粒线材。

其次，3D打印目前更多地出现在那些能迅速适应消费者变化需求的行业中。在这些行业里，规模化定制和快速响应消费者的喜好是非常重要的。消费者更看重商品的个性化，而不是商品的成本——我们都知道，要降低商品成本，目前更实际的选择还是大规模的单一款式生产。这种延迟产品差异的柔性生产方式可以把生产和消费活动的解耦点推后至渠道末端，这就是重构制造系统的新动力。

　　再次，需要快捷交货可能是一个重要的考虑因素。对于某特定部件的大规模生产和紧急需求本来就是相互矛盾的问题——到底要为那些备件预留多少空间来囤货，以备不时之需呢？多年来美军一直在研究用 3D 打印来解决这个问题，在实战中高效地提供可满足紧急需求的组件。在 2014 年 4 月，美国海军在"埃塞克斯"号（一艘黄蜂级两栖攻击舰）上安装了一个金属 3D 打印机。如果在执行任务时，如跟恐怖分子作战后某些武器损坏了，茫茫大海里又暂时难以找到可供更换的零件，就利用船上存储的数字文件立刻打印一个安装上去。这样既不影响下一次的作战任务，又能节省数万美元去安排专用直升飞机千里迢迢地运送这个备件。同样的例子可参考装载贵重货物的大型商船航行问题。这种船舶如果因发动机的缺陷造成延迟，仅仅几天都有可能是非常昂贵的——要赔偿数百万美元的滞期费一点都不新鲜。因此，船舶公司正在安装能制造备件的 3D 打印机。当需要修理发动机时，把备件打印出来安装上去就可以了。

　　然后，对快捷交货的需求会催生新的创新商业模式，这类模式更可能采用 3D 打印技术来实现。我们现在假设，那些全球品牌的零售连锁店，如西班牙的 ZARA 服装，Spanish Inditex 集团旗下的子公司，他们的交货期非常短，甚至能实现每周都把他们店里的货架全都换成新款——高换架率是他们成功商业模式的一个重要组成。他们对时尚品快捷交货的需求是为了防止零售商从全球采购，为此甚至要求供应链的零库存。他们的服装直接从工厂送到货架上摆放。所以，他们习惯于把业务外包给零售网点附近的工厂。由于 3D 打印也可以快速响应客户的需求，我们不妨推论：如果制造商想要满足零库存的快捷交货需求，他们就会积极推动 3D 打印的应用。

　　最后，在打印复杂结构的制成品方面，与车铣刨磨等传统的减材工艺相比，3D 打印的成本是相对低的。这是它能够在相关产品上成功应用的关键因素。特别是原型制造，3D 打印的优势是特别明显的。不仅是一次性打印，即使是更换部件的制成品，它也能适应得很不错。

　　经过上述讨论，3D 打印的实质、范围和关键参数对不同的产业有不同的适应性。这又会影响全球价值链的跨度和密度。

三、为消费者进行3D打印定制的具体案例回顾

不同于3D打印在工厂内的生产应用，直接为终端消费者定制产品更能使其感受到3D打印的魅力。为了让读者更直观地感受3D打印带给我们的生活改变，本部分我们再来回顾近年3D打印应用在终端客户定制上的典型案例。麦肯锡咨询公司（McKinsey）的一份报告称，3D扫描和打印技术的应用使得大规模定制模式更加有利可图。可盈利产品和服务的大规模定制，需要在制造业越来越复杂的背景下，成功地捕获那些快速、经济、高效的机会。其交易和维护成本要保持一定的低水平。除了助听器和牙科植入物之外，针对3D打印的大规模定制到目前为止确实很少有成功的案例。但是各种定制产品的新项目在过去几年里不断地推出，证明商家都看好这一趋势，其流行在大概率而言是必然的（Gordon，2015）。

（一）医疗应用

全球有1000万个3D打印助听器在流通领域。这些都是个性化设备——每个人的耳朵结构千差万别，但美国的医疗公司使用3D打印只需要不到500天就可以帮这些助听器都制作出定制的外壳。

助听器制造商很快接受了3D打印，因为该技术可以降低他们的制造成本，同时提高质量和降低返修率。早期的助听器用传统工艺制造，要经过九个步骤才得以完成。现在它们是个性化定制的，只需要三个步骤。这会降低制造成本，增加客户满意度。另一个好处是设计文件是数字化的，如果要修改的话需要的时间非常短。另一个大量的应用方向是个性化的牙科植入物和牙科支撑。年收入8.5亿美元的Invisalign公司使用3D打印技术每年制造1800万到2000万个定制牙套，用于牙齿矫正治疗。

3D打印的医疗应用器械可分为三类：

（1）创建解剖模型、定制假肢和植入物；

（2）用于药品剂量和给药方式的药品制作；

（3）人体组织和器官打印。

提供功能性假肢和装饰性假肢的制造商也越来越多地转向 3D 打印。高级的扫描和人体建模技术可以使假肢更好地拟合。功能性假手以前可能要花上几千美元来定制，现在可以用几百美元达到同样效果。Open Bionics 公司正与迪士尼合作，为孩子们提供"钢铁侠之手"或"星球大战光剑之手"。这类装饰性假肢使得孩子们现在开始为他们的个性化选择感到兴奋。另一方面，如果以为 3D 打印假肢只限于人类，那就错了。Derby 是一只前腿发育不良的哈士奇狗。它不可能像普通小狗那样自由自在地走动。2017 年，3D Systems 公司的员工 Tara 和她的同事为这只残疾狗开发了一套假肢，使 Derby 摆脱了行动不便的烦恼。

外科医生发现，3D 打印的手术计划模型工具可以减少手术时间，并降低并发症风险。如他们在尝试使用病人骨骼、血管或其他器官的 CT 扫描数据转换成可打印的 3D 数字文件，对复杂手术进行辅助；或者使用 3D 打印机来创建手术指导模型——为患者提供骨骼结构重塑的模拟图，以讨论植入物如何完全适应植入环境。

强生公司（J&J）是一个活跃的 3D 打印用户，它与许多公司都建立了合作关系。比如，它与生物医学初创公司 Organovo 合作，评估 3D 生物打印组织在药物研发环境中的应用；它还与 Carbon 3D 公司共同探索定制复杂的手术设备；最近，强生公司宣布与惠普合作，根据患者要求定制多用途 3D 打印医疗设备。而强生旗下的全球骨科巨头 DePuy Synthes 与比利时的 Materialise 公司合作提供患者专用的钛制颅面植入物——我们可以在该公司的 TRUMATCH 产品系列里找到其详细参数，它非常贴合患者需求。

迄今，美国 FDA 已经批准了 85 种 3D 打印医疗设备，比如椎间融合器、牙科器械和助听器等。其他国家的医疗植入物进展方面，Materialise 公司用钛来定制髋和膝关节植入物，以加速病人的术后恢复。我国的国家药品监督管理局 2017 年批准了国内 3D 打印髋关节植入物的使用。

除了植入物，3D 打印还可以定制功能药片。2015 年 8 月，FDA 批准了世界上第一种 3D 打印药物——用于治疗癫痫的"Spritam"。这种药物不使用传统的压片技术，而通过一种被称为 Zipdose 的技术，一层一层地把药物制剂打印出来。所以它的剂量可以定制，而且很容易吞咽。

2018年在天津举行的世界经济论坛上，其中一个与会小组讨论了家庭3D打印药品的应用。大家一致认为这是接下来十年将会大概率实现的巨大发明。即使不在家里，也可能在附近药店的专业监督下进行。这是为患者提供个性化药物方面迈出的重要一步——根据个人DNA数据来提供最大功效的精准剂量。而用3D打印来制作娱乐性药物，其推广速度甚至还要快于治疗用药物。

（二）个性化装饰

3D打印大大减少了产品原型制作所需的时间。传统工艺要花几个月，成本是几千美元。现在用3D打印可能只要一个星期，成本是几百美元。那样的话，公司就可以在边际成本可忽略的范围内进行更多的产品修改和迭代。

许多公司正在采用3D打印来制作最终零件。通用电气在最新的LEAP喷气发动机上使用3D打印燃气喷嘴就是一个很好的例子。日本历史最悠久的汽车制造商大发株式会社（Daihatsu）推出了15种3D打印外壳在他们的Copen系列汽车上。这些皮肤有10种颜色，并包括了不同的几何图案。客户可以根据自己的需求定制皮肤，然后用3D打印并安装在挡泥板或保险杠上。

耐克（Nike）、新百伦（New Balance）和Under Armour等运动装备公司都推出了使用3D打印的限量版运动鞋。新百伦打印的部分是整体的鞋底，而Under Armour打印的只是中底。这种运动鞋很贵，但如果这个打印数量变成数以百万计的时候，个性化运动鞋的成本下降是迟早的事。

Norml.com和Ownphones.com是两家初创的个性化蓝牙耳机公司。客户可以下载一个专用程序来为他们的耳朵拍照。这些图像上传到网站后，可以用3D打印来制作耳机外壳。把耳机组装好后就可以配送到客户那里了。这些个性化耳机是不便宜的，最低也要200美元。

个性化珠宝的3D打印应用比运动鞋和耳机更广泛。客户和设计师可以一起参与设计，客户也可以根据在线模板创建自己的作品。但并不是所有珠宝都是直接3D打印的，如戒指或吊坠，珠宝商使用一种混合了3D打印和传统金属铸造的工艺实现。首先用蜡状树脂 3D 打印出一个模具，再使用金、银、铂或其他贵金属来铸造珠宝实体。正是由于 3D 打印可制作复杂几何结构的模具，以前难以铸造的华丽作品正源源不断地涌现出来。新西兰珠宝商 Ringcraft Moana 的老板 Wright 设计了一款印有新娘和新郎指纹的 3D 打印戒指。3D 打印机提供 0.1 毫米分辨率的完成度，不会失真。

（三）教育产业

在教育领域，3D 打印可以给学生和教育工作者带来许多好处。它会使学习更有趣，也会培养创造力和解决问题的能力，同时极大地提高记忆和学习质量。因此，它可以在不昂贵的代价下提高特殊需求人群的学习效率，如视觉障碍和自闭症患者等。

3D 打印可以对学习过程进行改进的潜在领域包括：

（1）地理学。如果把大峡谷用 3D 打印做出来，这比在教科工具书使用 2D 的平面图或照片要来得直观。

（2）生物学。对 3D 打印的身体部位进行观察可以显著提高学习效果。学生研究一个立体的大脑结构，这种感觉与在书中或屏幕上看到它是不同的。DNA 中蛋白质的复杂结构也可以通过 3D 打印很容易地来识别。

（3）历史学。重要的历史文物证据都可以 3D 打印出来，让学生沉浸在相关的故事回忆中。3D 打印制造商 LeapFrog 与荷兰的德涅克博物馆（Museum De Nieuwe Kerk）合作，重建了中国明代时期的紫禁城模型，其比例为 1∶300。来自世界各地的学生都能够浏览、丈量和更深入了解这个伟大的中国皇宫建筑群。紫禁城共由 980 栋建筑组成，全世界的学校都可以下载。世界最大的博物馆体系——史密森尼博物院（Smithsonian Institution）的工作人员还利用 3D 打印和扫描工具把整个博物馆的文物装进了数字文件中，学生可以方便地使用和打印。从 1776 年费城炮艇到比利时圣兰伯特大教堂的精确复制，历史教师使用 3D 打印机把过去的文化宝藏一件件地带进了教室。

（4）人类学和考古学。印第安纳大学的一位人类学讲师 Darryl Ricketts 使用 3D 打印来复制化石标本，这是一个更实际的学习体验。在业内昵称为 Lucy 的南方古猿化石，其数字文件现在可以让所有古生物学家免费下载。大家把它 3D 打印出来，可以共同讨论并提出一个个关于它死亡的有效假设。

（四）建筑业

在建筑物的原型设计上，对 3D 打印建模的需求稳步上升。英国的 3D 打印工作坊 Hob's studio 过去几年主要为世界著名的 Zaha Hadid 和 Fosters + Partners 建筑公司服务，因为它们对 3D 打印建模的需求自 2016 年之后一直在猛增。该公司的 3D 技术主管 Michelle Greeff 说："我们的主要客户是 Zaha 和 Fosters 公司，但是我们也看到越来越多的中型建筑设计室开始向我们提出了 3D 打印要求。由于技术进步，3D 建模的成本正在下降，因此它正成为许多建筑师的新选择。"

不仅是模型，混凝土 3D 打印材料的技术发展也使得建筑业在尝试 3D 打印。从传统工艺特点来说，混凝土结构成型需要模具。而建筑 3D 打印技术是基于计算机智能控制实现建筑构件及建筑免模板的施工工艺，在曲面建筑和穹顶式建筑建造上具有明显优势，同时为设计师自由创作提供了可能。我国的建筑公司上海威胜在 24 小时内 3D 打印出了 10 座房子。它用混凝土提前打印好各个构件，再运到现场组装。由于同时进行多道工序，所以速度很快。与其不同的是，北京华商腾达公司在 45 天内 3D 打印了一栋 400 平方米的精美别墅，而且是整体打印的。其团队先用钢筋构建出房屋骨架，再使用 3D 打印机把混凝土浇筑进这些骨架中。等待框架制作完毕后，使用 20 吨的混凝土一次打印出 25 厘米厚的墙。这个别墅可以承受里氏 8 级的地震。由于是整体打印的，还能降低重大构件的运输成本，提高生产效率。到了 2019 年，世界首例原位 3D 打印双层建筑在中建二局广东建设基地完成主体结构打印。这意味着高层建筑的建造已经提上了日程。

除此之外，有志于成为中东 3D 打印枢纽的阿联酋迪拜也在雄心勃勃地致力于它们的打印建筑群。虽然在高端 3D 打印方面与发达国家和中国、日本有一定差距，但与当年惊艳世界的帆船酒店一样，迪拜希望用新技术提升它在中东乃至世界的知名度。2018 年，世界第一座全功能的 3D 打印建筑落成了，这仅用了 17 天，水、电、通信和空调等基本功能都有。2019 年，世界上最大的 3D 打印建筑同样在迪拜落成。同年，阿联酋的 Immensa Technology Labs 公司申请了使用增材制造技术建造混凝土等成型建筑结构的专利。迪拜希望能够在 2025 年让每座建筑都有至少 25% 的 3D 打印的结构，这一专利的成功申请，将进一步推进阿联酋 3D 打印建筑的发展。

（五）食品制造

至于食物打印方面，荷兰 3D 打印机制造商 byFlow 在当地开了一家名为"Food Ink"的 3D 打印食物餐厅。这家餐厅的主要卖点不是食物本身，而是其制作方法。这家概念餐厅的一切都是 3D 打印的，不管是食物，还是碟子或家具。餐厅自称是一个"提供概念性的流行系列正餐，可同时享受美食与艺术、哲学与未来科技"的地方。这一独特的体验吸引了不少致力于尝新鲜的好奇游客。

3D 打印巧克力或意大利面，这类发明不算新奇。但如果是 3D 打印人造肉呢？马斯特里赫特大学教授 Mark Post 和食品技术员 Peter Verstrate 自 2013 年以来，一直致力于用牛肉干细胞培养 3D 打印肉。他们生产的牛肉饼看上去和尝起来都像真的，但却要花 331000 美元。这个过程开始于从牛肌肉组织中提取干细胞。它们与营养素和促进生长的化学物质被放进较小的盘子里，在那里它们结合成只有几厘米长、几毫米厚的小块肌肉。最后，这些条状物用一个"生物注射筒"（就是生物材料适用的 3D 打印机）精确地做出分层、着色并与脂肪混合的效果。这些粉红色物质，不管是生的还是熟的，看起来都是真的。事实上，在味觉测试中，很多测试者都反映味道几乎像一个真正的汉堡包，除了不太多汁。他们的净肉初创公司 Mosa Meats 现在已经聘请了科学家、实验室技术人员和管理人员来创建一个更合理的价格和口味更高的版本，并希望投入批量生产。如果他们达到了目标，这种牛肉每磅要 3.60 美元。

除了牛肉外，其他肉质也在尝试着制作，只是生物打印材料的组成不同。无论是由植物蛋白合成还是由动物细胞培养的人造肉，都可以打印出来。除了上述公司外，无数的风险投资者也在寻找着其他的 3D 打印肉机会。以色列的 Redefine Meat 公司在 2019 年仅在小范围内实验，计划 2020 年年初在欧洲多家餐厅中推出。西班牙的 Novameat 公司也计划明年在西班牙、意大利和英国的餐厅中推出自己的3D打印肉，并在一两年后向个人消费者出售。至于价格，Redefine Meat 生产的打印肉每斤要 14 英镑（约合人民币 125元），比 Mosa Meats 公司的产品要贵。不过预计未来 5 年内，全球植物肉均价将比其对标的普通肉类便宜 60% 左右。而 Redefine Meat 相信，最终 3D 打印肉也会比传统肉类要便宜。

实验室培育的肉类产品在成本和 3D 打印方面的宣传力度较小，但在环境友好方面的宣传力度更大，这也符合当前新一代消费者的喜好。据英国广播公司 BBC 报道，一项独立研究发现，实验室培养的牛肉与牧场饲养的牛肉相比，其能源消耗减少 45%，温室气体排放量减少 96%，所需土地减少 99%。

对于医用生物材料打印方面，早在 2015 年，Gartner 调查机构就预测，器官生物打印移植的研发水平离主流应用还有 5 ~ 10 年的时间。然而再生医学领域的权威——Wakeforest 研究所所长 Atala 博士可能证明 Gartner 的预测是错的。他和他的团队已经 3D 打印出了耳朵、骨骼和肌肉组织并成功地植入动物体内。这些组织可以融入功能性器官中，并萌生新的血管系统。之后，它们可以正常地为植入对象工作——这意味着尺寸合适的 3D 打印组织将来可以被植入人类体内。其他应用上，欧莱雅集团（L'Oreal）宣布与法国生物打印公司 Poietis 合作，研究毛囊的打印，为秃顶问题提供解决办法。

第四节　我国 3D 打印产业现状

一、当前产业概况

我国是传统制造模式下的"世界工厂"。西方产业普遍预计 3D 打印的流行会使我国损失惨重。但其实中国作为全世界制造业第一大国，对 3D 打印的关注一点也不亚于美国。早在 2015 年的 G20 峰会上，习近平总书记就已经提出："新一轮科技和产业革命正在创造历史性机遇，催生互联网 + 、分享经济、3D 打印、智能制造等新理念、新业态，其中蕴含着巨大商机，正在创造巨大需求，用新技术改造传统产业的潜力也是巨大的。"截至目前，我国在 3D 打印产业方面的规模稳居世界前列。2015 年提出的《中国制造2025》这一份国家战略计划中就已提出 3D 打印将是我国实现航空航天和汽车工业先进制造的重要组成部分。该计划还设想通过在全国的中小学中推行3D 打印教育，让下一代劳动力能熟练掌握 3D 打印技术。

近年来，我国在 3D 打印的学术基础研究方面的成果逐渐增多。表 2 - 4是 2012—2019 年部分国家在下一代智能科技领域的研究成果比较。按照国际通行的直观方法，使用来自 Web of science 的期刊论文数量衡量某国在该领域的学术研究水平。

表 2 - 4　部分科技强国关于智能制造相关技术的研究成果数量（2012—2019 年）

国家	3D 打印	区块链	人工智能	大数据	云计算
中国	4782	471	2853	8346	4983
美国	7815	347	3278	10377	3911
日本	586	36	440	815	392
德国	1873	58	638	2193	767
英国	1936	133	1238	3054	1078
韩国	1232	106	487	1334	872
意大利	1116	50	514	1567	780
荷兰	594	29	264	1072	236

由表 2 - 4 我们可以看到，自从 2012 年《经济学人》刊发封面文章，使得关于"下一次工业革命"的话题流行全球后，我国的研究成果是处于世界领先水平的。中国在区块链、云计算等方面的研究领先世界，在 3D 打印、人工智能和大数据等方面的成果也仅次于美国。而其他国家的论文数量与中美两国有较大差距——我国目前在 3D 打印技术上的差距主要是因为起步较晚。如果按照目前的速度发展，我国在部分领域的技术水平可以领先世界，在另外一些领域也能排在世界前列。

但把表2-4和表2-2对比来看，就会发现日本将会从第二集团的位置滑落。智能制造涵盖的这几项主要技术中，日本在所有领域的成果均不理想。这与该国在化工、医学等领域的卓越成就产生了巨大的反差。在可以预见的未来，当美国和德国持续投入该领域研究，欧洲其他国家维持既有优势时，我们中国继续发展首先可能占领的目标市场很有可能就是传统上属于日本的商品服务领域。这就像当年日本家电逐步被中国家电替代的例子一样。当然，日本在3D打印的存量市场非常可观，我们不能掉以轻心、骄傲自满，而是要反思我们这几年在3D打印产业发展方面存在的问题，加以改进。具体的原因在该节后半部分详细叙述。

二、扶持政策和主要成果

为了实现《中国制造2025》的宏伟蓝图，我国在3D打印领域投入了大量资源。2015年2月，工信部、发改委和财政部联合制定了《国家3D打印产业发展推进计划（2015—2016年）》。该计划明确指出，"到2016年，我国要初步建立较为完善的3D打印产业体系，整体技术水平保持与国际同步，在航空航天等直接制造领域达到国际先进水平，在国际市场上占有较大的市场份额"。而在2016年国家编制的战略性新兴产业"十三五"发展规划中，3D打印作为新型材料与智能制造的交叉领域，成为其中的重点。在地方层面，为了与国家战略相对接，广东、四川、福建等省在近几年纷纷推出地方版的3D打印产业行动方案，包括《广东省智能制造发展规划（2015—2025）》《四川省3D打印产业（3D打印）发展路线图（2014—2023）》《福建省3D打印产业行动方案（2015—2017年）》等。

在2016年，我国就投入了16亿人民币（约合2.32亿美元）在增材制造和激光制造项目的研发上。到了《"十三五"国家科技创新规划》，对3D打印和增材制造的重视更是前所未有的。我国研发3D打印发展时间尚短，其根基与欧美国家有明显差距，因此约有57%的资助投放在基础研究和关键技术发展方面。

2016年12月，科技部建立了国家增材制造创新中心（National Additive

Manufacturing Innovation Center，NAMIC），其合作单位包括清华大学、西安交通大学、西北工业大学、北京航空航天大学和华中科技大学。3D 打印设备、材料和软件来自 13 家产业合作单位。该中心的任务是资助相关技术的研发创新，以求打造一条 3D 打印全创新链，保证我国相关产业的全球长期竞争力。

不同于 2012—2015 年的 3D 打印炒作时期——那时候购买更多的是桌面级打印机，越来越多的中国企业开始进入金属 3D 打印市场。中瑞科技开发的金属 3D 打印机使用粉末床熔融技术，一次可打印 500 毫米 × 400 毫米 × 350 毫米的物品，这物品的体积相当于 0.07 立方米。在积极的产业政策支持下，这一类新型金属打印设备很多都是和政府、大学及其他企业共同开发的。比如，西安交通大学和增材制造国家研究院合作开发的一款金属打印机，同时受到快速成型制造技术教育部工程研究中心、西安瑞特三维科技有限公司和陕西恒通智能机器有限公司的资金和技术支持。

国家增材制造创新中心的 13 家合作单位之一的共享装备股份有限公司响应政府号召，在 2016 年率先成立了 3D 打印加工厂。那里安装了 ExOne 公司制造的 3 台砂机，可批量生产砂模和砂芯，一年可生产 3000 吨以上的铸件。在测试中，产品周期可以缩短 50%，生产率可以提高 20%～30%。共享装备公司同样相信其他 3D 打印技术可以简化流程，最大限度地减少人工作业及改善工厂劳动环境。这一家工厂的成功也让其开始筹划第二家 3D 打印工厂的建设。

有着良好的政策导向，各研究机构的成果也在不断涌现。华中科技大学在 2017 年开发的智能微铸锻铣技术，可应用一台设备，短流程轻载荷地绿色制造出锻件，改变了国内外铸锻焊铣分离、流程长、需大型铸锻削设备、耗资源重污染、复杂件无法整体制造的传统制造模式；突破了 3D 打印无锻造而难得锻件的世界难题。西安航空动力股份有限公司委托、利用该技术打印出来的发动机过渡段，通过发动机系统实际装机测试，发现其零件强度和塑性等性能及均匀性显著高于自由增材成形，并超过锻件水平，冶金质量达到乌克兰航空发动机标准，为航空航天高性能关键部件的制造提供了我国独创、国际领先的高效率、短流程、低成本、绿色智能制造的前瞻性技术支持。这一成就也吸引了通用电气和空中客车等公司与该高校的合作，致力于取得更多成果。

金属打印技术水平被视为高端3D打印的衡量指标之一。得益于我国政府的大力支持，许多初创公司和实验室自2016年之后纷纷成立，并聚焦于高端3D打印领域，而不只是用于塑料的桌面打印机创新上。除了基础技术外，对应用领域的研究开发我们也没有落后。比如，我国3D打印领军企业之一的太尔时代公司致力于3D打印在教育领域的应用，甚至还走进了欧美国家的课堂教学中。根据粗略估计，我国各类型3D打印机在2016年的销售数量超过了美国，这在历史上是第一次的。

三、产业短板与技术"峡谷"

即使我国已取得上述斐然的成绩，但相关成果还是过多来源于政府和大型项目推动，像欧美那样技术初创公司遍地开花的局面尚未出现。究其原因，我国更具有创新意愿的一大批中小型企业缺乏跨越技术"峡谷"的勇气和实力，导致先进的3D打印技术困于各大高校和研究所的实验室中，缺乏市场历练和选择改进的机会，核心竞争力并不强（高群和郑家霖，2016；包国光和赵默典，2016）。各相关企业更多的是以"卖概念""博眼球"的初级手段来开拓市场。以下是关于我国3D打印技术"峡谷"形成的粗浅分析。

（一）新兴技术"峡谷"现象的呈现与理论回顾

1957年，艾奥瓦州立大学为分析玉米种子的收购行为，提出某一项新技术或产品被推入市场时，市场中用户的接受并采用的过程存在着类似生命周期的规律性，即技术采用生命周期。Rogers（1962）的《创新的扩散》一书中将技术扩散过程中不同时间进行技术采用的市场用户分为创新者、早期采用者、早/晚期大众及落后者。技术峡谷的概念模型如图2-1所示。

Geoffrey（1990）基于潜在客户对风险和需求强烈程度的关注，将Rogers的技术采用生命周期钟形曲线中的技术采用者重新划分为早期市场（创新者与早期采用者）、大众市场（实用主义者与保守主义者）与小众市场（落后

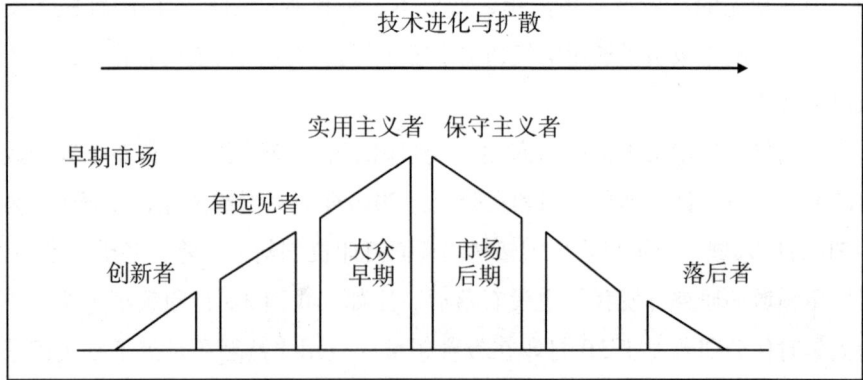

图 2 - 1　技术峡谷的概念模型

者）三类市场。此后，在 1991 年出版的《跨越峡谷》一书中（Geoffrey，1991），为了解释高科技公司在新兴技术采用的生命周期中迷失和退缩的原因，基于心理学和行为差异对不同的技术采用者进行了系统深入的研究。他提出了有远见者和实用主义者之间存在着心理和行为差异，这阻碍了技术的扩散，并在大众市场和早期市场之间形成了"峡谷"。因此，钟形曲线是不连续且不平滑的。

后来，Brown（1992）根据生命周期校正模型，对 Geoffrey 提出的五种技术采用者的累积比例及其市场差异进行了定量研究。他提出，创新者的比例为 2.5%，有远见的早期采用者的比例为 2.5% ~ 16.0%。而进入了大众市场后，该比例实现了爆炸性的增长。在大众市场中的实用主义者的累积比例为 16%，保守主义者的累积比例为 84%，其余的 16% 是由落后者组成的小众市场。如果技术及其产品能够跨越"峡谷"，它将很快从早期市场进入大众市场，获得实用主义者和保守主义者的认可，并实现技术传播。否则，公司只能在早期市场中发展远见者市场来维持运营。但这类客户的累计比例低，拖慢了扩散的速度。这也不是主流市场的思维。这时，公司的研发部门超负荷工作，导致创新效率降低，技术的扩散将受到阻碍，并陷入退缩状态。这时，一旦出现了新技术，有远见者将很快放弃它们。

此类例子比比皆是。如射频识别标签（RFID）在超市非接触支付中的使用。在2000年之后，沃尔玛公司花费了巨量的投资来推广这项技术，甚至为了该技术更改了从生产到包装再到货物上架的一系列工作流程。与沃尔玛合作的许多供应商也为了这项技术付出了很多额外成本。即使这样，RFID的非接触支付也只是在山姆会员店中得到推广。但在中国，由于二维码支付的便捷，包括沃尔玛自身在内的多个超市不得不放弃了它们耕耘多年的实体识别标签领域，转而支持包含二维码的支付系统，并由此衍生出一系列的消费模式，否则它们就会被消费者抛弃。

受新技术的影响，已有技术转换为技术产品的成本和风险极高。如果失去了竞争优势，它就会处于市场低利润甚至负利润的"峡谷"中，并成为"峡谷"的受害者。因此，在技术进入"峡谷"之前，技术公司应尽快满足以实用主义和保守派为主导的大众市场需求。通过最广泛的需求，挖掘技术的价值，从供给侧发力，使早期市场跨越"峡谷"，到达大众市场，以获得更多动力促进技术扩散和商业化。

我国3D打印技术市场的当前发展状况，具有以下特点：

（1）在市场发展方面，工业化进程缓慢，各个细分市场需求不足。国内创意消费群体的创业文化、创意敏感性和动手制造文化比国外弱。

（2）在企业发展方面，国内3D打印技术公司仅有单一的收入结构和保守的商业模式。他们主要依靠推广3D打印设备盈利。由于产值规模小，它们无法顾及后续服务、材料升级等方面。而外国公司则实现了设备、服务、打印材料等方面的多元化管理。

（3）在技术研发方面，激光器、软件、材料及其他核心技术领域也取决于进口，尤其是在需要连续使用的材料方面。国内烧结材料，尤其是金属粉末材料、光敏树脂材料的质量和性能均低于国外，而且材料的技术含量与国外有一定差距。比如，美国3D systems公司、日本松下公司和德国EOS公司在3D模型制作技术的相关专利中拥有压倒性的优势。

（4）在技术商业化的过程中，以高校为核心的国内研发团队在技术商业化的转化中进展缓慢，难以提升使用体验，满足广大用户期望。

Geoffrey 认为，有远见者与实用主义者之间的区别来自内在性格中所表现出的对风险的恐惧。另外，判断对技术的需求程度也是形成技术采用生命周期"峡谷"的主要因素。有远见者感受到该方向的未来存在机会时，就会采取行动，愿意冒险。但实用主义者需要全面分析并看到真正的好处后再行动，这意味着后者更喜欢改善问题而非引起真正的变革。另一方面，有远见者会接受原始的颠覆性变革，但实用主义者必须在采用技术之前，先看清公众认可的最终产品。在为中国市场的消费者推广 3D 打印技术的过程中，位于"峡谷"左岸的技术的早期采用者期望使用该技术来实现快速的特殊定制和小批量的个性化生产，从而大大缩短设计过程中的原型生产周期，以总体减少生产时间，获得客户个性化定制的市场份额。但对于"峡谷"右岸大众市场中的实用主义者来说，他们一方面在谨慎乐观地观察使用左岸技术的早期采用者；另一方面他们使用理性思维，以经济人的角度计算成本、质量和输出速度的综合效果，以使客户满意。

（二）我国 3D 打印产业在发展初期的"峡谷"特征

1. 现有的 3D 打印产品使用中存在很高的技术障碍，并且在使用过程中会遇到技术和人才瓶颈

3D 打印技术的生产方法是增材制造，这与传统制造业模具、车铣的减材制造方式有所区别。当前的 3D 打印设备仍有许多方面需要在软件功能、后处理、设计软件和生产控制软件的无缝衔接方面进行优化。例如，需要在成型过程中添加支持，在成型过程中需要转换和使用不同的材料，并且在后处理的去除粉末和抛光方面需要进一步提高软件的智能处理和自动化程度。由于 3D 打印技术和传统制造技术在生产方法和生产特性上的差异，其人才要求完全不同。传统制造人员主要使用机械加工设备，要掌握车削和铣削以及操作技能。而 3D 打印技术的生产人员，除使用 3D 打印设备外，还需要掌握 3D 数据处理软件、工业建模软件等。这对创造力和创意思维提出了更高要求。

2. 现有 3D 产品的用户体验很差

随着 3D 打印技术越来越多地用于服装、设计和生产中，只有在使用过

程中降低上手难度，实现低技术门槛和低复杂性，才能使用户更好地使用，推广该技术才更容易、更普遍。智能便捷的设备是普及的保证。同时，如果要在科学教育、工业制造、产品创造力、工艺美术等领域广泛使用 3D 技术，则需要 3D 打印技术的相关设备和消耗品成本降低，增强打印精度并提高 3D 打印设备的稳定性。现有的高级进口 3D 打印设备仍然比较昂贵，影响了大众的普及——大多数进口台式 3D 打印机的价格约为 20000 元人民币。国产仿制品的价格可低至 2000 元人民币，但质量难以保证。关于打印耗材，虽然适用材料琳琅满目，但适合初学者的材料主要是化学聚合物，如光敏树脂、石膏、石蜡、树脂等，物理和安全特性尚未达到公众期望的使用水平。就成型精度而言，仍然不能令人满意。印刷产品的质量与传统方法生产的产品之间存在很大差距，打印效率不能满足社会化和个性化的大规模定制需求。这也是打印精度和速度之间的协调失衡与严重冲突。

3. 行业供应链的发展仍处于起步阶段，产品应用与传统工业中现有生产条件之间的连接错位

在欧美国家相对成熟的 3D 打印行业中，完整的产业链应包括：

（1）上游：专业材料供应商、3D 打印设备制造商、软件开发商、数字技术提供商、耗材供应商、专业设计机构、3D 打印设备经销商、3D 打印服务等；

（2）下游：民用消费、工业设计和航天军事工业、服装公司、汽车公司、轮船公司、医药等领域；

（3）服务支持平台：人才支持机构、金融支持、法律援助、第三方测试、行业协会、知识产权保护、研究成果交易、电子商务等支持平台。

在 3D 打印发展的初始阶段，产业链上游的重点主要集中在材料工业、打印设备制造和软件开发这三个领域。当前的 3D 行业供应链系统尚不完善，产品缺乏稳定的行业标准。政府设备招标目录中甚至没有 3D 产品类别。许多办公用品供应商和渠道供应商都害怕在不确定的市场前景中大肆投资。此外，市场上的早期创新者对 3D 应用效果和价值创造寄予厚望，因此在当前的中国市场中，3D 打印与传统制造技术之间的关系经常被混

涉，很多人想当然地都把 3D 打印假想成传统工艺的替代品。实际上，许多功能性产品和材料无法通过 3D 打印直接成型。此外，处理软件的文件格式不能完全对应，相关数据传输的不完整、处理速度以及使用过程中的便利性与企业现有需求和周边环境脱节，这会阻碍用户对 3D 打印技术的接受程度，延迟其与传统制造技术的融合，并使其失去各自技术优势互补的可能。

4. 市场用户价值需求对接不足，缺乏商业模式创新

国内传统工业制造的生产方式主要是集中和大规模生产。而 3D 打印技术的性能更适用于社群化、分散化和定制化的生产方式。但是，这种生产方法缺乏成熟的商业模型经验。结果，3D 打印技术企业将市场用户的需求置于底层，而用户的价值需求却没有得到充分利用。如果还是采用传统的工业设备销售模式，缺乏可持续盈利的创新商业模式，会减慢 3D 打印技术应用程序的市场发展。长此以往，国内 3D 打印相关企业的产值不高，与国外同行的差距会越来越大。根据业内权威报告 Wohlers Reports 的数据，欧美地区的高端市场增长更快，呈现出爆炸性趋势。这意味着该行业的市场并不饱和，还具有很强的可开发性。因此，需要根据 3D 打印技术的分散化和定制化生产特点，更好地与现有的传统制造工艺对接，获取市场消费者需求信息。利用其领先的技术优势，创新业务模式以及满足市场多样化的需求，是 3D 打印技术发展的动力，也是 3D 打印技术从早期市场过渡到大众市场的关键。

（三）我国 3D 打印技术"峡谷"成因分析

技术"峡谷"的成因主要源于两个问题，一个是在商业化过程中技术的产业化问题，另一个是市场用户对其风险的关注和需求问题。市场技术采用者对风险的担忧和要求来自三个方面：首先，新兴技术本身对特定资产专用资源的配置要求；其次，新技术产品的使用效果不确定；最后，新兴技术的应用对象尚不确定是否接受。这种心理上的焦虑在技术的传播过程中创造了一个"峡谷"（高群和郑家霖，2016）。据此，我国 3D 打印技术"峡谷"的三个成因如下：

1. 预期的使用性能和产品使用现实的约束导致期望和现实之间的心理鸿沟

根据理性的经济人假设，每个从事经济活动的人都试图以自己的最小经济成本获得最大的经济利益。因此，对于3D打印技术而言，只有在技术采用者确定技术采用的经济利益可以超过风险和成本并获得市场竞争优势时，3D打印技术才会被大众市场认可。实用主义者和保守主义者才会接受使用3D打印技术。这种现象的浅层原因是市场用户对技术创新的天然不信任感与新技术接受过程中的从众心理，而实际的深层因素是技术本身对现状的改变效果与使用者的心理期望之间的差异。

在3D打印技术市场发展的初期，我国各种媒体发表了各种报道，对其在使用过程中的效果进行过度追捧。传统行业的许多用户认为，使用3D打印机可以完成所有的制造工作。一台打印机又能打印煎饼，又能打印汽车，甚至能打印飞机。但设备的实际情况受到各种成型工艺和材料工艺的限制，这些之前存在于用户假想中的物体要实际打印出来并不容易。这使得更多后来参与者处于谨慎状态，对这种新技术观望多于实践。

由于3D打印技术性能指标的变化和广泛的应用，一些有远见者发现了未来的市场机会。受此鼓舞，他们希望改变传统的制造工艺以获得更大的利润，并冒险投资购买设备。然而，由于操作人员的技能、消耗品使用限制和使用效率与准确性之间的矛盾，他们对效果的期望变成了怀疑和失望，从而加剧了实用主义者对技术应用的顾虑，这是3D打印技术的应用"峡谷"产生的直接原因。

2. 缺乏产业公地是3D打印在中国发展初期无法普及的间接原因

产业公地是指一组可以支持多种行业发展的关键能力，如基础设施、专业知识、工程制造能力等。因此，产业公地的建设间接影响了特定产业在发展过程中生态系统的完整性和良性循环。在我国3D打印技术和产品初步发展的10年中，使用该技术产品所需的一系列工业资源的分配基本上是空白的，行业协会的建设也才刚刚开始。它没有显示出像成熟市场那样的自我成长和自我组织的状态。产业公地并没有形成，从而导致了3D技术的应用

"峡谷"，阻碍了该技术在中国大众市场的普及和应用。

3.3D 打印企业缺少关键核心环节是我国该产业技术应用"峡谷"的深层原因

整个中国的 3D 打印行业面临的主要问题是自身的技术劣势及对国外核心技术的依赖。从核心技术、应用材料到市场渠道，中国的 3D 打印产业链与欧美相对成熟的市场差距非常大。特别是在 3D 打印行业优势应用的多个领域，如用于复杂零件模具制造的大型激光烧结成型设备开发和应用、面向材料结构一体化复杂零部件的高温高压扩散连接设备研制与应用、大型航空航天零件激光熔化成型设备的开发和应用、提升 3D 打印设备性能的软件技术和材料技术，以及 3D 打印个性化零件设计技术、个性化定制模式、定制商业协作引擎、交互式门户、操作平台和其他技术等。就个性化定制管理平台而言，中国的发展尚处于起步阶段，这是"峡谷"生成的深层原因。只有解决上述问题，大众市场的接受和使用才能实现最低的经济和心理成本，并实现最大的效益。

第五节　3D 打印应用后的产销模式变化

要使我国 3D 打印产业跨越当前的技术"峡谷"，需要说服更多的保守主义者接受该技术的先进性，并投身于此。这就需要对基于 3D 打印的产销模式变化做出更为精准的预测，通过详细的数据来证明该技术的应用并非一时的炒作，而是实实在在地对产业链和产销模式的升级有促进作用。本部分拟使用一系列的案例集合与仿真模型定量分析，来证明其可行性。

一、价值链各环节变化的直观描述

2016 年 9 月，通用电气宣布，他们将会以 14 亿美元的价格购买德国和瑞典 3D 打印机公司的 SLM 解决方案，这种工艺也用于金属材料的 3D 打印，但比我们前文介绍的要更加先进。通用电气时任 CEO，Jeff Immelt 认为："增材制造是通用电气向数字工业进军的关键选择。我们正在创造一个更有生产力的世界，这有赖于我们充满创新精神的世界级机器、材料和软件。我们不仅受益于自身作为一个 3D 打印的普通客户，而且还要作为领袖级供应商引跑全球。"

通用电气在新闻稿中表示，预计到 2020 年将 3D 打印新业务的收入增长至 10 亿美元。在产生诱人回报的同时，还预计能为整个集团在接下来的 10 年里节约 30 亿~50 亿美元的产品制造成本。早些时候，通用电气曾投资 5000 万美元在阿拉巴马州建立一个工厂，雇用了 300 名全职员工来进行 3D 打印机的安装。除此之外，在俄亥俄州辛辛那提附近，通用电气也有一笔接近 1.4 亿美元的投资用于创建航空增材开发中心。

像通用电气这样的巨头为什么对 3D 打印技术如此感兴趣，并投入大笔资金押注于它的未来呢？答案在于它能够颠覆传统的设计、制造和供应链过程。它可以改变利润池和收入流，从而影响一些业务的生死存亡。麦肯锡公司估计，到 2025 年，3D 打印的经济影响可能达到 5500 亿美元。它通过降低最小有效的规模或增加同时制造的种类，改变生产的边际成本，使制造商能够更有效地配置资本成本。而要将 3D 打印集成到价值链中，必须仔细评估价值链中每个组成部分的成本和收益：设计、制造以及供应链。

（一）设计环节

印尼年轻工程师 Arie Kurniawan 参加了由通用电气举办的一个全球竞赛，重新设计了一个将喷气发动机连接到飞机机翼上的支架。阿里的设计赢了。令人惊讶的是，阿里没有工业制造的经验，但他的设计是可以用 3D 打印实现的。该支架通过了耐久性、应力和可靠性方面的所有测试。它的重量比传统工艺制造的同种零件轻了 83%。

但不止于此，用 3D 打印实现任何实体结构的创造，这种特性解放了设计界，使他们能够进入一个"无约束设计"的世界。通用电气的燃料喷嘴是无约束设计的另一个样板。从历史上看，这款喷嘴需要由 18 个部件在很短的时间内组装而成。但现在整件喷嘴一次打印成型，其重量减轻了 25%，耐久性提高 5 倍。无约束设计允许那些设计公司将许多零件合并为数量更少的半整件。这不仅消除了零件编号、降低了库存，还减少了劳动力、检查和维护工序，甚至更少的认证许可。某些零件使用"拓扑优化"这种数学方法重新设计后，实现了强度重量比的优化。在不影响强度或耐久性的情况下，可以用更薄的表皮和内部晶格结构代替实心材料。比如，新的空客 A350 XWB 飞机包含了 1000 多个 3D 打印部件，以减少重量，优化其资源投入与适飞比率（Buy-to-fly ratio，指投入资源数量与飞机具备航行能力的比率）。

企业需要关注 3D 打印的设计因素，因为它可以节约成本、减少每次产品更新换代的时间、更快地引入具有竞争优势的功能。前文介绍的 3D 打印外科指导模型是医疗行业的一个例子。这可有效地示范骨骼切割或钻孔手术的完成过程，如下颌手术、膝关节更换和其他手术流程。个性化的假肢，无论是功能性的还是装饰性的，如果没有无约束设计的帮助，都是不可能实现的。艺术家、雕刻家和创客们可以利用他们的想象力自由地创造美丽的作品。斯坦福大学教授 John Edmark 创立的 Fibonacci Zoetrope 工作室极度依赖 3D 打印技术，否则他很难创造出那些美轮美奂的雕塑。而在不久的将来，我们不难想象，人工智能可能学会人类的创造力，来提供更多令人惊叹的 3D 打印设计。比如，早在 2015 年年底，Autodesk 公司就制造了世界上第一个用人工智能设计的 3D 打印汽车底盘。后面可能还会有更多相关发明投入使用。

（二）制造环节

1. 小批量生产

尽管技术进步了，现代制造业仍然是一个效率极低的全球体系。它以规模经济驱动并有条不紊地运作着。生产得越多，单位成本就越低。然而，在 3D 打印中，单位成本并不与生产量挂钩。无论是在一个地点制造 10 个产品，还是在 10 个地点制造、每个地点一个产品，成本都是一样的。正因为这种颠覆性特征，该技术引起了许多企业主管的注意。普华永道（PWC）在 2016 年出版的颠覆性制造创新调查显示，在美国，正有越来越多的企业采用 3D 打印技术，以提高效率、降低人力成本。其中，超过 2/3 的美国制造商倾向于使用 3D 打印来制造最终零件或最终产品。预计技术成熟后，他们将提出批量生产 3D 打印产品的具体日程。而对于需求量并不大的备件，如老款产品的零件，这很明显更适合 3D 打印的即时生产。但昂贵的打印机和成品质量的不确定性是采用 3D 打印的最大障碍。

面对越来越高昂的劳动力成本，欧美的 3D 打印机制造商正竞相生产速度更快、成本更低、产量更高的打印机，以实现更高质量的输出。比如，3D Systems 公司宣布创建一个端到端的解决方案，并适应公司的最新技术。该技术有望提供比老款技术快 50 倍的生产速度。另外，Stratasys 公司宣布与波音和福特公司合作，通过其专利技术的进步确保未来的规模制造系统得到优化应用。

2018 年年底，我国台湾地区的智能手机配件制造商 LITE－ON 在广州工厂测试了 3D 打印的新方法。这些打印机使用一种称为气溶胶喷射的工艺，将微小的雾滴聚焦到 10 微米（头发直径的 1/10）的光束中。LITE－ON 使用该技术直接在主板上打印天线和传感器，而不是另外组装这些组件，这样既省钱又提高了效率。这就是电子元件 3D 打印的典型案例。

3D 打印应用于制造业的最新趋势是混合制造（Khajavi 等，2015）。这是一个结合 3D 打印与传统工艺的良好模式。韩国空军就是使用混合制造来维护他们的 F－15 战斗机的。比如，发动机整流罩中的金属密封圈随着时间推移会逐步磨损，这意味着发动机将无法再使用。而更换一个新的金属密封圈将花费数百美元，并导致了更长的发动机停机维护时间。现在，空军技术人员使用金属 3D 打印机在密封圈周围添加更多材料，然后将其加工至所需规格。这样成本更低，也减少了发动机的停机时间。

2. 大规模定制

上述案例大多集中于小批量定制生产的圈子。目前业内有不少机构尝试过从技术角度提高 3D 打印的大规模生产能力，然而结果暂时并不理想。和我国强大的规模制造能力比起来，美国厂商使用 3D 打印进行中低端产品制造的能力对整个产业影响甚微。就目前情况而言，3D 打印在与传统制造竞争的路上陷入了瓶颈。

材料种类有限，层叠结构脆弱，大批量生产速度慢、成本高等技术问题短期内难以彻底解决，但仍有别的方法能够帮助 3D 打印实现突围。改变经营策略和管理方法，3D 打印农场模式引起了越来越多人的关注。

3D 打印农场模式主要是指用农场的经营思维来影响 3D 打印。当前，我国的 OCEAN Farm 以及美国的 Tend. ai、Slant3D 等 3D 打印公司已经初步尝试了 3D 打印农场的可行模式，并取得了良好效益。在这个"农场"中，几百台 3D 打印机通过智能终端相连，同时打印指定的任务。由于众多打印机同时工作，克服了其单台机器制造速度缓慢的缺点，也降低了单件产品的打印成本。

3D 打印农场的首要特点是其产业链的完整性。让 3D 打印发展遇阻的并不只是技术难题，还有人为设置的障碍。当前有太多的 3D 打印材料生产商和设备制造商为了获得垄断利润，在自己的产品中设立使用门槛，导致用户只能购买特定的几种打印机和材料，对生产规模的扩大造成严重限制。与其等待为数不多的良心厂家推出开源材料和打印机（比如 RepRap 项目），倒不如像农场经营者培育、售卖家畜那样，直接自己动手，甚至可以推出系统的 3D 打印解决方案，打造从材料到产品的完整产业链，让所有生产环节均不受制于人，产品数量和种类尽由自己掌握。

大批量定制生产是 3D 打印农场的另一重要特征。在普通的 3D 打印车间里，大批量和定制是一对矛盾，兼顾二者无论从技术还是从资金的角度来看都困难重重。但在 3D 打印农场里，有了自主开发的完整产业链作为基础，兼得鱼与熊掌要容易得多。无论是企业的大订单还是个人的小需求，3D 打印农场都可径直承接，以流水线作业的规模制造种类多样的产品。这正如农场中培育各种各样的家禽家畜，既可以出售给个体消费者，也可以批发给大型加工企业。

此外，自动化生产是 3D 打印农场的一个突出发展趋势。为了降低成本，当下的工业领域"机器换人"之风大盛。3D 打印农场由于实现了产业链各环节的高度集中，也就具备了推广流水线自动化生产的先天优势。通过在车间中安装特制的机器人系统，3D 打印农场需要的人类操作员越来越少，就像农场中的动物养殖并不需要人力的全程参与，实行散养、放养一样。人工成本的减少为 3D 打印与传统制造的抗衡增加了筹码。

（三）分销渠道与供应链

为了让 3D 打印对供应链的影响研究更有针对性，我们只研究将产品从生产地转移到销售地的过程。美国宇航局尝试在太空中3D打印出一个扳手，用于维修所需的部件。为什么？因为3D打印的价格更低，且立刻可以使用。如果把地球上的扳手送到空间站，需要多花费400美元，并且要宇航员等待运输飞船的到来。

在以下情形中，应用3D打印的最后一公里物流可能发生如下变化。

1. 库存数字化

库存产品的3D打印文件不仅可以用CAD软件生成，也可以通过扫描仪完成。无论哪种方式，都会生成一个高精度、便于在世界各地传输的电子文件。不需要在平时储存实体，要用的时候把库里的文件翻出来打印即可。

2. 产品质量检查和测试可记录在案，也可场外实施

3D打印品的外观和功能应该相同。为了测试表面光洁度、功能强度和可靠性，质量标准和生产流程必须存档。而3D打印技术的发展进步正在推动这些目标标准的实现。

3. 所有打印点都有训练有素的人力

技能短缺是3D打印按需制造的一个障碍。企业需要投资，用于培训员工。招聘政策需要考虑到新雇员迅速掌握相关技能应具备的素质。

4. 知识产权风险以某种方式被包含在内

一旦某数字文件的版权属于某人，它被另一个人使用时就需要获得授权。一家公司如何保留其对该设计的知识产权？如可以引入区块链技术等新方法来进行管理，为分布式制造打上数字戳，可明确打印品在设计者和使用者之间的归属和责任。

基于ABC分类库存管理引申出来的问题——如何保证零件库存水平能同时满足多地的客户需求，对于C类零件来说是一个大难题。更换零件是一个更大的成本，并会导致客户的不满。当客户端出现产品故障时，售后部门需要快速完成修理需求。但C类零件的需求量不高，可能在一个仓库集中存放。而这个仓库可能离某些客户的路程要远，造成了延迟交货，最后导致客户的严重不满。

例如，英国的某位客户Joe，他的家用打印机齿轮断裂导致设备停止了

工作。齿轮故障并不常见，因此售后部门不在 Joe 的家附近存放相关备用零件。更换需要 48 小时，因为必须从中国或其他供应地把零件快递过来。收到零件后，修理技师必须到 Joe 的家里修好它。在这个时间段内，Joe 用不了打印机，可能会非常不高兴。相关的情形如果发生在中国，可能维修速度要快一些，因为我们国家是多种零件的生产国，其备件供应相对完善。

另一个案例，美国电视明星 Jay Leno 是一个收藏爱好者，他的宝藏包括了世界上最好的一系列珍品和古董汽车。有一次，他需要为 1907 年产的"White Steamer"老爷车定制一个备件。结果使用 3D 打印做出来后装上去，汽车又可以重新上路了。按需生产模式催生了一批新的小众服务企业，更贴近客户的即时需求，Fast Radius 就是这种企业。该公司已经开发出一套系统，以实现自动化的分布式 3D 打印。客户下单后，它就自动寻找附近合适的打印机并开始制作。

（四）新的收支项目

3D 打印革命颠覆了一些传统业务，迫使 CEO 们更积极地关注他们的留存利润。它还为零售商、开发商和投资者开辟了一系列新的收入来源。联合包裹公司（UPS）就是一个典型的例子——分布式制造有可能影响他们的大部分收入。除了他们固定的快递服务外，UPS 还为一些大型制造商提供了零部件的库存和运输服务。这项服务在他们的收入利润中占了相当大的比例。认识到这种威胁后，UPS 与 Fast Radius 合作进行 3D 打印部件的业务。他们于 2016 年 5 月在美国推出该业务，并在 2016 年 9 月把新加坡打印基地设为其亚洲的核心枢纽。

然而，很多在 3D 打印领域扩大潜在收入的尝试都还没有成功。早在 2014 年，乘着 3D 打印热潮，亚马逊公司（Amazon）宣布成立了一个 3D 打印旗舰店。但到了 2018 年在亚马逊网站上再搜索"3D 打印"，相关产品只显示打印机、书籍和耗材——那个宏大的"所想即所得"梦幻工厂还没有建立起来。通过美国在 3D 打印专利上的优势实现更多制造业活动回流当地，这个设想也还没有一点迹象要实现。我们都知道，像亚马逊这样的公司如果要真正进入 3D 打印领域，本是一件轻而易举的事。当前的模式下，亚马逊的运营也像传统零售商一样，保持大量库存在各地的仓库中，当客户收到命令后再快速配送。如果只是保留 3D 数字设计文件并按需打印，可能会减少他们的库存，因此它有动力去改进它的作业流程。但这个世界领先的全品类销售公司到现在都没找到一条合适的 3D 打印发展之路，更不要说其他公司了。

二、基于全球供应链的定量模型

前述文献普遍认为，3D 打印技术会引起制造业回流和供应链转型，并导致全球货运量减少，进而对物流产业产生巨大影响。但截至目前，对基于 3D 打印的全球供应链量化分析还是过少，难以衡量世界范围内货量减少的具体幅度和变化趋势。即使在供应链的地理分布研究上，主要集中点也是货量，而非生产时间消耗。货运量和生产时间的减少会给各国带来什么样的机会和威胁？在现存产业模式下，许多亚洲国家扮演制造商角色。欧美则注重研发和销售。当 3D 打印技术导致所谓的"制造业回流"时，亚洲国家的货运量会有多少下降？欧美国家的总货运量会有多少上升？其他作为原材料生产地的国家又有什么变化？

本书尝试研究世界范围内产业链在时间和空间上的变化。基于目前世界产业的主要分工情况，本书构建了一个系统动力学模型。在模型中，原材料生产、加工、装配、销售及相关的物流运输活动组成了一个跨国供应链。通过仿真模型，本书力求在相关量化研究上进行突破。此外，考虑到传统加工技术与 3D 打印技术的结合，并基于供应链优化的角度对后者能否完全取代前者进行讨论，然后提出了相应对策。这可以使得该领域的研究更加具体化和可操作化。

（一）模型构建思路

利用系统动力学，以某商品实际的国际制造流程为基础，对其业务数据进行合理的简化处理后，构建一个基本的产销平衡供应链模型。在现有模式下，模型构建思路如下。

该商品使用 A 和 B 两种原材料制作而成，原材料 A 产自国 1，原材料 B 产自国 2。两种原材料均用火车从产地运输到该国港口，再通过海运到达国

3。在国3,原材料A和B在不同的加工厂分别加工为半成品C和D。加工过程中原材料A和B均有损耗。然后把半成品C和D组装在一起,制造出最终成品E。组装过程忽略材料损耗。组装后的成品E除了部分在国3本地销售外,其余复运出口到1、2、4三国销售。为方便模型构建,每个国家只设定一个港口供货物进出。

其中,国1和国2代表以资源出口为主的国家,如目前某些非洲、中东国家。国3代表以进口原料、出口成品为主的国家,如目前某些亚太国家。国4代表以进口工业成品为主的国家,如目前某些欧美国家。

模型使用VENSIM PLE软件建立,模型中变量的英文简写说明如表2-5所示:

表2-5 某商品现有供应链模式的模型各变量英文简写说明

简写	意义	简写	意义	简写	意义
A	产自国1的原材料	B	产自国2的原材料	C	使用A加工的半成品
D	使用B加工的半成品	E	C和D组装的成品	O1	位于国1的原材料产地
O2	位于国2的原材料产地	P1	位于国1的港口	P2	位于国2的港口
P3	位于国3的港口	P4	位于国4的港口	FA3	位于国3对A的加工厂
FB3	位于国3对B的加工厂	AS3	位于国3的组装厂	S1	位于国1的销售中心
S2	位于国2的销售中心	S3	位于国3的销售中心	S4	位于国4的销售中心

现有国际供应链模式的系统动力学模型构建如图2-2所示。该模型起点为原材料A在国1的产地和原材料B在国2的产地。原材料运往国3后,在国3境内进行加工和组装,最后制作成成品E。部分成品E在国3进行销

售，其余复运出境去往国1、国2和国4，终点即为各国的销售中心，以满足当地消费者需求。

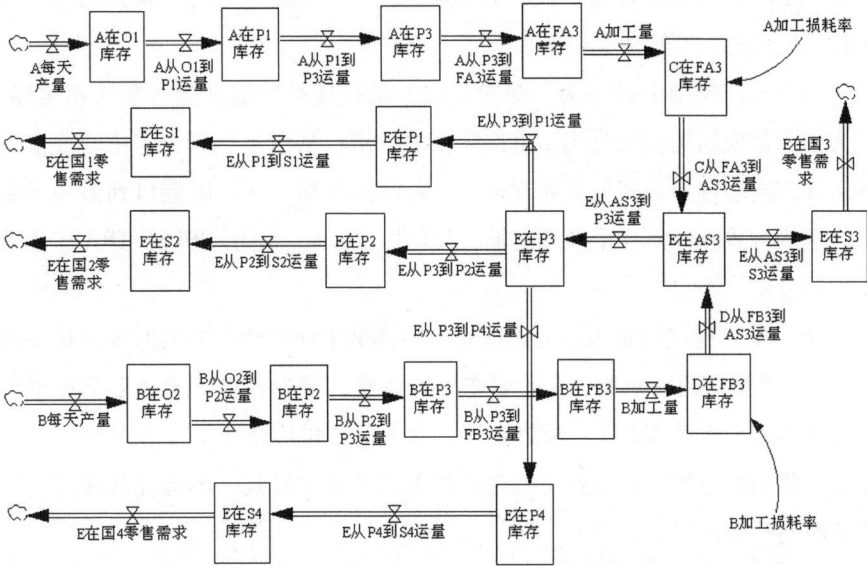

图2-2 某商品现有供应链模式的系统动力学流程图

再对该模型进行数值仿真分析。数据源基于某商品制造过程的实际数据，并进行一定的简化处理。具体仿真设定如下：

（1）仿真区间从1到90，步长为1天。考察该区间内原材料、半成品和成品在供应链上的物流状况和变化趋势。

（2）成品E在各国的销售比例如下：国1为10%、国2为10%、国3为20%、国4为60%。

（3）A和B在模型中设定为散货运输。这是因为该货类运量庞大，且原材料的货值较低，不是很注重运输质量，在业界一般都选择散货运输。运输方式选择方面，从产地到港口、从港口到加工厂的运输方式均选择铁路散装运输，2天发1次车。从一国港口到另一国港口的运输方式选择海洋散装运输，5天发1次船。使用PULSE TRAIN函数实现该设定。

（4）C 和 D 在模型中均设定为集装箱运输。这是因为该货类运输规模适中，且半成品已经过加工提纯，货值有一定提高，在业界一般都选择集装箱运输。运输方式选择方面，从加工厂到组装厂的运输方式均选择铁路集装箱运输，1 天发 1 次车。

（5）E 在模型中设定为集装箱运输。最终成品一般都选择集装箱运输，且为了满足成品运输批量小、批次频密的要求，从组装厂到分销中心或港口的运输方式均选择公路集装箱运输，1 天发 1 次车。从一国港口到另一国港口的运输方式选择海洋集装箱运输，3 天发 1 次船。使用 PULSE TRAIN 函数实现该设定。

（6）该供应链设定为不允许缺货，即模型中任一环节的实时库存量不能小于 0。货物每到一个地点，需要作原地休整，至少在第 2 天才能运往下一个地点。该设定使用 STEP 函数实现。为了保证供应链中的库存最低、长度最短，货物到达每一处地点进行生产加工后要尽快转运，不能无故在同一地点长时间停留。

（7）A 每天的产量恒定为 600 吨，加工损耗率为 2/3。B 每天的产量恒定为 400 吨，加工损耗率为 1/4。E 的产量为 500 吨，生产每 1 吨 E 需要 A 为 0.4 吨、B 为 0.6 吨。由于 E 的制造过程主要是零部件组装，在本模型中设定为忽略加工损耗率。

（8）实体货物在各国流转的时间基于实际地理数据和该区段的运输方式设定，如表 2-6 所示，时间单位为天。

表 2-6　某商品现有供应链模式的模型参数设定（单位：天）

国 1	O1 与 P1 距离	P1 与 S1 距离	
	4	2	
国 2	O2 与 P2 距离	P2 与 S2 距离	
	4	2	
国 3	P3 与 FA3 距离	P3 与 FB3 距离	FA3 与 AS3 距离
	1	2	1

	在 FA3 加工时间	在 FB3 加工时间	在 AS3 装配时间
	5	3	2
	AS3 与 S3 距离	AS3 与 P3 距离	
	2	1	
国 4	P4 与 S4 距离		
	2		
各国港口间距离	P1 与 P3 距离	P2 与 P3 距离	P3 与 P4 距离
	15	18	23

（二）模型仿真结果

根据以上设定，从第 1 天开始进行 A 和 B 的生产，通过该模型模拟可得 90 天内的供应链物流运行情况。再按照不同的国家对模拟数据进行分类统计，所得结果如表 2-7 所示。

表 2-7　某商品现有供应链模式的运输量和运输时间仿真结果

国 1	国 1 境内陆运量	国 1 港口吞吐量	E 在国 1 最早开始销售时间
	55700 吨	52800 吨	第 59 天
国 2	国 2 境内陆运量	国 2 港口吞吐量	E 在国 2 最早开始销售时间
	37550 吨	35650 吨	第 62 天
国 3	国 3 境内陆运量	国 3 港口吞吐量	E 在国 3 最早开始销售时间
	120100 吨	88400 吨	第 40 天
国 4	国 4 境内陆运量	国 4 港口吞吐量	E 在国 4 最早开始销售时间
	7800 吨	8100 吨	第 67 天

进一步考察模型仿真期间物流运输成本的变化。根据实际数据设定各种运输方式的运费率如表 2-8 所示。其中结算方式根据目前国际通行的贸易习惯，设定统一使用美元。

表 2-8   各种运输方式的单位运费率（单位：美元/吨）

运输方式	铁路散货	铁路集装箱	海运散货	海运集装箱	公路集装箱
运费	3	6	2	4	15

根据表 2-8 进行运费计算，计算结果如表 2-9 所示。

表 2-9   某商品现有供应链模式的运费仿真结果（单位：美元）

陆运费用	国 1 境内	国 2 境内	国 3 境内	国 4 境内
	187500	131250	762300	117000
海运费用	国 1—国 3	国 2—国 3	国 3—国 4	
	112200	78200	61200	
合计	1449650			

（三）应用 3D 打印技术后的供应链系统动力学模型构建

3D 打印技术正在不断发展和成熟，未来将会应用在越来越多的制造领域，传统的国际供应链将会变化重组以适应其发展。但并非所有的工业品都可用 3D 打印技术制造而成。本研究考虑 3D 打印技术与传统技术的结合。假设原材料 A 未来可以使用 3D 打印技术加工，原材料 B 不能使用 3D 打印技术制作而成。在各国对 E 需求不变的前提下，该供应链的重组变化可能性如下。

1. 设定 3D 打印技术应用后的材料损耗变化

与传统的切削加工技术相比，3D 打印技术按照数字图纸进行 3D 打印，材料的损耗值很低。在原来的供应链中，国 1 每天生产 A 为 600 吨、加工生成 C 为 200 吨，加工损耗率为 2/3。国 2 每天生产 B 为 400 吨、加工生成 D 为 300 吨，加工损耗率为 1/4。本研究假设 3D 打印技术应用后，A 的加工损耗率由 2/3 降为 1/2。则国 1 每天只需生产 400 吨的 A，加工生成 200 吨的 C，国 2 产量维持不变，即可满足 E 原有的销售需求。因此，供应链对原材料 A 的总体需求降低。

2. 设定 A 加工地点的变化

除了 A 的加工损耗率降低外，A 加工地点也可能向供应链起点方向移动。在 3D 打印技术应用前，需要把 A 加工为有固定形状和结构的半成品 C（以金属行业为例，如钢材、铝材等），其生产需要快速响应来自终端的销售需求，因此在原供应链中把 C 安排在国 3 生产加工，使加工地点靠近供应链终端。

但 3D 打印应用后，半成品 C 应该是更具柔性加工可能的 3D 打印材料（如金属粉末、塑料丝等），而非原供应链模式中那些已成型的半成品。因此可以考虑把 A 的加工地点放在国 1，即加工厂 FA3 变成加工厂 FA1，并修建在产地 O1 附近。A 开采出来后，在 FA1 里就地加工成 C——此时的 C 为 3D 打印材料。再运至国 3 的组装厂 AS3 中打印出生产所需的形状和结构以制造成品 E。原供应链里国 1 境内每天要运输 600 吨的 A，现在只需运输 200 吨的 C，大大降低了物流运量和成本，提高了供应链效率。

3. 设定 B 加工地点的变化

在本研究设定中，B 不能用 3D 打印技术进行加工，只能使用传统技术。原供应链中 B 设定全部在国 3 加工。但如果国 4 的制造业环境具有足够吸引力，部分 B 的加工也可能分流到国 4。因为半成品的制造越靠近供应链终端，就具有越快的响应速度和越好的柔性。设定在国 4 增加一个加工厂 FB4，则供应链重组变化后，B 的加工场所为两个，一个是位于国 3 的 FB3，其生产的 D 负责供应国 3 制造的 E。一个是位于国 4 的 FB4，其生产的 D 负责供应国 4 制造的 E。国 3 制造的 E 销往 A、B、C 三国，国 4 制造的 E 销往国 4。

4. 设定 3D 打印应用地点在供应链中的重新选择

另一个关于供应链重组的重点是 3D 打印地点的选择。在已有文献中，部分学者和业界预测在 3D 打印技术成熟后，消费者只需定期购买 3D 打印材料，在家里就可以方便灵活地打印出各种成品。本研究并不完全认同，原因如下：

（1）3D 打印机的价格因打印材料的不同而有很大差异。某些材料的打印成本并不是普通消费者可以承受的。而且按照目前的 3D 打印工艺，不同的材料需要不同的打印机。如金属粉末需要激光烧结打印机、光敏树脂需要立体光刻机等。但现有商品一般都由多种材料组装而成——小到一个订书机,大到一辆汽车。普通消费者一般不可能在家里备多台打印机来制造这些商品。

(2) 普通消费者如果要打印大件物品,有可能需要体积更大的打印机。而打印不同物品需要储藏不同的打印材料。这会占用非常多的家庭空间。因此,对于目前大部分商品,即使 3D 打印技术成熟后,其应用领域也是以工厂为主。

在本研究的设定中,不考虑消费者在家里进行 3D 打印成品的可能性。但是最终成品的 3D 打印地点应该尽可能靠近供应链终端,这样才可以更快速地响应消费者变化多端的商品需求。本研究把成品的 3D 打印地点选定在最接近供应链终端的组装厂内。按照已有文献,3D 打印技术应用后,原供应链的人工组装环节会更多采用打印工艺代替,成品制造会回流到那些商品销量巨大的国家。由于国 4 拥有 E 产品的最大销量,所以本研究设定国 4 增加一个组装厂 AS4,生产面向国 4 消费者的成品 E。国 3 组装厂 AS3 只负责国 1、国 2 和国 3 的消费者需求。

基于以上讨论和假设,模型由图 2-2 变为图 2-3。

假设 B 在 C、D 两国的生产参数相同,供应链重组后的模型参数设定如表 2-10 所示。

表 2-10　某商品供应链重组后的模型参数设定（单位:天）

国 1	O1 与 FA1 距离	在 FA1 加工时间	FA1 与 P1 距离	P1 与 S1 距离
	1	5	4	2
国 2	O2 与 P2 距离	P2 与 S2 距离		
	4	2		
国 3	P3 与 FB3 距离	在 FB3 加工时间	FB3 与 AS3 距离	
	2	3	1	
	P3 与 AS3 距离	在 AS3 装配时间	AS3 与 S3 距离	

续表

	1	2	2	
国4	P4 与 FB4 距离	在 FB4 加工时间	FB4 与 AS4 距离	
	1	3	1	
	P4 与 AS4 距离	在 AS4 装配时间	AS4 与 S4 距离	
	2	2	2	
各国港口间距离	P1 与 P3 距离	P2 与 P3 距离	P1 与 P4 距离	P2 与 P4 距离
	15	18	20	35

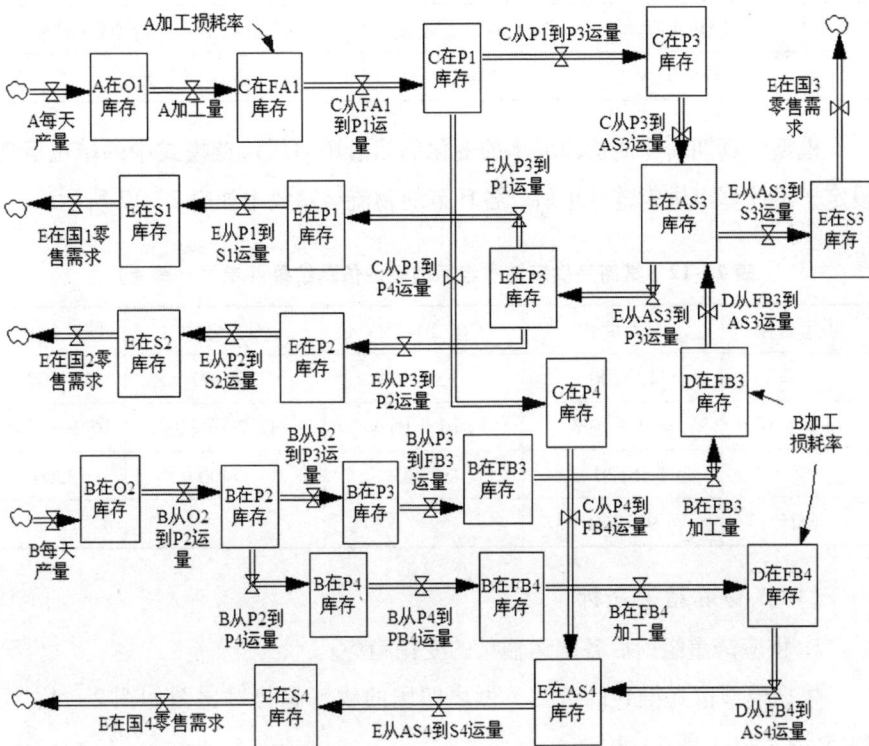

图 2-3 某商品供应链重组后的系统动力学流程图

根据以上设定对模型进行仿真，于第 1 天开始进行 A 和 B 的生产，通过该系统动力学模型模拟可得 90 天内的供应链物流运行情况。再按照不同的国家对模拟数据进行分类统计，所得结果如表 2 – 11 所示。

表 2 – 11 某商品供应链重组后的运输量和运输时间仿真结果

国 1	国 1 境内陆运量	国 1 港口吞吐量	E 在国 1 最早开始销售时间
	18900	18000	第 59 天
国 2	国 2 境内陆运量	国 2 港口吞吐量	E 在国 2 最早开始销售时间
	37600	36850	第 61 天
国 3	国 3 境内陆运量	国 3 港口吞吐量	E 在国 3 最早开始销售时间
	31720	20780	第 40 天
国 4	国 4 境内陆运量	国 4 港口吞吐量	E 在国 4 最早开始销售时间
	37500	20400	第 52 天

模型仿真期间物流运输成本的变化仍然沿用原供应链模式中的单位运费设定。可计算出供应链重组后，各环节的物流运输成本如表 2 – 12 所示。

表 2 – 12 某商品供应链重组后的运费仿真结果（单位：美元）

陆运费用	国 1 境内	国 2 境内	国 3 境内	国 4 境内
	128700	132000	255960	299700
海运费用	国 1—国 3	国 1—国 4	国 2—国 3	国 2—国 4
	36120	38880	37400	43200
合计	971960			

（四）仿真结果分析

1. 供应链重组前后各国运输量的变化趋势。

根据模型仿真得到的数据，做出四国的物流趋势对比图如图 2 – 4、图 2 – 5、图 2 – 6、图 2 – 7。

在供应链的设定中，国 1 扮演的角色是原材料供应方，也是 3D 打印技术的应用方，但是该国对制成品的需求较低。国 1 的物流量主要由日均出口 600 吨的 A 贡献，而非日均进口 50 吨的 E。国 1 境内的道路、港口等基础设

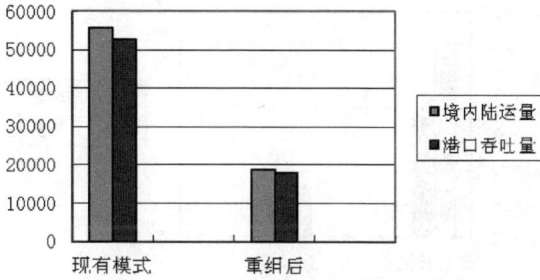

图2-4　国1在不同方案下的物流运输量对比

施主要服务于A的散装运输。根据图4，在3D打印应用后，新设的3D打印
材料加工厂放在A产地附近，出口运输对象由A变为C，重量减少为原来的
1/3，所以国1境内的运输总量大大下降。在国1，主要运输路线就是产地—
港口和港口—配送分销中心。港口吞吐量和境内陆运量的数据几乎同步
变化。

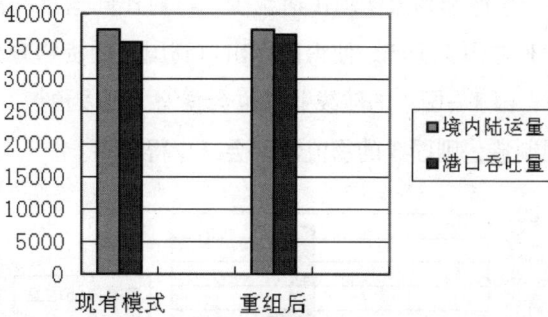

图2-5　国2在不同方案下的物流运输量对比

在供应链的设定中，国2扮演的角色是原材料供应方，并且其供应不受
新技术的影响变化，但是该国对制成品的需求较低。对国2而言，因为B不
能使用3D打印技术进行加工，其物流模式比较固定。根据图2-5，供应链
重组前后国2的运量变化幅度不大。这也说明了与3D打印技术应用非密切
相关的生产环节不会发生明显改变。

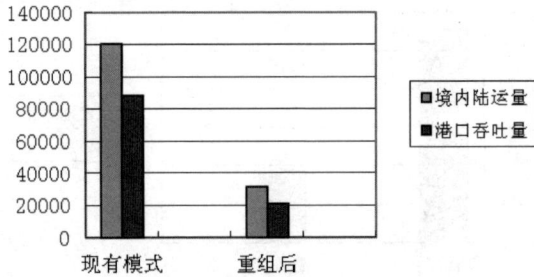

图 2－6　国 3 在不同方案下的物流运输量对比

　　在供应链的设定中，国 3 扮演的角色是国际加工制造中心。对国 3 而言，3D 打印技术应用使 3 国内的物流模式发生了大幅度改变。根据图 2－6，在现有供应链中，国 3 国内的陆运量和港口吞吐量都非常高。这是因为 E 的主要生产环节在国 3 进行，原材料、半成品、成品的国内运输和进出口物流非常频繁。但在 3D 打印技术应用后，相当大一部分的 E 直接在国 4 生产销售，这使得国 3 的生产和物流活动快速减少。再对比陆运量和港口吞吐量的变化，由于部分 E 在国 4 生产，使国 3 出口到国 4 的货物减少。国 3 的港口业务开始萎缩，国 3—国 4 的航线业务也会萎缩。可以预想，若国 1 和国 2 的 E 也回归本国制造，则国 3 的物流活动会减少得更多。

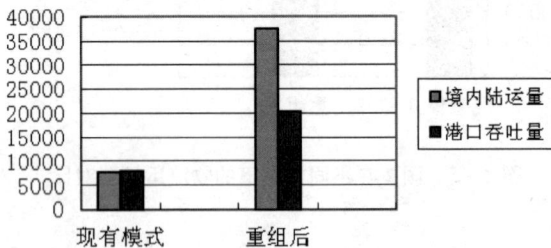

图 2－7　国 4 在不同方案下的物流运输量对比

　　在供应链的设定中，国 4 扮演的角色是制成品主要销售地。对国 4 而言，本来其作为 E 的最大需求方应该是生产活动的最佳聚集地。但由于近几十年的国际产业分工，生产活动更多在国3进行，因此国4的物流活动更多以成品的销售为主，其运量并不大。由于3D打印技术改变了现有生产模式，使最终成品的生产地点向供应链终端移动，国4的物流总量也一路攀升。根据图2-7，随着加工和制造活动不断从国3分流到国4，国4的运输量明显上升。这说明了3D打印技术改变了供应链模式，也会改变两国的物流现状。但国4港口吞吐量增长幅度不如境内陆运量，这是因为国4的生产活动主要针对本国消费者，还不像国3那样复出口到国1和国2。

横向对比三个方案的物流总运输量变化，对不同方案的陆运和海运数据进行加总，可得图2-8。

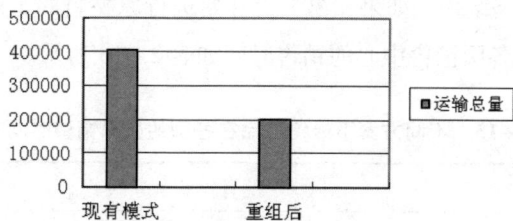

图2-8 不同方案下物流运输总量的对比

由图2-8可知，应用3D打印技术优化供应链后，由于加工损耗的减少，总运量会有显著下降。按照本研究的设定，总运量比现有模式下降了50%左右。

2. 供应链重组前后的物流运输费用变化

再分析供应链中物流费用的变化情况，来讨论重组模式的选择。根据模型仿真数据作出图2-9如下。

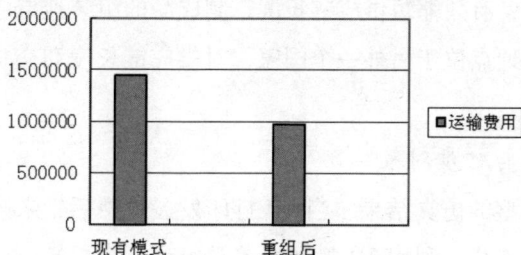

图2-9 不同方案下物流运输费用的对比

在不同的运输方式下货物以不同的包装形态进行运输，运输单位成本均不同。对比图 2-8 和图 2-9，发现在 3D 打印技术应用后，成本大概下降了 30% 左右，远小于运量的下降幅度 50%。这是因为新技术应用后，虽然总运量降低，但是原来针对 A 使用廉价的散货运输，现在针对 C 使用运价较高的集装箱来运输。集装箱运输的运费增加抵消了运量减少带来的成本降低。

3. 供应链重组前后的供应链长度变化

对重组后供应链物流的评价，除了考察物流运量和物流费用外，还有供应链长度的变化。供应链长度越短，对终端客户的需求响应就越快，效率也越高。本研究的供应链起点是 A 和 B 的生产，终点是 E 在各国销售中心的销售。根据模型仿真结果，如果在第 1 天开始进行原材料的生产，供应链重组前后 E 最快到达各国销售中心的销售时间如表 2-13 所示。

表 2-13　不同方案下最终成品在各国的最早销售时间对比

	现有模式	重组后
E 在国 1 最早开始销售时间	59	59
E 在国 2 最早开始销售时间	62	61
E 在国 3 最早开始销售时间	40	40
E 在国 4 最早开始销售时间	67	52

从表 2-13 中可以看出，由于 1、2、3 三国销售的 E 都在国 3 生产，所以供应链重组后 E 在三国的最早销售时间几乎没有变化。而对于国 4 生产和销售的 E，其最早开始销售时间缩短为 52 天。这说明，要利用 3D 打印技术优化整条供应链，有效缩短供应链长度，制成品的组装地点应该靠近最终销售地。如果组装地点位于另外一个国家，对供应链长度和交货周期的缩短作用是有限的。

（五）结论与初步对策

根据上述模型的仿真结果，当 3D 打印发展成熟后，未来的世界产业格局必然发生重大变化。利用 3D 打印技术重组商品供应链，由于供应链长度的缩短，其总体物流量、运输成本和交货周期将会大大减少。而供应链涉及的各个国家中，扮演国际生产制造角色的国家将受到严重影响，而扮演商品主要消费角色的国家将会得到增益。

供应链中除了物流成本，还有人力成本、资本成本等因素。我国现在扮演的角色类似国3。在已有的国际产业链分工中，我国曾经凭借低廉的人力和资本成本在制造业方面获得了相对高的竞争优势。而多年的产业发展使我国建立起了相对完备的工业体系，这是目前我国人力成本不断攀升的背景下，制造业还没有大规模地分流到国4的主要原因。但3D打印技术的应用会弱化人力成本在产业链中的影响地位，可能会大大改变现有的产业分工格局。为了减少新技术对既有生产格局的冲击，在全球产业链上争夺更多话语权，相关决策者应该未雨绸缪，进行以下布局以应对。

1. 加强与3D打印材料原产地国家的物流合作

根据仿真结果，作为应用3D打印技术加工的A，由于运输方式从散货改为集装箱，国1必将改造本国的基础设施以适应3D打印材料的流转——包括运输工具、装卸机械、港口与场站设计等方面。而且，该国在供应链中的主要物流路线是"产地→加工厂→港口"。由于基建是我国的优势项目，决策者应制定相关政策，引导企业在该国提前布局，按照有利于我国的物流标准对该路线进行强化建设，为以后物流企业提供从国1到我国的"门到门"物流服务打好基础。

当我国与国1之间的物流业务提升到一定层次时，可考虑建立更为稳定的集装箱通勤物流系统。在现有模式中，A以散货形式运输进口，E以集装箱形式运输出口。它们使用不同的运输工具，往往是起程有货、返程空驶，难以发展集装箱通勤物流，降低物流成本。在供应链重组后，从国1运往我国的不是A而是使用集装箱运输的C。安排该集装箱装载C起程到我国，再装载E返程到国1，系统的顺利运转可降低供应链的综合运营成本。

2. 拓展国际供应链的总体合作空间

根据模型仿真结果，国1作为3D打印材料的原产地，在供应链重组中扮演了重要的角色。但国1有可能只是一个相对落后的资源出口国，缺乏足够的技术人才与资金在资源原产地进行3D打印材料的生产。我国应该引导发展一批企业，对国 1 提供必要的资金技术支持——包括直接建立分公司或参股当地企业等措施，帮助其把 3D 打印材料的生产留在当地。这是对整条供应链的重要优化措施。

根据仿真结果，在供应链重组后，制造业的流出将导致国 3 的物流业务量下降。所以，我国应注意对使用 3D 打印技术的行业发展进行扶持，并通过各种手段增加本国消费者对 3D 打印产品的兴趣和需求。这可促使该国物流企业重视对 3D 打印材料业务的深入开拓。即使我国对成品 E 的需求没有国 4 那么多，但可以在一定程度上抵消物流业务量的下滑。另外，我国应致力与国 4 之间的投资合作，把多年在 AS3 运作过程中的积累应用于 AS4，降低供应链中的管理成本，这样才能维持我国在产业链中的优势地位。

上述对策只是针对该模型仿真结果的粗浅分析，具体的对策建议在第四章结合我国所处的国际外部环境和内部产业升级路径再进行更深入的讨论。

第三章

3D 打印技术革命下全球价值链的演化特征

第一节　逆全球化暗涌与贸易摩擦

在上一章我们通过统计数据确定了世界各国在下一次产业革命中的地位和发展趋势。我国稳居在世界第二的位置上，甚至在某些领域能引领全球——这应该是大概率事件了。但即使这样，传统发达国家在 3D 打印的优势地位也是我国难以在短期内赶超的。它们为何投入如此多资源在该领域？除了提前占领技术高地外，基于 3D 打印的"分布式制造"是某些欧美政治家着迷的模式，他们非常希望借助该技术实现"制造业回流欧美"（Zeleny，2012；Gress 和 Kalafsky，2015）。

虽然我们并不肯定 3D 打印技术的推广就会导致中国的制造订单大规模流失，但不可否认的是，自从 2008 年全球金融危机后，全球再次陷入"逆全球化"的暗涌之中。世界经济与政治的发展从来就是密不可分的，本章，我们将回顾全球化的历史，探讨逆全球化的根源，并研究 3D 打印什么时候会在世界范围内流行，那时的全球生产网络会如何演化。

一、全球化与逆全球化的历史交替

作为经济全球化进程的对立面，"逆全球化"（Deglobalization）特指在经济全球化进展到一定阶段后所出现的不同程度和不同形式的市场再分割现象。它包含了由全面开放退回到有条件开放，甚至封闭的过程。具体体现为在国际间对商品、资本和劳动力等要素流动设置的各种显性及隐性障碍。"逆全球化"不仅表现为一国政策对多边开放立场的反转，也表现为对区域一体化的逆转。

在经历了最新一轮全球化带来的普遍繁荣之后，一场全球金融危机使全世界各国更加渴望经济复苏和增长。在经济国有化和贸易保护主义的推动下，"逆全球化"浪潮正以越来越不可否认的态度走向世界舞台。2016 年夏季的英国脱欧公投和冬季的美国总统大选无疑已成为这一浪潮中的标志性事件。保守主义和分裂主义在人类文明的自由主义和全球化的两个据点同时取得了具有讽刺意味的胜利。但是，事实上，当人们回顾现代历史时，他们会发现，无论是全球化还是"逆全球化"，当前世界并不是第一次面临同样的难题，它的起源和征兆有很多相似之处（佟家栋等，2017）。

（一）全球化 1.0 和全球化 2.0

正如经济史学家哈罗德（Harold，2001）所解释的那样，人类文明的全球化的第一波浪潮始于 19 世纪末。尽管当时的技术与今天不同，但是"全球化 1.0"的成就是惊人的，无论其地理范围、人口范围和经济一体化的深度如何，在那个时期，国际贸易蓬勃发展，新兴市场（如阿根廷、德国和日本）迅速而深层次地融入了国际经济中。大量不需要签证和护照的外国技术工人在国家之间自由流动（Harold，2001 年），大规模的跨境直接或间接投资可以在没有任何中央银行和外汇管理机构批准的情况下流动。"全球化 1.0"的最主要驱动力来自大西洋贸易的兴起，而英国的世界霸权为其提供了必要的公共基础设施。英国拥有世界上最强大的皇家海军力量和严格缜密的英镑金本位制，从国际政治秩序和经济金融秩序两个层面给予了这一浪潮不断壮大的最坚实保障。

同样，在第二轮全球化中，以美国为首构造的一系列组织也形成了制度性的基础设施。包括世贸组织、国际货币基金组织和世界银行等机构以及以美元为基础的布雷顿森林体系和牙买加体系，这些都有效地支持了"全球化 2.0"的扩展和繁荣。东亚与大西洋两岸之间的三角贸易以及全球价值链的形成是推动这一浪潮的核心动力。中国、韩国、印度和其他新兴市场经济体已开始以重要角色加入全球地图。

（二）逆全球化浪潮的出现与推手

与全球化一样，两次"逆全球化"浪潮的兴起与传播之间也有许多相似之处。首先，起源都来自美国的金融危机，贸易和资本市场的一体化在传导链中也起着重要作用。金融危机的背后是经济全球化带来的长期繁荣所积累矛盾的集中爆发。

"逆全球化1.0"起源于第一次世界大战和大萧条。1929年，华尔街金融危机迅速蔓延至欧洲，同时瓦解了美国经济。全球资本市场一体化带来的传染病使刚刚摆脱恶性通货膨胀的德国魏玛共和国再次崩溃。大量银行陷入资本不足的状态。为了平息市场恐慌，德国中央银行不得不对濒临崩溃的1931年银行体系采取一些纾困措施。这与美联储在2008年应对全球金融危机时实施的措施惊人的类似。经济衰退导致魏玛共和国爆发了第二轮通货膨胀，纳粹主义抬头，希特勒上台，随后发生第二次世界大战。如果这几年再次形成"逆全球化2.0"，其根源无疑就是2008年的全球金融危机和随后的2012年欧洲债务危机。

荒谬的是，动摇全球化进程的主角通常是其创造者和支持者。英国作为"逆全球化1.0"的推手，在1931年自由党和保守党之间的激烈争执中，英格兰银行突然宣布英镑金本位标准体系的终结，而这是当年全球金融秩序的基石。该国的单方面贬值为货币战争和贸易战争拉开了序幕，并席卷全球，并从根本上动摇了第一个全球化进程。在"全球化1.0"时代迅速崛起的美国，以"美国复苏优先"为竞选纲领的罗斯福政府，其随后的施政也给"全球化1.0"带来了最大的打击。英镑单方面贬值之后，美国于1933年宣布放弃与英法两国签署双边汇率协定，从而使美元大幅贬值并提高了进口关税。70多年后的今天，美联储于2009年发起的三次量化宽松计划也推动了美元在随后五年的快速贬值。2016年，美国第45任总统特朗普举着"美国优先"的旗帜入主白宫后，立即采取了强烈的贸易保护主义措施，如退出TPP和增加边境调整税。"逆全球化2.0"是不是正在复刻"逆全球化1.0"的发展轨迹呢？

（三）两次全球化及其逆转的经验教训

加入全球化体系的所有国家都承担着"逆全球化"的灾难性后果，而那些正在迎头赶上却又相对贫穷落后的发展中国家和新兴市场则受到更大的打击。在第一次从开放转为封闭的全球贸易战和货币战中，世界主要的出口导向型新兴经济体，如魏玛德国和日本，都经历了元气大伤的经济衰退和广泛的失业。这种影响更是导致了随后灾难性的世界大战。换句话说，在缺乏有效谈判机制的情况下，奉行单边主义的"逆全球化"政策虽然能收获部分短期利益，但却不足以弥补由此产生的系统性、长期性的损失。而明显的是，西式民主决策体系却加剧了这种民粹经济和政治决定的产生。

在"逆全球化 1.0"过程中，英镑与黄金的脱钩，以及在当前"逆全球化 2.0"思潮中的英国脱欧和美国仇外情绪的上升，基本上都是全球化的创始者及其早期受益者在后期失去了主要的利益分配主导权之后，具有强烈负面情绪的反击。这种摧毁自身创造秩序的冒险将不可避免地加速原始体系中公共基础设施的崩溃，并催生出新的世界经济秩序。但是，该过程可能是曲折且痛苦的，并且经济成本非常高。世界各国应警惕传统全球领导人的政策趋势，并应通过施加必要的集体经济压力，尽可能增加磋商和对话，以防止他们走向孤立主义。

二、逆全球化 2.0 是否会实现

（一）"逆全球化"力量的产生与集聚

经济全球化将导致国家和国际之间要素相对收入的变化，当这种变化产生的矛盾没有得到有效解决时，代表受挫者愿望的贸易保护主义政治力量将开始集聚和加强。"全球化 1.0"时代从开放走向封闭的原因，是当时整个西欧地主阶层都受到来自新世界廉价农产品的经济重创。这导致了最初的大西洋自由贸易的发起者——包括德国、法国、意大利和瑞典，转而高举保护主义旗帜。关税和配额的迅速增加为西欧的土地所有者和一些工业从业者提供了补贴。与此同时，美国的劳工限制法案相继出台，显示了美国对欧洲移民流入的不满与反抗力量在日益积累。最终，大西洋两岸两败俱伤。

同样，在"全球化2.0"时代，区域一体化政策实际上有许多抵抗声音，但是很长一段时间以来它们并未引起足够的重视。2005年的《（欧盟）宪法条约》公投受到抵制，这就是"欧洲版本全球化"的经典失败范例。《（欧盟）宪法条约》旨在整合原有分散的既有历史条约，从而为走向欧盟治理的深度一体化奠定基础。最初认为其实施不会产生太大阻力，但是在法国和荷兰的全民投票中，该条约被两次否决。主要原因是这些国家中的大多数选民认为，该条约将允许将更多的家政工作外包给劳动力价格较低的东欧成员国。全民投票后的调查表明，绝大多数从事高科技职业的从业者都支持这项公约，而蓝领工人、普通平民、白领工人和农民则旗帜鲜明地投了反对票，而后者占多数。欧盟委员会在重新包装该条约后，以新形式《里斯本条约》重新发布，并且不再给予法国和荷兰全民公投的机会。但是，爱尔兰的全民投票结果仍然是被否决，阻力依然存在。这次，都柏林相对收入较低的地区成为重要的反对票仓。然而，直到2016年英国脱欧公投之前，这些抵制活动并未引起足够的重视。

英国脱欧公投成功后，一份报告调查了英国几乎所有380个辖区的投票特征和结果。在考虑了区域固定效应和其他数据特征之后，人们发现生活水平、人口特征、移民（尤其是新移民的增加）、文化和社区凝聚力都对选民作出"英国退欧"的决定产生重大影响，并且受全球化影响的深度与仇外倾向之间存在显著联系。例如，遭受进口竞争压力最大的英格兰中部和北部，已经成为支持英国退欧的重要支持者，而长期受益于全球化的伦敦对英国退欧的反对呼声很高。不幸的是，选民们并不完全理解和认可经济学家的观点。

全球化与该国整体生产率的提高之间的重要联系并不被所有民众所理解。低收入群体只能感觉到他们的传统工作被新移民或离岸制造中心所夺走。另一方面，经济学还不能清楚地量化"逆全球化"将可能带来的高成本和高损失。

（二）"逆全球化"与收入不平等加剧

生产的全球化极大地提高了资本要素在全球范围内的收益，并且还极大地释放了对资本生产的最高诉求以获得全球绝对要素的优势。在此过程中，资本以外国直接投资或间接投资的形式与全球市场整合，而相关规模基于其边际产出。由此产生的全球价值链和分工塑造过程不可避免地带来了就业机会的大规模转移。此外，全球化进程中较高收入阶层的收入增加所造成的代际流动性下降以及收入不平等现象加剧，在世界各地——特别是发达国家自身，引起了低收入群体的抗议。这对持续的经济全球化政策产生了更大的阻力。近年来，低收入群体的抗议缘由如下。

1. 来自制造业、适合低技能群体的中等收入工作机会正在减少

以美国为例。1979 年，美国制造业的就业人数达到了 1943 万的峰值，此后一直在下降。它从 2000 年的 1727 万下降到 2010 年的 1153 万，到 2016 年仅恢复到 1235 万。制造业就业在总就业中的比重也持续下降，从 1943 年的最高点 38.7% 下降到 2016 年底的 8.4%。

2. 排除价格影响后，工人绝对收入的代际流动性继续下降

根据对不同年龄出生的美国工人及其父母的收入调查，从 1970 年到 2014 年，处于 30 岁的劳动者收入超过其父母（同为 30 岁时）的比例从 90% 降至 41%。其中，中产阶级（社会收入在 30% 至 70% 之间的人口）收入下降幅度最大。与此形成鲜明对比的是，在高收入阶层（社会收入最高的 10%）中，收入超过父母收入的子女比例一直保持较高水平。换句话说，在 1970 年代之后，收入增长的主要部分集中在高收入家庭，而中低收入家庭的收入变得越来越困难。更值得注意的是，代际收入下降的主要推动力不是该国经济增长率的放慢，而是收入差距的扩大。由于同龄人之间的全球化福利分布主要集中在高收入人群中，因此总体经济增长率的提高并不能缓解总劳动人口中代际收入的下降，而这些广泛的人群成为不满的主要力量来源。

3. 收入不平等加剧

在两次全球化期间，比较各国收入在前 1% 的人口占社会总收入的比例，可以清楚地发现：全球化的两次高潮与收入不平等的现象增加是同步的。当全球化的第一阶段经历了长达 40 年的退潮时，相关国家也正在经历着同样的收入平等化过程。另外，收入不平等更加严重的国家，如美国和英国，通

常对全球化的抵触更强。而收入平等程度较高的国家，如丹麦和瑞典，对全球化的抵触相对较弱。

三、逆全球化的表征——国际贸易摩擦加剧

(一) 参与主体的利益分配矛盾

受资本和技术的限制，在进入全球价值链分工体系之前，大多数发展中国家主要从事初级产品加工的专门生产，而它们参与国际分工的程度并不深。随着全球经济一体化进程的发展，发展中国家继续加入全球价值链的各个环节，在发达国家大型跨国公司的布局下，参与国际分工的这些发展中国家通常只需要专门完成产品特定部分的加工，不需要掌握生产整个产品的生产条件和技术。在国际分工的背景下，发展中国家进入全球价值链的门槛似乎很低。与之前的分工相比，经济也取得了一定的发展，家庭就业也大大增加了。但是，发达国家设置的陷阱也使许多发展中国家停留在世界加工厂阶段，而转型升级艰难。随着全球价值链分工体系的不断发展，发展中国家一直在努力成为技术密集型产品的加工和制造者，这也导致了价值链分工和国际贸易结构不断向高端集聚演化。由此产生的主要矛盾和冲突体现在以下几个方面。

1. 全球价值链分工下的收益正在不断增加

在全球价值链中的劳动分工的背景下，资源的优化配置极大地促进了全球经济的快速发展以及各国生产率水平的进一步提高。在全球价值链分工的背景下，西方发达国家是价值链上的主导者和高端环节嵌入方，并且是全球价值链的最大受益者。发展中国家也受益于全球价值链中的分工，但与发达国家相比，作为价值链的低端环节嵌入方，它们受益较少。其表现主要是本国产业结构的进一步升级，出口能力的不断改善，以及各种制度与先进水平对接等。尽管全球价值链分工对世界各国的利益分配不平衡，但它也为世界经济带来了总体的利益提升。

2. 全球价值链中出现争端首先损害发展中国家的利益

全球价值链分工是国际分工的一种新形式，也是全球资源分配的一种新

模式。在全球价值链分工的背景下，贸易利益是各国参与国际分工和开展国际贸易的基础。当前，发达国家的控制工作能力不足，损害了全球的综合利益。来自国际资金的不稳定使得相关就业人数持续下降。国际分工的格局决定了贸易利益的分配格局。目前，发展中国家的生产处于被动状态已经有一段时间了，没有自己的主动控制能力，就无法靠自己解决数量和质量问题。从以上可以看出，发展中国家的分工角色使其缺乏自主创新和研发能力。另外，低收益生产环节由发展中国家承担，而发达国家则垄断了高收益的自主产业价值链。

3. 利益分配不均导致跨国公司处于主导地位

在传统的国际分工中，由于没有跨国企业的生产行为，国家与企业之间的经贸往来往往以最终产品为基础，而从贸易中获得的经济利益仅仅是企业自身的利益。在跨国公司主导的全球价值链分工体系下，国家与企业在对外贸易中的利益归属边界已经开始模糊。跨国公司已经控制和协调了价值链中的各种生产环节，从而使分工体制下的利益相关者变得复杂多样。发达国家作为利益主体在这种分配方式中，通过跨国公司在价值链中的战略优势来获取绝大多数参与发展中国家的贸易利益。

4. 维持当前的全球分工体系不利于发展中国家攀升价值链的高端

当前全球价值链的分工与以前的国际分工明显不同。最明显的一点是，全球价值链中的分工突破了先前体系中国家之间不相互联系的弊端。跨国公司在这种新型的国际（国际分工和贸易分工）中的重要地位使过去的国际分工参与者逐渐集聚在国家层级的角色中。资源国、生产国、消费国——相关国家被贴上一个个标签，把自己固定在全球价值链的相应位置上。在这种国际分工的新格局中，企业竞争优势与国际优势之间的统一关系产生了一致的张力。企业的竞争优势不再是对于一个国家的整体优势，而是对于全球的整体优势。如华为这类高科技公司，其对手不是我国内部的同类竞争者，而是来自全球更强大的跨国集团。就公众而言，发展中国家一直处于提供劳动密集型劳动力的主体地位，然后转变为全球价值链中的分工状态。同时，发展中国家可以在价值链中保持这种分工，因为相关岗位的工资和工人权力在本

134

国劳工法里并没有像发达国家那样受到更高层级的保护。尽管发展中国家在全球价值链产业分工体系中获得了收益，但与发达国家所取得的巨大收益相比，发展中国家往往在利益流失的情况下进入了国际分工体系。

（二）我国卷入的国际贸易摩擦越来越多

改革开放以来，中国以惊人的发展速度在世界经济舞台上占有一定地位。贸易顺差和外汇储备不断积累和增加，但贸易不平衡的问题也越来越突出。以美国为首的先进西方经济体迫使人民币升值。结果，劳动力、土地和原材料的成本持续上升，甚至结构性短缺也逐渐发生。中国对外贸易的持续失衡反映了中国经济发展的不可持续性。因此，中国必须迅速、彻底地进行经济改革，改变经济发展方式，才能走可持续发展的道路。从全球经济一体化的角度来看，世界经济失衡不是一个单一的现象。

当代世界经济发展处于非常不平衡的状态。在全球价值链的划分中，发达国家占主导地位，而发展中国家只能被迫接受发达国家制定的标准，并一次又一次地被作为贸易摩擦的替罪羊卷入相关争端中。这种不平衡的关系在短期内不会产生较大的变化。以中国为代表的发展中国家仍处于全球价值链分工的低端。由于出口的大部分产品是劳动密集型的低附加值产品，因此中国被称为"世界工厂"，但这也是全球国际贸易活动中的主要摩擦对象。

全球价值链中的分工使得中外贸易摩擦重心发生了变化。当一个国家引发贸易摩擦时，其他国家也会效仿，形成连锁反应，产生巨大的不利影响，涉及范围广泛。而大多数国内企业的产品没有太多的贸易优势，面对贸易摩擦，甚至原有的价格优势也逐渐丧失。西方国家采取了一系列措施来限制中国产品的出口，目的是保护其国家在全球价值链划分中的主导地位，以获取利润。因此，中国和许多西方国家在世界经济舞台上为自己的地位和应有的利益开展了激烈的斗争，致使贸易摩擦不断加剧。

尽管中国无疑仍处于发展中国家阶段，但由于其庞大的经济总量，吸引了越来越多竞争者的关注。同样，美国优先主义导致传统西方国家阵营的分裂，与中国相关的国际贸易摩擦的影响也越来越大。在许多情况下，西方国家会主动挑起贸易摩擦，因为这样可以从贸易摩擦事件中受益更多。每个陷入贸易摩擦的国家都希望本国从中获得更多利润，因此它不会放弃。毫无疑问的是，贸易摩擦不仅影响国际贸易活动的发展，而且对国际贸易活动的要素和商品流通产生了抑制作用，导致全球经济失衡和恶性循环。

（三）国际贸易摩擦对我国攀升价值链高端的挑战

随着经济全球化进程的加快发展，贸易全球化、投资全球化、金融全球化和科技全球化的发展不断加深，随之而来的是各国之间的经贸摩擦问题。我国不仅与美国这样的超强经济体有贸易摩擦，甚至与许多新兴经济体也时有纠纷——这是一个大国复兴的必经之路。全球价值链中的分工不断发展，中国越来越多地卷入国际贸易摩擦。我们要适应国际产业结构的持续变化，还要寻找机会，在全球日益严峻的经济形势下实现中国的高质量发展。为此，需要有效地应对表现为贸易摩擦的"逆全球化"挑战，我们才有信心努力攀升全球价值链的高端，实现中华民族伟大复兴的梦想。这一挑战来自以下两个方面。

1. 来自发达国家的挑战

全球价值链中的分工加大了中外贸易摩擦的频率和强度。与我国发生贸易摩擦的主要对象是西方发达国家，而他们也是贸易摩擦的主要发起者。在以美国为首的大多数发达国家的暗中鼓动下，中国被迫陷入多起贸易摩擦事件。大多数发达国家认为中国的劳动力成本以及廉价和优质的商品是其最有力的竞争对手。因此，许多欧美国家联手"征服"中国，限制对华技术出口，并减少中国的海外市场。但是随着当今世界经济的发展，发达国家的障碍不能限制中国的贸易发展。目前，中国的经济发展模式仍以出口为主要生产线，以国内消费为主要经济形式的转变尚未完成。就其生产和出口产品而言，仍主要是劳动密集型产品。从这个角度来看，中国未来与贸易摩擦有关的问题将会增加而不会减少。

2. 来自发展中国家的挑战

全球价值链中劳动分工的出现导致国际贸易的参与者越来越多。随着经济全球化的发展，价值链中的分工程度不断加深，世界贸易活动越来越频繁，但随之而来的国际贸易摩擦也在不断增加。整体观察国际摩擦的典型案例，会发现不仅劳动密集型产品是与发达国家贸易摩擦的主要构成，高附加值产品的出口也是与发展中国家贸易摩擦的主要构成。显而易见的是，假设其他初始条件都一样，如果仅依靠发达国家的技术产出，其他发展中国家也将达到我国相关产业的技术水平。这导致"不结盟运动"时期的某些与我国处于同一国际阵营的经济体，如印度，在地缘政治和产业转型的竞争需求下，开始与我国相关产业发生竞争和摩擦。

中外国际贸易摩擦阻碍了全球价值链中劳动分工的效率，也减缓了中国攀升全球价值链高端的步伐。为了建立人类命运的共同体并与许多贸易摩擦大国建立最大的利益共同点，2013 年的"一带一路"倡议是一个划时代的举措。但是，随着"一带一路"倡议中越来越多的国家和地区的加入，倡议内部、倡议外围和倡议外部可能会出现新的争端。在很长的一段时间内，中国仍将面临日益多样化和隐蔽化的国际贸易摩擦方式。例如，发达国家不仅将关税和出口产品数量限制等传统贸易摩擦作为限制中国出口贸易的一种形式，而且现在将更多的所谓非关税壁垒（如环境标准和知识产权保护）用于限制中国的出口贸易，阻止中国商品出口。比如，我国经常有类似产品遇到多种贸易救济调查。由于历史原因，我们的某些产品缺乏技术优势且环境保护不足，这确实是中国出口产品的弱点。因此，我们必须发现优势产业的潜在缺陷，继续提高中国制造业的技术含量，积极研究相应的软实力改善措施，积极参与全球价值链治理，从遵守规则的人变为制订规则的人。这就需要我们首先掌握未来最核心的技术，使自身处于价值链的优势地位。

四、3D 打印的应用能实现逆全球化？

纵观历史、再看近年，动荡的全球政治和经济形势清楚地表明，我们并不能对全球化进程采用一种简单而乐观的单向思维来判断其发展趋势，对相关问题必须保持谨慎。天下之大，合久必分，分久必合。《三国演义》的精辟论断用在全球化与逆全球化的相互作用中是最合适不过了。我们承认，诸如自由贸易之类的开放政策为所有参与国都创造了巨大的利益。但即使在英国和美国等发达经济体中，全球化收益在利益集团之间、各个地区之间，其分配都极为不均，导致了国家整体福利提高与某些地区人民整体福利受损并存的矛盾。而且由于收入不平等的加剧，受损人口在总人口中所占的比例不能被低估。这种经济现实已在英国脱欧公投等事件中充分暴露出来。越来越多的研究表明，经济全球化政策——如社会内部的自由贸易，其产生的收益二次分配对全球化的长期可持续发展至关重要。

深入考虑收益二次分配与全球化之间的关系将使人们重新审视政府的角色以及政府与市场机制之间的关系。早在关于全球化和不平等的辩论开始之初，国际经济领域的著名学者罗迪克就提出了一个基于全球化"不可能三角"的理论假说，即一个更加开放、更为一体化的市场，将不可避免地需要更为庞大的政府支出来维持。其背后的经济逻辑是，开放政策本质上是将本国的优势要素，如劳动力禀赋，整合到全球统一市场中，同时获得国际标准要素收入。但这会将本国劳工置于更加激烈的全球市场竞争中，其结果之一是国内收入和消费面临的风险增加，其收益是不确定的。这种不确定性来自两个客观限制，它们不会因为国家意愿而改变。一是贸易条件波动的外生性，二是国内出口类别的集中度。因此，如果要求大多数选民继续支持这种导致更高风险的外交政策，则政府必须千方百计增加财政支出，以各种方式保护和对冲选民面临的风险。如果政府不这样做，那么任何"亲全球化"的举动和政策都将不可避免地遭到强大的政治抵抗、废除甚至逆转。

以英国脱欧公投为例。大量来自东欧的移民加剧了英国本土公民对公共服务的竞争，如政府的公共租赁住房、公立学校和医院，这是许多英国选民投票支持英国退欧的重要原因。从理论上讲，有两个选择可以解决全球化造成的人均公共服务不足的问题。一种是降低分母，即限制移民人数，另一种是增加分子，即扩大公共财政支出。但实际上，第一个选项更容易获胜。首先，发达国家的人均公共服务存量和流量高于发展中国家。因此，随着人口基础的扩大，分子消耗的财政资源相对较多，扩大公共财政支出的政策难度加大。其次，发达国家处于全球化进程的第一阵营，根据全球化"不可能三角"理论，政府支出的相对规模本来就很高，一些国家的主权债务已达到战后的历史高峰（如美国），再加上经济危机的破坏，其难以扩大财政。权衡这两个阶段，"排除"在短期内已成为一种低成本解决方案。

这种经济全球化与政府支出之间的正向联系有着重要的政策含义。传统观念认为全球化意味着在国与国之间实现更为完全的"单一市场"，而由于政府干预与市场机制之间通常被认为是替代关系，所以更深的市场一体化似乎应伴随着更少的政府支出规模。然而事实上，这与经验研究的证据并不相符。换言之，在全球化的背景下，市场开放与政府支出之间事实上更多的是一种互补关系而非简单替代关系。开放度越高的经济体，其公共服务的支出增长也越快，对发达国家尤其如此。反过来，这一经济逻辑也意味着，任何一个深度参与全球化进程中的国家，如果忽视了对本国要素所有者的风险对冲和社会保障的政策安排，则将必然遭受政治上的抵制和失败。事实上，近年来愈加被学术界所关注的全球化的"斯堪的纳维亚模式"的实质，就是在融入欧洲一体化市场的过程中，同步扩大政府在公共教育和社会保障方面的支出，从而试图在全球化带来的要素生产效率提升与群体间收入差距扩大之间取得动态平衡。

综上所述，如果不在政治制度上进行有效治理，单纯把欧美的社会问题寄托于3D打印这类技术革命来解决，无异于饮鸩止渴。在后文我们会谈到，3D打印作为一种自动化生产技术，即使实现了制造业回流欧美，其大部分红利仍然会流进资本家的口袋。制造业回流欧美并不等于就业机会回流欧美。但不管如何，目前对这类话题的研究还为时尚早。我们应客观讨论3D打印对当前的全球价值链和全球生产网络会有什么具体的影响，我们先把研究高度放在国际领域，至于涉及经济体国内的矛盾是否会得到解决，是未来研究的一个方向。

第二节 3D打印技术革命带给全球价值链的直接影响

2012年4月21日英国《经济学人》杂志，专题论述了当今全球范围内工业领域正在经历的第三次革命，其中对3D打印技术做了重点介绍。从此，

3D 打印技术开始进入大众视野。可以说这篇文章中的描述，现在来看仍然是非常超前的。这也是 2012 年之后 3D 打印经历了一轮资本炒作的驱动力之一。从 2012 年到 2016 年，许多消费者怀揣着美好的幻想，花了几千元到几万元买了价格不菲的桌面级 3D 打印机回家，希望在家里直接打印出自己的心头所好。但由于消费者自身设计能力和打印机技术的限制，这些桌面设备并不能实现他们当初的愿望。到了 2017 年之后，随着 3D 打印炒作的热潮退去，工业级金属打印设备热度重新超过桌面级打印机。"DIY everything at home"（在家里自给自足）的时代目前为止确实还没有来临。但本次热潮让之前的这样一项小众技术为公众熟知，资本的滋润也催生了一大批雄心勃勃的创新企业。在上一章中，我们通过大量案例证明了 3D 打印技术在不同制造业中的扩散速度是不同的。在本节中，我们会进一步探讨 3D 打印应用全球价值链发生的直接变化。

一、3D 打印和全球价值链的地理配置

　　跨国公司的各种价值链活动形成了复杂的全球专业化分工，如"在欧美研发，在非洲提供原材料，在亚洲制造"就是一种基于劳动密集型产业的典型全球分工模式。在随后的数年里，来自国际商业、发展经济学和经济地理领域的学者纷纷对全球价值链进行深入研究。很多人指出，全球价值链治理的关键在于外包合同的合理制订。这是因为在分级治理缺席的情况下，跨国公司往往首选分包作为一种有效的治理机制。

　　不管治理模式如何，基于一条特定的全球价值链，跨国公司需要协调在国际分工中共同的经营活动——包括设计、制造、销售等。全球价值链导致了在全球范围内的专业化活动集聚——整体上，它呈现出地域多样化的趋势；局部上，各个价值链活动则呈现出很强的区位集中度。制造商期盼进口壁垒得到大幅度降低，这是从 20 世纪 90 年代到 21 世纪初，各国持续数年的国际贸易谈判结果。

　　除了包括中国在内的全球大部分国家陆续加入国际贸易组织之外，在物流和信息流方面的技术革新也大大促进了一场空前的全球分工。在物流方面，标准化尺寸的集装箱应用在货物运输单元中，大大提高了从原材料、到半成品、到制成品的跨国运输效率；信息和通信技术的进步则使得国家间、地区间的时空沟通壁垒被打破，跨越大洋的指令从总部通过电话、电子邮件和社交媒体源源不断地传到现场，指挥着10000公里外的生产和销售活动。

从工业革命的历史角度看，当前全球生产网络的垂直分工和细片化是一个相对较新的趋势，但发展却很迅速。制造活动在某个地理区域相对集中，同时伴随着销售活动的物理位置分离，典型的例子当然是我们中国。不管是中国还是外国学者，都认为中国的崛起首先是靠"世界工厂"提供的动力。根据世界贸易组织的统计数据，我国已经是包括服装、玩具、家用电器、商用船舶在内的各类商品的最大出口国。今天，世界的电子设备的大部分是在中国生产。包括耐克、宜家和苹果等的跨国公司精心设计了相关的运动鞋、家具和智能手机全球价值链。另外，我们国家不仅是世界工厂，也是世界上最大的消费市场。相关商品在中国的生产和销售也带给了这些公司丰厚的利润。

明显地看，3D打印技术可以部分抵消这些革命性技术的优势。我们在评估3D打印给全球价值链带来的影响时，优先考虑跨国公司对这类先进制造技术的接受程度，因为它们是全球生产网络协调的主要负责人。它们的关键能力是有效组织和协调全球价值链。然而，技术革命可能会使全球价值链在地域跨度和密度方面的配置发生大幅度的颠覆性变革。根据3D打印的技术特征，它现在更有可能威胁和颠覆当前传统的"制造商→批发商→零售商"的生产销售模式，那些在当前模式下会被外包的业务模块有可能因为3D打印的应用而重新由链主在内部统一运营。

在本节内容中，我们首先要评估3D打印应用对全球价值链造成的直接影响。其中一个核心问题就是——3D打印技术是否会影响到各个跨国公司，它们选择让生产在远离客户的大洋彼岸进行，还是让生产在客户的邻近区域布局。关于全球价值链的这一地理配置，我们深入讨论三个因素：（1）要素成本差异；（2）规模经济；（3）其他阻碍国际分工的因素，包括运输费用、进口壁垒、不可分割的生产流程，等等。

二、要素成本差异

(一) 要素投入的多少决定 3D 打印制造模式是否可行

要素成本差异——特别是劳动力套利，带动了制造业的外移，也是亚洲崛起为制造业中心的主要驱动力。换句话说，中国的制成品出口到美国的巨额顺差是和两地的工资差距密切相关的。虽然随着我国的劳动力成本上升，这个差距在逐年减少，但仍然是相当可观的。

但是，如果用 3D 打印替代常规生产，导致劳动力的投入速度减缓呢？这就跟生产流程自动化类似。我们可以对比宜家公司的例子，比如它们的书架产品放在瑞典母公司制造时，整个工厂流程几乎都是自动化的，包括流水线、自动切割机、自动封装机、自动化立体仓库等；但如果放在波兰工厂生产，则更多的制造活动会有人工参与。比如它们的沙发制造，就包含了大量的人工剪裁、人工填充等工序；如果是外包给我们中国广东的工厂来做的产品，其自动化程度介乎于瑞典工厂和波兰工厂之间——除了考虑产品的制造要求外，工厂负责人当然要衡量是自动化还是人工的投入产出比高。

类似的还有联合包裹（UPS）公司。它们处理快件的物流中枢位于美国中部的路易斯维尔。在那个快件工厂里，几乎所有的分装、识别和重配工作都用机器完成。但如果我们观察一个基层的终端配送点，谁会有那么多资金为一个日均几百件流水的点设置一条自动化分拣线呢？到最后还是用人工来完成相关工作。借鉴 UPS 公司的经验，我们国家的顺丰、中通、申通等快递公司既有叹为观止的智能中央分拣库，也同样有灵活配置的基层人工配送资源。

但 3D 打印还有其他的优势，如快速获取和个性化定制。这是其他自动化工艺与其相比所不能具备的。当消费者被娇惯着，连一份快递都不愿意等上一天半天时，直接把独一无二的心仪商品打印出来，迎接旁人羡慕的目光是他们更好的选择。在这种情况下，3D 打印真的要接管传统的生产流程也就顺理成章了。这个时候，工资差异只会扮演一个次要角色，这一驱动着当前全球价值链的显著力量将逐渐失去往日的风采。

　　理想和现实之间总是有差距的。"可以 3D 打印"并不意味着"应该 3D 打印"。因此，我们必须确认要素投入的合理性。不管是资金密集型还是技术密集型制造工艺，其核心还是资本的投入多少。所以衡量一个行业是否要考虑 3D 打印，其重要的衡量标准还是比较劳动力和资本投入到底哪一个的成本高。在这个数据面前，3D 打印和常规工艺之间是显著不同的。

　　如果是这样，下一步我们可以衡量全球范围内的资本成本差别是否具有可比性，这些资本成本的差异是优于还是劣于工资的差异。由于 3D 打印总体上属于资金密集的自动化先进技术，要考虑资本成本，当然首要分析各国的利率差——这其实类似于不同国家之间的工资差。对于资本成本比较低的国家，它们肯定会考虑使用 3D 打印进行制造活动；但对于劳动力成本比较低的国家，它们肯定会优先考虑用人工劳动来进行制造活动。但不管如何，这与我们当初的设想不太一致——3D 打印不一定使得制造活动会更靠近最终用户。换句话说，全球制造业分工会持续下去，生产活动与最终用户仍然会保持地理上的隔绝，只不过 3D 打印可能会重新定位相关生产活动的落户国家。

　　相反地，如果要生产某产品，其 3D 打印与传统生产工艺之间的资本集中度差异明显低于跨国之间的劳动力成本差异，那样就没有必要把该产品的产销活动进行全球分工。很简单的例子——我们假设这样的场景，在德国的汽车工厂用机械臂进行一台汽车的组装，如果跟 3D 打印一台汽车的成本和最终效果差不多，那根本没有必要把相关的制造活动外包到离岸的代工厂。为了更进一步验证相关的假设，我们先确认 3D 打印生产流程中要投入多少劳动和资本要素，再进行劳动力和资本成本的差异比较。

　　（二）3D 打印制造活动中劳动和资本的投入比较

　　3D 打印技术最显著的一个特征是它减少了生产所需的劳动力投入的潜力，因为该技术是自动化的一种表现形式。我们可以从三个不同的角度对我们的假设进行检验，这取决于流行的商业模式是哪一种。如果 3D 打印在可预见的未来开始流行的话，我们可以设定 3D 打印生产活动发生在以下三个场景：（1）在家里；（2）在当地的 3D 打印亭；（3）在网络打印平台。这与今天的平面打印活动很相似——这不就是 2D 打印吗？

参见图 3 – 1 的三种场景，我们来分析具体的价值链变化情况。

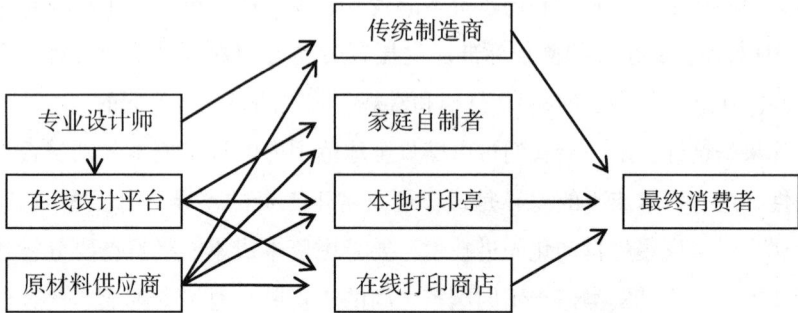

图 3 – 1 3D 打印应用下各场景的价值链

在家里进行制造是最极端的情形，因为它完全消除了与生产相关的劳动力成本（这里不考虑家庭自制者是因为这种生产行为衍生出来的各种机会成本）。现在有很多 3D 打印机经过精心设计后，即使是一个外行人都能进行操作。这也类似于静电复印机和台式纸张打印机。这样就可以把相关的手工劳动工序节省掉，比如 3D 打印部件的前处理和后装配过程。但即使这样，复杂部件的打印看起来也不是家庭自制者能实现的。

本地打印亭或打印作坊是另一种可替代的商业模式。我们再回顾之前 RepRap 的案例，根据其打印参数，在打印亭里使用 RepRap 架构的常见开源 3D 打印机需要工作大约 1.25 小时来打印一个常规物品，比如一个杯子。据此推算，在 20% 的失败率下，每台机器每天大约打印 7 件产品。一个熟练的 3D 打印机操作员每年可以生产出 1800 件产品。我们再假设单个操作者同时管理三台机器，这样他每年的产出就达到了 5400 件。Wittbrodt 等人在 RepRap 的实验中的分析对象是 20 种典型的家用物品，其零售价为平均 15 美元。他们实验使用的 RepRap 打印机每打印一件产品，其材料和电力成本平均为 2 美元。一件产品的剩余价值为 13 美元，5400 件的剩余总价值就是 81000 美元。那个实验发生在 2013 年，到了现在，新打印机技术更为复杂，一次可以使用多喷头来快速打印更多的物品，上述的剩余价值增量肯定是呈几何倍数上升了。无论如何，在理想状态下，3D 打印产生的剩余价值应该是大大超过在传统制造中相同数量产品所凝聚的劳动力价值的。总之，使用 3D 打印，相关的劳动力成本是非常小的。

最后是在线打印平台这种渠道，它可以在任何地方设置，只要消费者愿意容忍等待交货的时间。例如，现在亚马逊在美国提供 3D 打印定制服务，而打印点设在肯塔基州。在线打印平台往往采用价格更高的高端专业机器，在这种情况下，与常规的生产相比较，3D 打印关联的资本成本就会相对更高。高端专业打印机的成本高达数十万美元，但他们的打印速度更快，颜色更多，并以更高的质量吸引顾客，从而进一步实现了运营商的可持续生产，最终开发出更多数量和品种的相关产品。

这些见解让我们得出结论：在一般情况下，对比大多数的传统生产流程，劳动力与资本的成本比率在 3D 打印中是相对低的。这与其他自动化生产流程类似。

（三）资本成本差异对全球价值链的影响

经济学家们长期以来习惯使用要素流动来解释要素成本差异。一般的观点是，与劳动力相比，资本是可以更加自由自在地在国界之间跨越和流动的——当然，这个国家的资本管制不能非常严格。因此资本成本的偏离应该小于劳动力成本。这听起来很合理的，但我们需要检查实证结果是否支持这一理论。这里，我们可借鉴 Laplume 等人在 2016 年的研究成果。他们根据 2008 到 2012 年的统计数据，比较了一组发达经济体（美国、日本、德国和英国）和一组新兴经济体（中国、墨西哥、巴西和印度）之间的资本成本和劳动力成本差异。选择这个时间段的原因是，2008 年刚好是全球金融危机发生之年，而人们在 2012 年之后开始把更多注意力转向 3D 打印等先进制造技术。中间这 5 年可看作新旧全球化动能转换之际，各国处于类似的外部发展环境中，易于比较。

根据他们的分析，在这 5 年内，两组国家劳动力成本的差异比资本成本的差异要显著得多。即使到了 2012 年，两组国家的劳动力成本差距与 2008 年相比已经逐渐缩小，但新兴国家组的平均水平还只是发达国家组平均数的

1/8。具有强烈反差的是，两组国家在资本成本方面的差异在这 5 年内变化相当有限，且差距并不大。从 2008 年到 2010 年，新兴国家组的平均利率与发达国家组类似，或者比后者高一点点。这也符合研究者的预期，因为资本流动的自由性填平了各国之间的资本差异。

尽管由于通胀，一些新兴经济体的制造业工资迅速上升，但两组国家之间的劳动力成本差异还是显著地高于观察时段内的整体资本成本差异。在一定程度上，这就代表着两组国家的制造业水平高低——只有这样才能解释国家之间的差距。我们可以说，与劳动力成本相比，全球资本成本的差异微乎其微。因此，我们得出结论：各个国家的资本成本的差异要比劳动力成本差异低很多。

3D 打印被认为是一个高度自动化的技术，具有相对低的劳动力投入。如上所述，发达国家组和新兴国家组的资本成本差异比劳动力成本差异要低得多。因此，对于 3D 打印这种资本密集型的产业，如果制造活动发生在邻近终端消费者的地区，包括中国、墨西哥或印度这类相对低劳动力成本的国家所能获得的收益就会大大减少。对于资本家而言，由于资本成本在各国之间趋同，它们不会为了欧美的消费者在亚太地区兴建一座 3D 打印工厂。消费者在哪里，最终产品制造地点就在哪里集聚——这会导致更分散的全球价值链配置。换句话说，就是会出现更多的本地生产活动而非全球分工。

三、规模经济

（一）追求规模经济不分国别

要素禀赋是针对具体国家衡量的。与之相反，规模经济是针对企业层面的。只要生产者有机会获得足够多的劳动力资源，他都可实现这个优势；同时，他又能找到一个足够大的市场出口，不管是发达国家还是发展中国家。

自工业革命初期起，制造商对规模经济的追求使得大部分生产活动很难在最终用户附近进行——很少有人愿意住在相对高污染的工厂旁边，即使这个工厂的环保水平已经达到了安全标准。而当工业集群达到一定规模时，甚至会对整个东道国造成不小的环境压力。我们可以回溯 2010 年到 2015 年那段时期，当我们国家雾霾比较严重的时候，国外也有很多声音在"感谢"我们中国承担了规模制造带来的环保问题。即使是环保标准更严格的北欧国家，工厂周边的住户也不多。如瑞典的宜家家居，它的当地工厂在处理木质原料时会排放大量蒸汽——虽然符合环保标准，但还是让人不舒服；荷兰的阿姆斯特丹港口，其铁矿石堆场附近有一定的铁粉落尘积淀。这些地段的房价一直都不高。

所以，欧美发达国家为了同时优化利润和环境指标，更愿意在海外开拓相关的制造基地。此外，不同制造业的最低有效规模有很大的不同。一些属于"蓝海"的新兴产业生产者可以放宽这个规模，也不太在意成本等问题，因为背后可能有一堆的投资者在排队烧钱——如中国大疆公司的系列无人机和美国特斯拉公司的系列电动汽车。但传统制造业需要精打细算每一分钱，每一批次制造多少台，每台的成本是多少？卖不掉怎么办？科学合理的制造规划关系到该产品终端售价的竞争力，如家电、传统汽车、运动鞋和笔记本电脑等，这些依托全球价值链生产的商品并没有多少犯错的空间。如果最低有效规模太大，成本太高，反而会失去竞争力。这类产业就需要精准预测其技术规模的最低值。

但如果3D打印生产流程比传统模式的最低有效规模要明显的小呢？我们知道，规模经济和劳动力成本差异都是形成当前全球价值链的重要因素。如果规模经济不再扮演那么重要的角色，就没有必要构建海外制造枢纽，以降低综合生产成本。因此，我们在这里论证3D打印对规模经济的敏感度是否比传统的生产流程要低。

（二）3D打印生产流程中的规模经济

我们知道，规模制造与个性化定制一般来说是相悖的。如果要同时制造不同款式的产品，其成本很难削减下来。因此，制造商经常采用两种策略来实现产品定制。第一种是创建模块化的产品架构，如乐高积木可实现千变万化的产品组合；第二种是操作通用机器来实现产品的高度多样化，如数控切割机的应用就是典型案例。3D打印机可归为第二类别，这毫无疑问是一种高度通用的制造用机器。

3D 打印机可以制造具有复杂几何形状的物品。而在传统模式下，通常会需要高度专业化的生产技术，或者根本无法制造出来。这使得 3D 打印机非常适合于定制业务，因为它们可以随心所欲地打印出消费者期望的各种产品外观。另一方面，与传统工艺不同，3D 打印不需要模具就能生产出预想的产品，这意味着它适用的品种非常多，同时又无须过多的附加成本，因为它不需要重新更换加工工具或重新配置加工流程。

这个也很容易理解。同样是鞋的加工，如果我们要生产一双布鞋，可能需要配置一台缝纫机；如果要生产一双运动鞋，可能需要配置的机器变成了胶水黏合机。如果是选择 3D 打印，我们只需把纤维质打印耗材或胶质耗材放进机器，就可以按照数字设计文件把它直接生产出来。如果是开源 3D 打印机，它每批次可能定制的物品数量不多。这就要求设计合适的商业模式，以满足客户的个性化需求。在这方面，美国密歇根大学的 Pearce 教授团队中有些实验成果是值得借鉴的。例如，在桌面级 3D 打印刚刚兴起的那几年，Pearce（2014）和 Baden 等人（2015）就已经在关注科学家如何利用该技术打印自己的科研设备，以显著降低其更新成本。根据他们的思路，某类价值15000 美元的光学实验室装备可以花费 500 美元使用 3D 打印制造出来，而相对应的 RepRap 打印机本身的价格低于 1000 美元。类似的替换如价值 2000 美元的手持水质测试仪，也可以用 3D 打印机花费 100 美元制造出来。

因此在美国，购买一个高价科学装备的价格比购买 3D 打印机外加打印耗材的成本还要高很多，许多科学家宁愿选择后者，以让自己的研究投资更有效率。当然，这也是因为前者包含了大量的专利费用，才催生了这种科研模式。而相比开源打印机的小批量和低质量，更昂贵的专业 3D 打印机必须持续制造大量的产品且保持同样的质量，才能证明自己值那么多钱。

我们的结论是，在一般情况下，3D 打印生产模式的最低有效规模比传统生产模式的要相对低一些。若是生产单件个性化产品的话，3D 打印会是更优的选择。如果同时生产大批量产品的话，需要把同样大量的打印机集中在一个地方同时工作，比如 3D 打印农场的经营模式。只有这样才能满足后续的规模运输和规模仓储。那样的话，3D 打印不就很像传统的生产模式了吗？如果是这样，制造业流回本地其实就是在消费者附近建一个3D打印工厂，并不是在消费者家中直接生产。比起家庭制造，本地打印工坊似乎更有可能会兴起。但目前，"制造业回流欧美"只是一个炒作的概念，它是否会成真是值得探讨的。

四、其他阻碍国际分工因素

除了规模经济和要素成本差异，还有一些因素也会导致跨国公司在构建海外枢纽时思虑再三。不考虑过于主观的文化因素，其他阻碍国际分工的因素还包括不可分割的生产流程、高昂的运输成本、显性或隐性的进口壁垒。3D打印对这些因素有什么影响？以下部分将详细探讨。

（一）生产流程的不可分割性

在传统模式下，生产流程是可以分割的。比如，要制作一件衣服，可以在一个国家缝纫布料、在一个国家镶嵌饰品、在一个国家贴牌销售。跨国公司的部门之间、跨国公司和他们的合作伙伴之间有大量的国际贸易业务。这其中，中间产品占了很大的份额。中间产品的贸易是与企业的垂直分工策略相关的。而3D打印的一个主要优点是，它可以一次性打印产品的"整体"，不仅省去了组装工序，也减少了中间产品的需求。典型例子包括：玩具、运动器材、鞋子和时尚用品、家居饰品、科学仪器组件、艺术品和收藏品，等等。之前有一些操作，把制造流程分割成几部分，在不同的国家完成，以规避贸易壁垒——如在中国把衣服做成没有纽扣的半成品，再运往意大利把扣子钉上去，从而取得"MADE IN ITALY"的原产地证明。这样的故事在3D打印年代应该是很难再发生了。

3D打印把原材料直接转换成了最终成品，这明显会影响那些包含了许多中间产品和工序的价值链。再比如，供应商对汽车饰品的装配工作通常包括三道工序。第一道工序可能是铺设一整套全车的内饰，第二道工序是装配所有的座位，第三工序是铺设装饰用的皮革。在这种情况下，该装配活动的价值链可包括位于三个同装配点的加工过程。这样的话，生产流程就被分割开了。而在3D打印生产的情况下，汽车的内部和外部装饰是可以一次性打印出来的。只要把它们安插在正确的位置，就可以正常使用了。因此，3D 打印意味着生产流程的不可分割性。

因此，我们得出结论——相对于现有的生产流程，成品的 3D 打印意味着现有的价值链会压缩得更加厉害，有相当多上下游的配套制造业务都可能被这种整体打印给替代掉。而且，3D 打印技术直接把"整体"的产品生产出来，这个过程需要的中间产品比传统工艺更少，也就是把中间流程给跳过去了。最极限的情况下，更简短的全球价值链里只有如下几个组成：原材料提取、3D 打印最终成品、后加工和配送。

这样的话，采用 3D 打印的结果是本地会涌现更多的生产基地，更密集、更广泛的小型原材料供应系统将被构建起来，这与当前模式是迥异的。即使总量一样，3D 打印会使得更多批次、更小批量的货物配送到更分散的收货地——传统工艺下，更少批次、更大批量货物会运至更集中的收货地。与此同时，3D 打印技术让跨国公司与位于价值链中间阶段的制造商合作变得更消极，但与下游厂商——如销售商的合作则不确定。而与上游部分的合作，即原材料提取、打印耗材加工和配送同样关键。因此，原材料供应源的控制将成为未来全球生产网络的运作关键。

（二）运输成本和进口壁垒

运输成本加上进口壁垒的总值，这就差不多等于同一产品来自本土制造或来自全球制造枢纽的差额。在大多数国家中，越贵的进口商品或加工等级越高的商品，其进口关税就越高。所以进口制成品的关税肯定比中间品的关税要高，而中间品关税又比工业原料进口的关税高。这样的关税分级征收系统一般是为了实现进口替代策略而设计的。通过该策略保护国内生产，也对 3D 打印生产活动有利。因为 3D 打印制造的输入部分是低关税的打印线材，而不是更高关税的半成品。换言之，3D 打印绕过了制造半成品这一流程，这种特征得到关税豁免。这赋予了 3D 打印相对于其他制造技术的一个经济优势。

但另一方面，运输成本会不会影响 3D 打印技术的扩散，相对于其他传统工艺会快或慢多少？这还要继续研究。在其他条件相同的情况下，分布式生产导致运输距离降低，相关的交通成本肯定下降了，这更有利于 3D 打印。但在某种程度上，3D 打印的最低有效规模相对于传统工艺而言要低。多批次小批量意味着单位运输成本的升高。两者一抵消，到底 3D 打印生产过程中的单位物流费用是升高还是下降？我们在第二章曾经提出一个基于 3D 打印的供应链模型。从模型中，我们可以预期原材料和打印耗材的运输费用将呈现一个激增趋势，但制成品的运输支出就不好说了。因为这只是一个运营场景的概念模型，而现实的需求是千变万化的。

第三节　不同产业的价值链演化趋势比较

一、3D 打印如何改变全球价值链的特征指标

要分析全球价值链的变化趋势，需要明确三个特征指标：极性、升级关键因素、附加值在不同业务模块的分布。

（一）全球价值链的极性

如果要分析谁是全球价值链的主要驱动和治理角色，首先要从它的极性入手。现有文献大多集中在"单极"链上。一条价值链，无论是买方驱动还是卖方驱动，其中的主导企业都应拥有更大的权力，因为这些企业需要识别和管理参与链中各成员之间的协调机制。如果全球价值链的特征是"两极"——两组处于不同业务模块位置的企业各自在驱动着价值链资源的分配，不管方式如何，这都会陷入一种"有争议的治理"动态中。如果博弈的过程太过激烈，甚至会致使价值链分裂。当前，除了全球价值链自身成员之外，包括政府和非政府组织都在该链的治理过程中扮演更为重要的作用，也就是一种"多极"治理模式的生成。不同于由市场博弈引发的链内治理模式，这种多极治理是由链内外众多有影响力的参与者共同形成的。

采用 3D 打印之后，相关产品的全球价值链极性可能会有变化，如从"单极"转向"两极"或"多极"。这也是相对容易推断的——3D 打印服务

的提供者会在价值链里扮演更重要的角色；同时，价值链的跨度缩小，供需双方可能都来自本地，而非在大洋彼岸；对大规模制造的依赖性更小。也就是说，这种新技术模式的引进重构了全球价值链，导致曾经扩大到全球范围的闭环制造又重新缩小到区域或本地范围。全球价值链的治理将呈现出更加细分、复杂和多维度的选项。很简单，如果那些链主能够将最新的 3D 打印技术整合到他们的业务，这类领导企业可能会进一步巩固他们的地位，从而加强单极性。但如果 3D 打印服务的提供者能够发挥出自己无可替代的独特作用，它们也可能会主宰这一条全球价值链。

（二）全球价值链的升级关键因素

分析全球价值链的第二个特征指标是升级关键因素。也就是说，让价值链参与者向价值链的顶端移动，以获取更多经济利益。我们先来审视先进知识和信息从价值链主流向上下游流动的过程。这其中，我们要特别注意准入壁垒和收益分配的影响。

传统的升级关键因素分析包括四类：一是产品升级，让产品提升到更复杂的程度，以增加其单位价值；二是流程升级，通过业务重组实现产销过程的高效率；三是业务功能升级，即业务模块获取新功能或放弃旧功能，以增加产品的独特与不可替代性；四是链间升级，即产品把获取于某一价值链的功能中使用在其他价值链中。

相关研究最初关注的是某一价值链的升级路线机制，即如何让产品在一条价值链中获取的功能在需要更多技能和知识的价值链中履行，这就是业务升级。然而，现在的主流研究正聚焦于价值链成员升降级的复杂性轨迹集。我们在这里评估 3D 打印影响全球价值链时，需要通过产品、流程、业务模块和链间演化等四个要素反映出的制造业升级轨迹。

（三）附加值的分布

全球价值链分析的第三个特征指标是附加值在不同业务模块、地理位置和参与者规模之间的分布。这部分的研究重点是业务模块的重组再定位。相对于其他全球价值链中的某些活动为最终产品增加了更多的价值。这影响了该链链主对各种产前、产中和产后的领导和组织方式。被称为"微笑曲线"

的价值链曲线描述最早出现在 1992 年，著名电脑公司宏碁（Acer）的领导人施振荣先生开始将电脑的组装制造工序外包出来，重点转向更高附加值的新产品服务开发业务，强化宏碁品牌（施振荣和林文玲，2005）。他把这个结构叫作"微笑曲线"（图 3 - 2），因为高附加值业务位于上下游的产业链两端，制造模块在微笑曲线的中间一段，这一类装配业务已经成为最低的增加值来源。自此之后，学术界普遍把"微笑曲线"作为全球化导致的典型价值链分配特征。

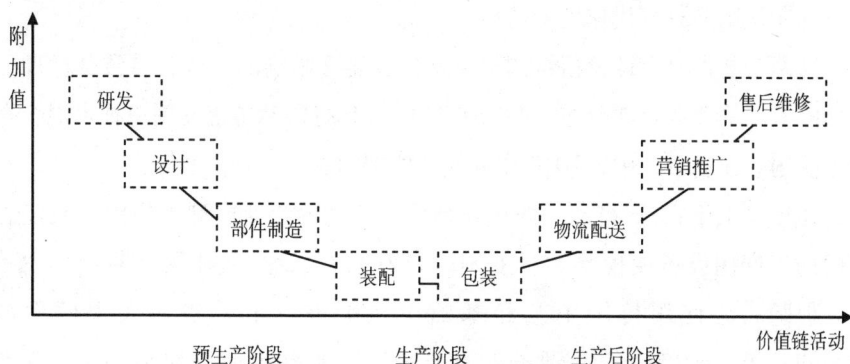

图 3 - 2　当前"微笑曲线"形状的全球价值链

从全球价值链的角度来看，"微笑曲线"描述了链主分拆和外包低附加值活动，并获得技术突破的趋势。在本研究中，我们讨论价值链曲线的位置（参见图中的垂直箭头）、形状（参见不同的曲线）以及每个活动中包含的业务模块数量。这样是为了检验 3D 打印应用后，全球价值链是否在技术可行的情况下改变"微笑曲线"，全球价值链沿线的业务模块活动是会更多还是更少。

二、3D 打印应用后"微笑曲线"的两种变化趋势

在制造活动中越来越多地应用 3D 打印，这是否足以改变当前的全球价值链和全球生产网络呢？就目前而言，由于 3D 打印技术尚未发展到"又快、又廉价、又好"的水平，限制了这场工业革命的完全到来，但如果排除炒作因素，总体趋势还是可以合理预测的。

我们按照西方学者的假设推断，生产者通过新技术获得新的能力，这种新动能导致全球价值链发生不同以往的变化，跨国交易和投资可能减少。但根据我们前文对 3D 打印的介绍，其实价值链可能会在不同的技术应用场景中发生不同的变化。在图 5 中，我们根据现有的技术条件设定了两个场景：场景 1 是"3D 打印是传统工艺的补充"，场景 2 是"3D 打印是传统工艺的替代"，这是理想应用状态的典型设定——先不考虑 3D 打印在同一价值链里既有补充作用又有替代作用的情形。

这两个场景对全球价值链的重组是具有显著影响的，这会导致各活动的附加值沿着价值链重新分布。在场景 1 中，3D 打印和传统的制造技术混合在一起使用。在场景 2 中，3D 打印取代了传统的制造流程。

在场景 1 下，3D 打印一般用在预生产活动的快速成型工序中，或定制专门的生产用设备或模具。有了 3D 打印的参与，产品开发周期会大大减少，但随后会使用传统工艺和基础设施来进行下一步的大规模生产（Achillas 等，2014）。这种混合制造模式需要更精细的控制和协调，驱动关键不在于产品的质量或数量，而是通过时间和空间的控制，实现尽可能少的交货时间，把量身定制的产品安排在正确的位置。相应的例子前文已经有提及了，如宜家家居使用 3D 打印快速制作刀叉原型，让消费者提出意见反馈后又迅速修改设计；或使用 3D 打印制作产品模具，其定制时间比传统速度要快，等等。

在这种情况下，3D 打印与传统工艺是互补的。这意味着新技术的应用提高了规模制造的效率，提高了传统模式的竞争优势，使其成本更低而产量更高，由此现有的全球价值链结构会更进一步加强。而对于现有参与者在链中的位置而言，对终端客户需求的信息获取越多，其获得附加利润越高，位置就越高。这意味着生产模块与消费者的进一步隔绝。增加的附加值将更多地从制造部分移动到价值链的两端，从而加深微笑曲线的弧度，也可称为"大笑曲线"。在互补之后的价值链里，业务模块的顺序和数量、地理分布、企业的规模等特征不发生显著变化，不过综合成本的降低重塑了附加价值的分配趋势。然而，3D打印的龙头企业并没有直接参与该链的治理，其极性并没有发生改变，反而强化了原链主的地位。具体如图3-3所示。

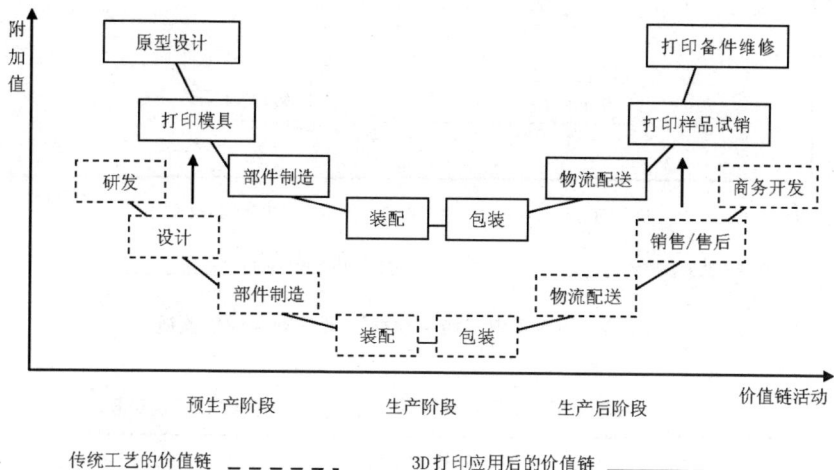

图3-3 场景1中"大笑曲线"形状的全球价值链

在场景2下，3D打印会促使附加价值移动到价值链中段的生产模块，远离传统的离岸制造枢纽或称为"世界工厂"的角色。这种情形下，3D打印替代传统模式，生产模块的地理分布变得更加分散，与终端消费者的距离更加接近。3D打印减少了组配、包装和运输的需求，并通过改变市场需求和商业模式减小了全球价值链中的业务模块数目。与场景1相比，生产过程更加倾向于按客户需求来进行，预先生产的活动频率将降低。和传统的"微笑曲线"相比，附加价值在各业务模块的分布更加平均，价值链的两端与中间差不多一样，更像一个"浅笑"的形状（Rehnberg和Ponte，2018）（如图3-4）。对于某些定制品，生产模块获得更多附加价值，其价值链甚至呈现出两端低、中间高的"苦笑"形状——当然，我们也可以称呼为更有诗意的"彩虹曲线"（肖新艳，2015）。

经过上述讨论，我们可总结出两种情形下全球价值链的重构特征如表3-1所示。

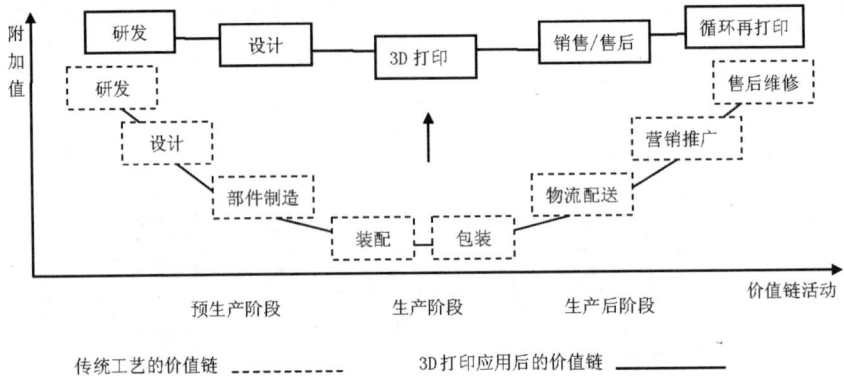

图 3 - 4 场景 2 中 "浅笑曲线" 形状的全球价值链

表 3 - 1 应用 3D 打印后两种情形下全球价值链的重构特征

会发生变化的部分	作为互补技术的场景	作为替代技术的场景
生产流程	主要保留传统模式	明显替代为 3D 打印制造
全球价值链业务模块数目	成本下降导致某些模块重塑	显著重塑大部分模块
业务模块的地理分布	没有明显变化	由集中式生产转为分布式生产，生产地点更靠近消费者
价值链参与者的实力分布	3D 打印降低了生产门槛，更小规模的厂商也可进入价值链	大厂商和小厂商并存，3D 打印赋予不同厂商各异的生产要求
3D 打印服务提供商的影响	受到链主的限制	非常显著，甚至可能成为新的链主
价值链的治理极性	加强既有的生产格局和极性	更可能推动多极化治理
附加价值分布	两端分配更多附加值，"微笑曲线"变成"大笑曲线"	整体分配趋于平坦，甚至中间部分更高，呈现出"浅笑"特征
升级轨迹	流程升级→业务功能升级→链间升级	流程和链间升级→产品和业务功能升级

　　在场景 1 中，各业务模块在 Y 轴上的水平高低取决于价值链参与者获得用户数据的能力。获得更多的有用数据，就越能精准地规划相关产品线，从而实现所谓的规模化定制。同样，这也取决于他们是否有能力通过 3D 打印技术来设计新产品，并在某种程度上挖掘出新的客户需求。在这种情况下，该价值链的权力很可能是被掌握在那些善于利用高附加值定制数据的分析师手中——他们可以把这些优势发挥到极致，不断推出富有创意的新设计。谁拥有了这些分析师，谁就是这条价值链的链主。

　　在场景 2 中，业务模块在地理上的变化比在场景 2 中更显著，生产模块更加接近终端消费者，全球价值链的覆盖范围缩小，变成了区域价值链甚至是本地价值链。这符合欧美政治家希望的"制造业回流"趋势，而且也符合它们的要素禀赋和区位优势——这两个地区的人均 3D 打印设备装机量和市场容量都处于世界高位。由于 3D 打印制造模式的加入，大规模和小规模经营可能在同一个地方共存。我们也更容易看到，既有的全球价值链链主和龙头企业采用了 3D 打印后，它们的话语权是增加了还是减少了？由 3D 打印带来的分布式生产是不是会同时带来分布式的权力行使，导致价值链的多极化？还是核心企业的技术优势使得价值链的极性更进一步地强化？

三、结论

　　我们设定了两个典型的场景模型：一个是互补品方案，一个是替代品方案，以研究 3D 打印如何重组全球价值链。在 3D 打印作为补充技术的情形下——即更追求高产量和规模效益的全球价值链中，3D 打印很可能更多应用在生产模块前后的活动，比如设计、原型制造和促销样品定制等。在这一类的全球价值链中，现有的结构和权力关系有可能因为 3D 打印的参与而得到进一步加强。而在 3D 打印作为替代技术的情形下——即更追求产品的个性化而不是产量的全球价值链中，3D 打印可以促成各模块的附加价值分布产生显著转变。这可能会导致全球价值链的多极化治理，弱化链主的主导地位，但也可能相反。因为链主可能会通过收购持有核心技术的 3D 打印厂商以获取其优势竞争力。

第四节　3D 打印如何影响不同类型的制造业——案例探讨

3D 打印对所有产业的价值链都会产生相同的影响——这个论断是不正确的，至少是不完全的。不能急于确认 3D 打印这项技术是否具备"破坏性的"或"共性技术"的特征。这是对生产具有长期影响的新技术，需要观察更多案例才能确认。我们回顾电力和信息技术的应用历史，可以发现一项技术是否具有"破坏性"不只取决于该新技术如何改变生产模式，而且还要考虑该新技术对要素投入组成变化的影响。人力、财力、物力三种资源的改变，也可能会改变具体的产业格局。因此，我们假想 3D 打印会替代劳动密集型的制造工艺，这无疑是对这类行业的具体运作提出巨大的挑战——即资本和技术优势大于劳动力优势。

但是在资本和技术密集型——即劳资比相对低的产业，3D 打印其实只是在取代另一种自动化制造工艺——如机械臂或者流水线，因此各类要素的投入比例基本保持不变。所以，当我们把 3D 打印和所谓"传统"或"常规"制造技术并列起来考虑的时候，这有点像炒作的意味，在实践中这其实是以偏概全。在某种程度上，我们可以认为，3D 打印其实是各类自动化制造技术的融合。正因为如此，我们假设"传统"与"常规"制造技术的特征是更少的自动化和更多的劳动密集程度。这样的话，3D 打印自动化制造模式其实是相对人力制造模式而言的进化。另一个问题，3D 打印能不能被认定为一门新兴的共性技术，要看它能否在多个制造业里以同样的路径扩散和应用。

一、3D 打印对资本/技术密集型产业的价值链影响比较

在不同的全球价值链中，使用 3D 打印的模式和效率千差万别。对于某些技术密集型产业，如航天航空、医疗和国防产业，3D 打印扮演着其独特而无可替代的角色。但对于另一些组别的全球价值链，如资本密集型产业的传

统汽车产业，3D打印只是在某些业务模块起着更优的作用，但又不是关键角色，比如快速成型和参与产品开发等。这里我们比较3D打印为航天航空产业和汽车产业价值链带来的变化。关键一点，3D打印在哪一部分影响它们的价值链？这两条价值链的升级轨迹如何？

对于航天航空产业的全球价值链，生产活动正在从欧美等传统的优势地区转移到新兴经济体，这与劳动密集型产业的迁移路径相似。但与后者不同的是，航天航空产业呈现非常明显的双巨头特征，即垄断长途商用飞机的波音公司和空中客车公司。当然，在支线飞机市场还有巴西航空工业公司和庞巴迪公司等一些次巨头，由于飞机制造商为了维持其质量的一贯性，它们宁愿选择少数但更专业的供应商进行深度合作。也就是说，飞机价值链的同级宽度要大大小于汽车价值链，前者可能只有十数个供应商，但后者可能有几百个。3D打印在航天航空全球价值链的使用主要集中在两端的生产前后活动，但也可以用来直接制造如机翼等最终部件——我们知道这类部件的价格高，但需求量少。

对于汽车产业的全球价值链，过去20年主要生产商把它们的大部分零件和模块生产的业务外包给专业供应商。这些供应商也在部件和系统设计中起着越来越重要的角色。但是，核心采购力决定了该价值链的主要治理角色还是汽车生产商，这也塑造了其全球生产网络的当前格局。包括汽车生产商和部件供应商都在采用3D打印，以降低某些工序的成本——如开模、钻模和夹具等。除此而外，这也比传统模式缩短了产业设计周期。

结合前文的案例，我们可以总结出下面的表3-2，来比较3D打印应用后航天航空产业和汽车产业全球价值链的升级轨迹。这样一比较，我们可知3D打印在整体上更适合飞机产业的制造需求，而不是汽车产业——至少目前不是。但不管如何，3D打印在这两类产业中的应用都更像是一种互补性技术。也就是说，3D打印起着替代性技术作用的产业应该是劳动密集型产业。因为在这种产业中，"机器换人"永远是一个有争议的话题，3D打印虽然看起来很神奇，但归根结底它还是一种"自动化机器"。因此，在以下部分需要研究探讨3D打印在一个典型劳动密集型产业中的应用。

表 3 −2　航天航空产业和汽车产业在 3D 打印应用后的全球价值链升级轨迹

产业	生产前阶段	生产	生产后阶段
航天航空产业	流程升级； 产品开发周期缩短； 设计自由化； 新材料试用便利化；	工具成本减少； 装配活动减少； 生产的最低有效规模减小； 材料损耗减少； 数码加工导致错误减少；	订货交付时间减少； 包装、仓储、物流运输成本减少； 大规模定制使得成本不增加，但客户体验提升；
汽车产业	产品开发周期缩短；	工具成本减少；	订货交付时间减少；

二、3D 打印在劳动密集型产业的扩散效果

(一) 以玩具业为研究对象的原因

在本部分研究中，我们选择的研究对象是玩具业。玩具业毫无疑问是典型的劳动密集型产业，也是 3D 打印进入消费者市场的理想入口。普通玩具的主要材料是塑料。玩具是现代家庭普遍购买的商品。3D 打印机可以使用 FDM 或 SLA 技术直接打印出玩具的主体。与金属零件打印相比，其成本相对较低，降低了相关企业进入的门槛。近年来，玩具市场的需求逐渐呈现出多样化、多变化和个性化的特征。由于玩具产品对产品的耐用性和精度要求不高。更重视设计新颖性和顾客的个性化体验，使用 3D 打印还可以激发玩具用户实现创新的积极性。3D 打印技术在玩具产品中的应用，可以很好地发挥其优势，避免其缺陷。此外，Petersen 等人（2017）论证了，如果消费者在线下载 3D 数字文件并在家打印玩具，一年可以节省 40% ~ 90% 的玩具购买成本。同时，消费者在网络社区中的互动也可以激发创造力，发明一些新颖的玩具和游戏。这种开源的分布式制造模式可以用更少的钱为消费者带来更高价值的产品。

3D 打印玩具有几个方面的创新案例是值得我们深度关注的。

1. 知识产权玩具的个性化定制

2014年，全球玩具品牌领导者孩之宝（Hasbro）公司宣布与定制3D打印产品最大的网上交易市场Shapeways合作，推出Super Fan Art网站，该网站可以让孩之宝玩具的玩家展示他们的作品并通过Shapeways出售他们的3D打印设计。Hasbro公司拥有众多知名玩具角色的知识产权，该公司希望，通过该平台的帮助，能够发挥品牌拥趸的创造天赋，使其消费者能够获得这些非常独特的作品。

对于每一个新产品，孩之宝一开始也只是小批量生产，然后在市场上进行测试。因此孩之宝公司希望通过3D打印，让更多支持者制造单件东西，而不需要让公司决策是否要制造10,000或50,000件产品。最终使网站增加更多的玩具品牌和艺术家。

2. 小众玩具的个性化定制

Blokko公司为故事书作家和漫画家发布他们的作品提供了一个3D打印的服务平台。因为Blokko发现，热门的影视、漫画拥有获得大量拥趸的相关商品，但是有更多喜爱小众作品的爱好者，往往无法在市场上买到想要的周边产品。Blokko利用3D打印的服务平台对接了小众作品的作者和他们的忠实粉丝，并与3D设计师群体结合起来共同设计和销售相关小众周边。

3. 儿童玩具的个性化定制

儿童玩具是玩具业务的重要组成。但是儿童对3D建模技术的掌握有限，要像专业级设计师那样创造精良的定制数字模型相当困难。为了使3D打印更好地面向儿童用户，MOYUPI项目利用3D技术把孩子们的涂鸦作品变成实物，圆他们从2D转向3D的梦想。儿童只要在MOYUPI平台上传画作的照片，MOYIPU的设计师就把它绘制成3D模型，再利用无毒和耐用的塑料进行3D打印，平滑处理以及手绘上色后，寄送给世界各地的买家。

另一个被称为Kids Creation Station的项目与MOYUPI的模式类似，同样是一个让孩子"梦想成真"的3D打印应用平台。Kids Creation Station还鼓励这些儿童"设计师"们分享自己的作品，在Kids Creation Station上，每一个上传的画作都被转化为可打印的3D模型展示于线上平台，供其他的孩子下载或购买。

4. 虚拟角色的实体化定制

当越来越多的玩家忠实于线上的游戏平台，无疑对线下的玩具市场造成了冲击，而 3D 打印服务提供了一个将线上的娱乐体验快速带到现实中的解决方案。3D 打印与线上游戏结合，将启发市场对"玩具"的重新认识。线上游戏和实体玩具的互动方式将更多，共同创造的娱乐体验将更加丰富。

Toyze 是一个利用 3D 打印定制游戏人物的应用商店。Toyze 包含了热门线上游戏如汤姆猫、Cutthe Rope 中的经典角色。用户在 Toyze 寻找自己喜爱的游戏角色形象后，可根据个人喜好设定它们的形象。然后，他们可以在社交平台上分享，并通过 Toyze 的服务将其 3D 打印出来。

另一个玩具商 FabZat 则提供更为便捷的服务——在游戏里打印角色。FabZat 开发出了一种通用的商店插件，为游戏行业提供程序内（In - app）的 3D 打印物品销售服务。FabZat 向游戏公司提供一个现成的系统帮助其扩展外围产品，包括人偶、道具等，玩家在游戏内就能直接购买由 3D 打印出来的周边产品。插件目前已能够支持 Face book 游戏及网络、PC 游戏等，并兼容 IOS、Android 等系统。

（二）玩具业与中美贸易摩擦

目前，玩具的主要生产活动遵循"资源国—生产国—消费国"的典型全球格局。最重要的是中国和美国，它们分别扮演着生产国和消费国的角色。在玩具全球制造的这几年里，美国一直致力于研发和营销，而中国则更注重制造业。主要推动力是跨国企业，他们在美国的总部开发了新玩具，并把它们委托给了中国的工厂。经过大规模生产，最终产品销往全球市场。根据中国玩具与婴童用品协会在 2018 年发布的一份报告，中国已经连续 10 年成为世界上最大的玩具生产国和出口国。

一旦 3D 打印在玩具制造中流行开来，欧美消费者都在自己的家里打印玩具，这对中国相关产业的影响如何呢？美国是中国制造的玩具的最大进口国。占中国玩具总出口的 34.16%，甚至超过了亚洲 25.72%，欧洲 27.67%。NPD Group（2017）的一份报告显示，美国玩具市场近年来保持稳定增长，

2016 年增长约 5%，达到 204 亿美元。但另一方面，由于中国经济的高速增长和中国政府的人口刺激政策，中国国内玩具销售增长也不容忽视。欧睿调查公司（Euro monitor, 2017）的报告显示，2011—2015 年，中国玩具国内市场平均增长 21.8%。但即使如此，2017 年中国玩具零售总额也仅为 99 亿美元，还不到美国玩具市场规模的一半。

尽管中国国内玩具销量维持连年增长，但这并不意味着中国已经成为一个纯粹的消费国。从全球化的角度看，对于某一产品的消费国作用，其进口量应明显大于当地生产量。然而，在中国国内市场销售的玩具主要是由当地制造商生产的，它的进口量很小。本研究的主题是全球化。所以更关注中国制造并出口到美国的玩具。表 3 – 3 是近年来中国玩具与其他地区玩具贸易的比较。

表 3 – 3　2017 年中国与其他地区的玩具贸易概况（美元）

出口对象	总出口额	加工贸易出口比例	总进口额	总进出口额
全世界	45, 000, 203, 623	55.30%	1, 079, 844, 708	46, 080, 048, 331
美国	15, 370, 581, 924	59.49%	4, 735, 977	15, 375, 317, 901
北美（不含美国）	1, 443, 452, 838	68.08%	6, 222, 923	1, 449, 675, 761
亚洲	11, 576, 034, 635	52.65%	944, 760, 519	12, 520, 795, 154
欧洲	12, 453, 460, 247	53.82%	114, 088, 327	12, 567, 548, 574
拉丁美洲	2, 542, 402, 244	37.20%	9, 316, 465	2, 551, 718, 709
大洋洲	1, 089, 839, 852	69.48%	249, 608	1, 090, 089, 460
非洲	524, 431, 883	49.66%	470, 686	524, 902, 569

在表 3 – 3 中，有一个指标引人关注——"加工贸易出口比例"。在国际贸易方式中，"一般贸易"是指产品由当地生产商设计制造，然后以自己的品牌出口。"加工贸易"是指在接到国外订单后进行生产和出口的贸易。设计、材料或品牌将遵循海外买家的指示。经济全球化促进了加工贸易的发

展，增加了玩具供应链过程中海外采购商的话语权。合同制造和原始设备制造商（OEM）模式——即贴牌制造属于加工贸易。在中国对美国的玩具出口额中，加工贸易占比甚至达到 60% 左右。虽然近几年中国的本土玩具制造商通过知识产权的发展壮大了自己的实力，不再满足于简单的代工厂运营，但是玩具加工贸易的基础是如此之大，短期内不会完全被一般贸易所取代。因此，在中美玩具贸易中，来自美国跨国巨头的订单现在占据了更大的主导地位。这也和我们前文对跨国公司的角色描述一致。

当前中国玩具的一般贸易出口额不断增长，给中国制造商带来了更多话语权。但如果不提高技术竞争力，在未来的 3D 打印时代我国的传统玩具商很可能会被取代，因为海外买家可能会选择直接在本国印制玩具。近年来，包括美泰（Mattel）和孩之宝（Hasbro）在内的玩具巨头纷纷涉足 3D 打印产品。虽然进展不尽如人意，但他们仍保持着良好的积极性。例如，美泰在2018 年推出了针对幼儿的迷你 3D 打印机。孩之宝和 Shapeways 在美国合作并尝试生产个性化的小马宝莉玩具。截至目前，中国制造商还没有开展太多的 3D 打印活动来生产最终产品（Wohlers Report，2018）。虽然很多厂商对3D 打印感兴趣，但由于缺乏核心技术，他们拒绝承担产品创新的风险。在玩具行业，许多出口商仍然喜欢传统的模式。根据《2017—2022 年中国 3D 打印玩具产业发展趋势分析》报告，中国制造商仍在利用传统工艺进行出口玩具系列化生产，3D 打印在玩具制造中的应用主要是原型制作。

综上所述，由于我国玩具生产商在 3D 打印技术上的远远落后，而中美玩具出口中加工贸易的比例过高，一旦美泰和孩之宝这样的玩具价值链链主改变它们的订单计划，我国玩具产业将深受影响。但个案不能代替全部——不管 3D 打印玩具的案例如何时时见诸报端，其规模其实并不大。究其原因，3D 打印玩具带给消费者的吸引力可能并不比传统制造高多少。

（三）研究计划开展

目前，3D 打印在一些简单玩具方面已经获得了一定的应用份额。这些玩具的生产活动会回流到消费国吗？相关参与者将得到什么样的改变？为了量化 3D 打印玩具带给终端消费者的体验，本研究拟提出一个新的评估模型。

在已有研究中，Petersen 等人（2017）的研究对象包括针对利基群体的玩具、乐高积木、棋盘游戏、玩偶等几个类型。他们的研究并不涉及各种玩具和组装过程的时间损耗。为了评价 3D 打印对整个玩具生产的影响，本研究拟在此基础上对各种玩具进行综合研究。

　　本研究的具体研究计划是：以孩之宝和 Shapeways 共同生产的小马宝莉玩具为对象进行情景分析。前者是著名的跨国玩具企业，后者是美国专业的 3D 打印在线平台。玩具的制造方式不仅限于传统的压模注塑成型，还包括 3D 打印方式（Baldinger 等，2016）。该仿真场景设定一个正常的美国消费者通过三个渠道获得一个塑料小马玩具的过程。再通过这些渠道的比较，以确定 3D 打印带给玩具消费者的体验。第一个渠道是美国消费者自己在家打印玩具（图 3 - 5）。第二个渠道是美国消费者从在线平台订购 3D 打印定制玩具（图 3 - 6）。第三个渠道是美国消费者从购物网站购买传统玩具，而该玩具是由中国工厂通过注塑成型工艺生产的（图 3 - 7）。图中实线为物理流，虚线为非物理流。

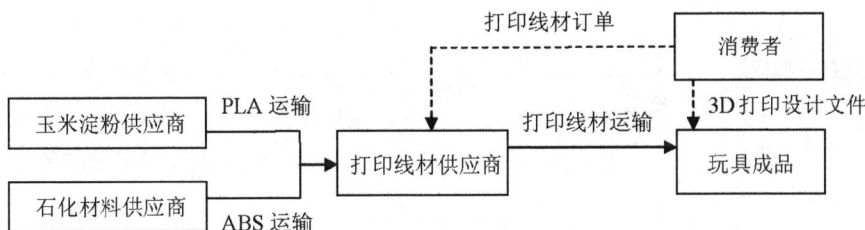

图 3 - 5　美国消费者在自己家里利用 3D 打印制作玩具

　　场景数据来自三家领先企业。3D 打印平台的数据来自 Shapeways，美国购物网站的数据来自亚马逊，中国代工厂出厂价格数据来自 B2B 网站阿里巴巴。相同规格的小马玩具从这些网站上挑选出来。为了保证数据的代表性，对亚马逊和阿里巴巴的 10 家不同供应商进行了抽样，然后取平均值。物流成本是根据市场公开报价计算的。对于塑料材料，3D 打印技术采用 FDM，线材材质选用 ABS 或 PLA 塑料，传统的工艺是注塑成型。规模化生产和运输的数据按批次平均值处理。目前 3D 打印速度还存在很多缺陷，规模化生产

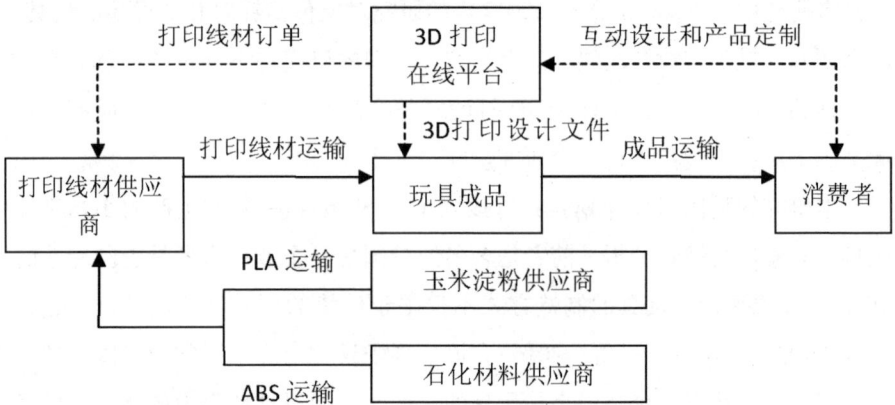

图 3 - 6　美国消费者使用 3D 打印在线平台购买定制玩具

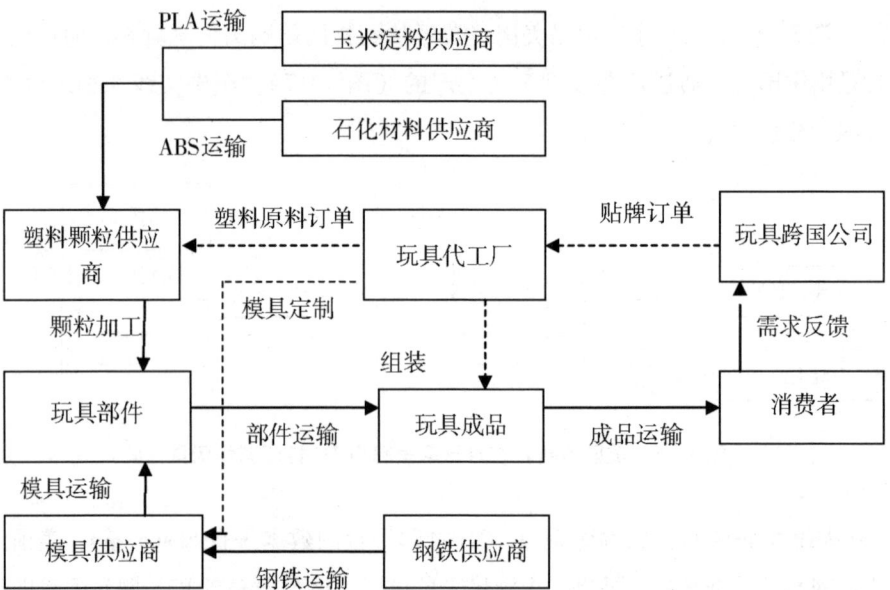

图 3 - 7　美国消费者通过在线网站购买来自中国的传统工艺制造的玩具

时不能比传统的制造速度快。生产批量越大，单位生产时间 3D 打印越长，单位成本越高。因此，这种情况只适用于少量玩具。比较不同通道的各种参数，结果如表 3 - 4 所示。玩具的尺寸设定为 $5 \times 5 \times 5 cm^3$，重量为 50g。

表3-4　三种渠道的比较

渠道描述	单件成本（美元）	材料成本（美元）	设备成本（美元）	质量	物流成本（美元）	运输时间（天）	生产时间（天）
消费者自制	材料成本＋设备成本折旧	2.55~3.75，（PLA/ABS耗材）	700~1000，（桌面级FDM打印机）	低	0	0	0.5~1
在线平台定制	60	2.55~3.75，（PLA/ABS耗材）	3000~7000，（工业级FDM打印机及辅助设备）	高	6（在美国快递费用）	3（在美国快递时间）	5
电商网站购买	8（美国零售价）2（中国出口的离岸价）	0.15，（PLA/ABS颗粒）	5000~15000，（注塑机及辅助设备）	高	6（在美国快递费用）+0.5（从中国到美国的船运时间）	3（在美国快递费用）+20（从中国到美国的船运时间）	25

从表3-4可以看出，在玩具收购过程中，这三种渠道各有特点。

对于消费者自制渠道，只要手头有线材，台式打印机就可以立即生产出所需的产品。在目前的情况下，它不受专利和版权的限制。但对于普通用户来说，其难点在于较差的质量。虽然开源机器价格低廉，但用户很难上手。如果不掌握数字模型的构建技巧，或者建模软件不足，或者缺乏后期处理，如抛光、上色等，使用这种自制的玩具会给普通消费者，特别是儿童带来不良的体验。因此这种模式更适合具有专业知识和开拓精神的创意人。

对于在线平台定制渠道，它们的玩具更符合消费者需求，质量也更高。在熟练的设计师的建议下，消费者可以充分参与产品的个性化设计。与自制产品相比，单个产品的总成本包括材料、机器折旧、劳务、物流和平台利润。即使消费者不经常使用3D打印，但由于节省了打印机的初始购置费，其分摊成本仍远低于自制的3D打印。与传统模型相比，它缩短了整个供应链的长度，对消费者的需求有更快更灵活的反应。

对于电商网站购买的传统玩具，其优点是成本低、利润丰厚。低成本来源于材料、劳动力、大规模生产和高效的全球物流。即使考虑到关税，批发价和零售价之间的巨大差异仍然保证了零售商一定的利润率。因此，他们有能力并愿意保持适当的安全库存。零售商还希望优化交货期，以确保商品供应。对于消费者来说，如果他们从传统渠道购买玩具，无论是通过快递还是现场购物，都会比从 3D 打印平台获得得更快。

（四）研究结果分析

3D 打印可以缩短供应链的整体长度，但在消费者看来，它将比传统渠道花费更多的时间。从 Shapeways 或 Amazon 购买一个小马玩具，在美国几乎需要同样的运输时间，快递大约需要 3 天。但由于 Shapeways 接到订单后才能开始生产，平台上的消费者还需要多等 5 天。如果在亚马逊订购，玩具可以在第二天发货。因此，该平台的消费者花费了近 8 倍的价格，但无法迅速得到他们所需要的，这影响了他们的购物体验。三个渠道的供应链长度比较如图 3 - 8 所示。

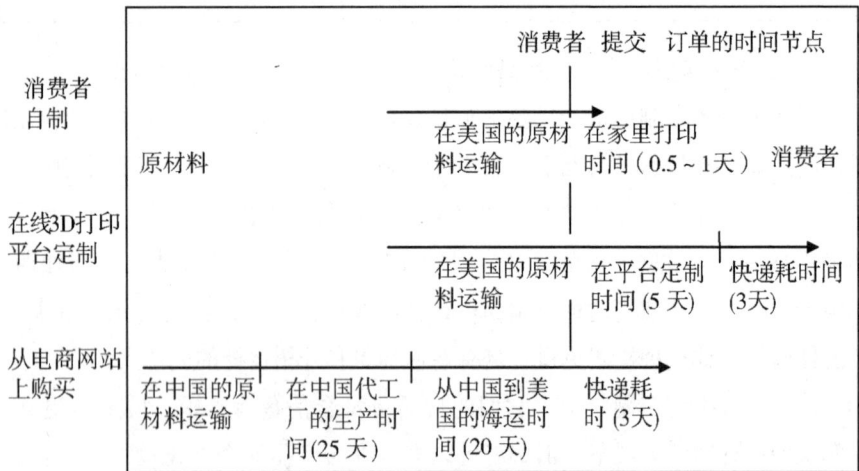

图 3 - 8　三个渠道的供应链长度比较

基于以上分析，从产品价格、产品质量、消费者等待时间、个性化满意度三个方面对三个渠道进行评分。Pi 代表产品价格，Qi 代表产品质量，Ti 代表消费者等待时间，Si 代表个性化满意度。他们的评分标准如下。

关于 Pi，最便宜的是 3 分，中等的是 2 分，最贵的是 1 分。

关于 Qi，最好的是 3 分，中等的 2 分，最差的 1 分。

关于 Ti，最短为 3 分，中等为 2 分，最长为 1 分。

关于 Si，最好的设置为 3 分，中等的设置为 2 分，最差的设置为 1 分。

虽然不同消费者对不同指标的重视程度不同，但为了简化一般比较，本研究将各方面的权重设为 1。因此，将渠道 i 的消费者综合体验设置为 Ei。按式（1）计算。

$$Ei = Pi + Qi + Ti + Si \tag{1}$$

评分结果见表 3 - 5。

表 3 - 5　三个渠道的消费者综合体验比较

序号	渠道描述	Pi	Qi	Ti	Si	Ei
1	消费者自制	2	1	3	2	8
2	在线平台定制	1	3	1	3	8
3	电商网站购买	3	3	2	1	9

从表 3 - 5 可以看出，目前传统模式的产品价格远低于 3D 打印玩具。但他们的综合消费体验几乎相等，甚至优于后者。这证明了传统模式的竞争力不低于 3D 打印。因此，现有的供应商和制造商将不容易改变其现有的产业模式。而为了面对 3D 打印的挑战，他们将利用集中化生产带来的规模效益，通过降低价格或提高质量来提高产品的吸引力。

也就是说，在劳动密集型产业的竞争中，依仗 3D 打印技术的相对领先水平，欧美厂商将对我国企业造成显著挑战。但按照三个渠道带来的消费者体验比较，目前依赖于传统工艺的中国玩具厂商尚未失去其竞争力和吸引力。

第五节 3D 打印流行的全球生产网络 是什么样的——模型预测

一、全球生产网络与现代物流体系

在本节，拟通过研究主要国际物流节点的吞吐量变化来研判 3D 打印流行前后，全球生产网络的运营规律异同。要评估国际物流节点的变化，就不得不涉及集装箱这样一个 20 世纪重要的物流发明。Levinson（2008）的著作曾详细回顾了这个神奇箱子的发展历程。美国诞生后，集装箱首先在 Sea Land 公司和 Mattson 公司的沿海业务中投入使用。当它表现出高效的物流优势后，欧洲诸多港口从 20 世纪 60 年代开始接受了这种物流工具。到了 70 年代，它又征服了亚太航线的运营者，越战物资的运输和美日贸易的兴起使得"美国—越南—日本"班轮航线初现规模。以此为基础，集装箱物流席卷了全球运输市场。它明显地缩短了货物的装卸时间，简化了不必要的转运环节。为了更好地挖掘它的潜力，国际标准化组织为集装箱设置了一系列全球通用的尺寸标准，进而改进了整个系统的运行效率，扩大了其应用范围。

要装满一条比三个标准足球场还大的集装箱船，所需的人力其实非常少，时间也只是传统货轮的一半左右。司机可以在码头后场放下一块装着集装箱的拖车板，然后挂起另一块车板开走——他不必等待货物从集装箱里掏出来。青岛、鹿特丹等大型港口甚至实现了货场内集装箱的自动装卸，这样可以减少人为因素的干扰。运输已变得如此高效，集装箱的应用使得进行跨国生产决策时不需把运输成本作为主要的考虑因素。

集装箱既降低了运输成本，又节省了运输时间。而跨国公司将计算机跟踪管理系统与集装箱相结合，在全球范围内实施了准时制生产模式。这种模式由日本汽车制造商首先开发出来，在使用集装箱之前只在一国境内应用。但到了现在，集装箱提高了全球货物流通的精确度，大大减少了制造商的库存和转运环节。这使更大范围的生产网络成为可能，购买者可以安全地向地球的另一边订购。以集装箱为基础的多式联运系统将船舶、铁路、公路结合在一起，实现了全球货物的制造和销售。

集装箱物流已发展成为一个全球性、高度自动化和标准化的产业。几十年来，集装箱及由此衍生的一系列产业模式深刻地改变了我们的世界。在国际产业的重新布局中，由于集装箱降低了国际物流的门槛，劳动密集型产业逐渐由发达国家转向劳动力成本较低的发展中国家。在这些国家生产出来后，成品通过高速集装箱运往世界各地。全球产业格局正在演变为"资源国—生产国—消费国"的模式。消费地和生产地之间的空间距离越来越长。生产国为了保持在国际产业格局中的竞争力，他们致力于升级港口、公路、铁路和其他集装箱基础设施，如中国、韩国和东盟。缺乏集装箱基础设施的国家被固定为资源国的角色，如非洲和南美洲。这些国家的基础设施更多用于资源的出口，如原油管道和矿石传送带，这些设施并不适合于集装箱的运输。

升级一个地区现有的集装箱基础设施和运输工具需要大量的持续投资。这使得当前国际产业结构难以在短时间内发生显著变化，但这种格局能维持多久呢？我们可以回顾数码相机的发展过程——当数码成像技术迅速发展时，人们使用相机的方式被深刻地改变了。像 3D 打印这样的破坏性创新，可能会打破现有的全球生产网络模式，影响既有的集装箱国际物流系统，是让其更为蓬勃，还是走向消亡？我们通过仿真模型来证明。

二、研究思路

本部分的研究拟围绕运动鞋的大规模定制场景进行建模仿真并探讨。由前文可知，如果要实现制造业回流欧美，关键是劳动密集型产业的迁移。而服装鞋帽的生产毫无疑问是劳动密集型产业的代表。在 2017，硅谷一间初创公司 Carbon 与 Adidas 公司合作，开发了被称为连续液面生产（CLIP）的新型 3D 打印技术，以优化运动鞋的制造流程。它可以将运动鞋的制作时间从 1.5 小时缩短到 20 分钟，这大大提高了 3D 打印的生产率。Adidas 公司希望在 2017 年能卖出 5000 双这类鞋。而这个数字在未来将扩大到 10 万双（The

Verge，2017）。虽然这只占了该公司 1 亿双年销量的零头，但其势头发展很猛。随着 3D 打印技术的发展和消费者个性需求的提升，在可预见的未来，运动鞋可能是实现 3D 打印规模定制的第一个品类。因此，本研究以 3D 打印运动鞋的生产网络为研究对象。

3D 打印尚未大规模应用，缺乏足够的研究数据。另一方面，现有成果大多是国内生产网络的研究，国际生产网络的定量研究非常少。为了评价 3D 打印对集装箱多式联运系统的影响，有必要对相关产品跨国生产网络的演化进行分析。因此，本研究以 3D 打印运动鞋为例，基于第二章的系统动力学基础模型，赋予更为贴近实际的运动鞋生产参数。然后使用情景分析法、模拟其可能的生产演化场景，并讨论该情景下生产网络的发展趋势。最后，基于生产国典型港口的吞吐量数据，讨论 3D 打印对整个集装箱物流系统的影响，进而分析全球生产网络的演化趋势。

三、运动鞋传统生产网络建模

本研究第一步是对现有的传统运动鞋跨国生产网络进行建模。如像 Nike 这种虚拟跨国企业，把研发活动放在美国本土，把生产活动外包到亚洲，然后在全世界销售产品。把这些地区进一步凝炼，就提取中国、美国、中东三地进行深入研究。根据 Nike 公司近年的公开业务数据，在中国保持 25% 的员工数，而销售额占据 10%；在北美洲，该公司保持 1% 的员工数，而销售额占总额的 50%；在中东、俄罗斯等石油产地，员工数和销售额都不高——前者为 1%，后者为 5%。毫无疑问，在耐克运动鞋产业链中，中国是一个生产国，美国是一个消费国，中东扮演着资源区域的角色。把中东油田作为模型起点，它的石油生产被运到中国，提炼成塑料原料，然后加工成运动鞋。最终，这些成品运到美国、中国和中东出售。另一方面，本研究更多关注物资生产储运的跨国变化，重点并不在国内配送环节。因此，模型终点被设置为这三个区域的当地分销中心。

在本模型设定中，运动鞋由一种单一的塑料构成。其生产网络运营如下所示：

（1）原油在中东油田中开采出来，用管道运至波斯湾的港口储油区。

（2）原油通过油轮输送到中国北部湾港口，这是一个石化产业集群。在其中一个炼油厂，把原油加工成塑料原料。然后使用拖车把这些塑料运到附近的珠三角工业区——中国最大的轻工业产业集群之一。

（3）把塑料原料加工成塑料颗粒，这是制造多种塑料制品的基础材料。

（4）某家运动鞋代工厂收到 Nike 总部的订单后，买入生产所需的塑料颗粒，用拖车运到鞋厂车间。然后用注塑剪裁、缝制胶合等工艺把鞋做出来。

（5）销往美国和中东的成品鞋会通过某个珠三角港口船运出去。去美国的货物到达美西某港口，再用拖车运到当地的某个配送中心；去中东的货物到达波斯湾某港口，同样用拖车运到当地某配送中心。留在中国销售的货物则直接由代工厂运到国内的某配送中心。各国的当地配送中心就是模型终点。

模型使用 VENSIM PLE 软件构建，各变量的含义如表 3 - 6 所示。

表 3 - 6　传统生产网络中各变量的符号和含义

变量符号	该变量的含义	变量符号	该变量的含义	变量符号	该变量的含义
OfME	中东地区某油田	PoPG	波斯湾某港口	PoBG	北部湾某港口
ReBG	北部湾某炼油厂	PfPR	珠三角某塑料加工厂	MfPR	珠三角某制鞋厂
PoPR	珠三角某港口	PoWU	美国西部某港口		
DcPR	珠三角某配送中心	DcUS	美国某配送中心	DcME	中东某配送中心

根据表 3 - 6 的设定，运动鞋传统生产网络的系统动力学模型如图 3 - 9 所示，并把该场景称为场景 T。

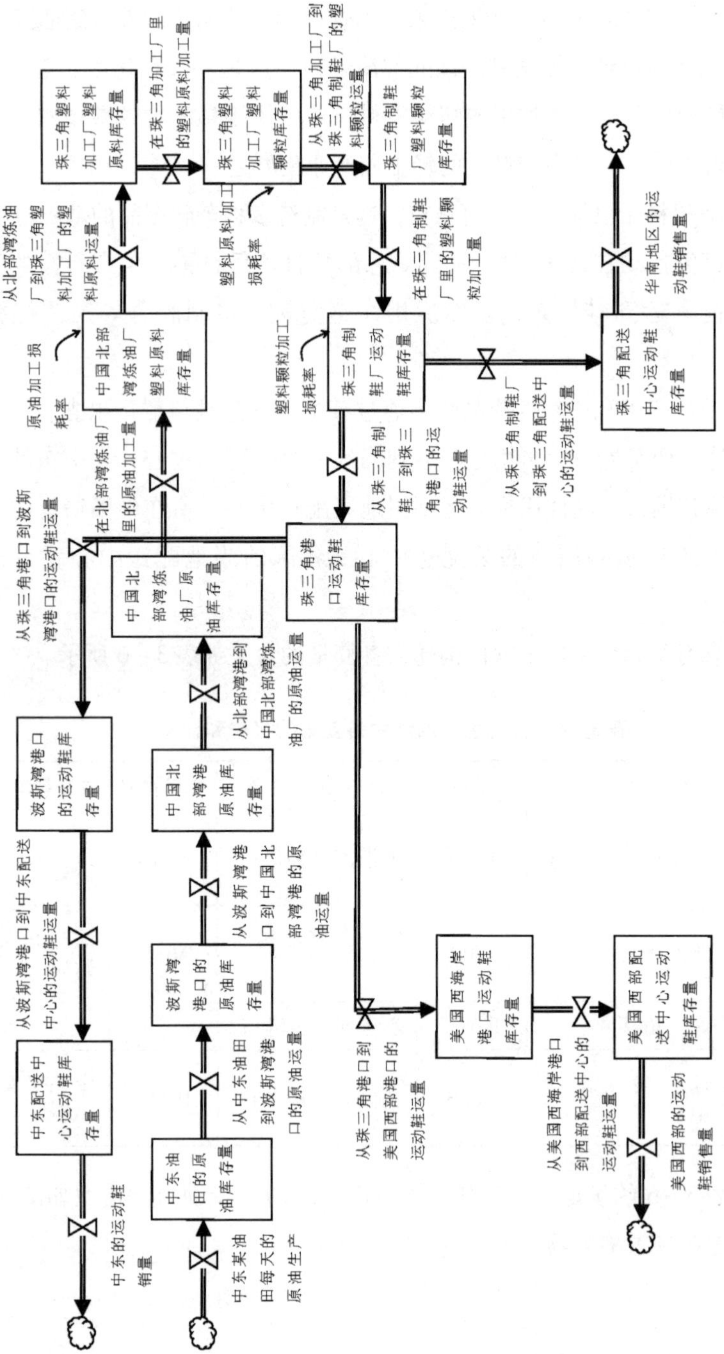

图3-9　场景T下的生产网络流程图

本研究的重点是评估3D打印对集装箱物流系统的影响，模型的参数设置更多偏重于不同运输方式之间的差异，对仓储花费时间则关注较少。另外，需要确定供应链在不同生产环境下的最短长度，这意味着在理想状态下，相关货物不应该长时间停留在任何节点上。当货物准备好装运时，不在同一个节点停留1天以上。根据上述设置，参照实际地理和运输数据，各节点之间的运输方式及该路线花费的时间如表3-7所示。

表3-7 场景T的参数设置

路线	运输方式和时间花费	路线	运输方式和时间花费
OfME - PoPG	使用输油管线花费3天	PoPG - PoBG	使用油轮花费15天
PoBG - ReBG	使用输油管线花费1天	ReBG - PfPR	使用拖车花费1天
PfPR - MfPR	使用拖车花费1天	MfPR - PoPR	使用拖车花费1天
PoPR - PoPG	使用集装箱船花费12天	PoPG - DcME	使用拖车花费2天
PoPR - PoWU	使用集装箱船花费10天	PoWU - DcUS	使用拖车花费2天
MfPR - DcPR	使用拖车花费2天		
在每个节点装卸时间	在港口装卸原油各花费3天，其他货物装卸时间各花费1天		

本模型被设定为供需平衡模型。当模型运行时，在任意节点中不发生多余的库存。根据Nike公司的销售数据，设定上述三个地区共销售运动鞋每天20吨，其中在美国销售15吨、中国4吨、中东1吨。根据实地调研数据，原油生成塑料原料的转化率为33.33%，塑料原料生成塑料颗粒的转化率为95.4%。在制鞋过程中，会发生一定生产损耗，如边角料、不合格品等。因此塑料颗粒制成运动鞋的转化率为87.5%。在供需平衡的情况下，中东油田每天需要出产72吨原油来满足这20吨运动鞋的材料需求。将上述数据输入模型中，并运行该模型。中东油田产出第一份原油的时间设置为第1天，其

365 天的仿真结果如表 3 - 8 所示。

表 3 - 8　场景 T 中各流程的运量和花费时间仿真结果

地区	陆运散货量	陆运集装箱量	散货港口吞吐量	集装箱港口吞吐量	运动鞋开始销售时间
中东	26136 吨	317 吨	25848 吨	317 吨	第 50 天
美国	0 吨	4785 吨	0 吨	4785 吨	第 48 天
中国	24696 吨	22437 吨	24624 吨	5280 吨	第 35 天
航线	散货运量		集装箱运量		
中东—美国	0 吨		0 吨		
美国—中国	0 吨		4950 吨		
中国—中东	25776 吨		330 吨		

四、未来生产网络场景建模

如果在运动鞋的生产过程中应用了 3D 打印，现有的流程将完全被颠覆。发生在中国的制造活动可能会迁移到离终端消费者更近的地点。正如前文提到，某些消费者会在家里打印个人物品，但专业工坊可以提供更高质量的打印品——目前的技术还要求一些后处理工序。非专业用户如果做不好，会影响他们的使用体验。因此，很难确定在生产网络中最合适的打印地点（Bogers 等人，2016）。设计和制造运动鞋需要一定的技术含量。如果让消费者自制，其作品不一定像专业企业做得那样好。Zeltmann 等人（2016）发现，如果 3D 打印制造活动发生在一个极端分散的环境——如家庭里，最终成品的强度和耐用度都要打上问号，因为缺乏专业的品质检验。UPS 公司的例子（董晓东等人，2016）则显示，在 3D 打印年代里配送服务商可以成为合格的终端成品制造者。因此，本模型设定运动鞋的打印活动发生在各国的当地配送中心。而它们得到了 Nike 公司的官方授权和技术支持，当这些中心收到订单后，它们会迅速把成品打印出来，发送给客户。另外，由于近年的页岩气革命，美国正趋向能源需求的自我满足。也就是说，原模型的原油出口将不仅限于中东地区。考虑到这些可能性，本研究设计了未来生产网络的三个极端场景，场景1、场景2和场景3。这三个场景中，原油产地、打印材料的加工地、运动鞋打印地都可能改变。而实际的生产网络演化可能发生在这三个场景仿真结果的范围内。

（一）场景1的生产网络仿真

在场景1中，原油产地依然是中东地区，但用于制造运动鞋的材料不再是塑料颗粒，而是3D打印塑料线材，这种线材是用塑料原料加工而成。由于美国和中国在3D打印领域投入了大量研究资源，如美国的《增材制造国家战略计划》和《制造业创新国家网络计划》，中国的《中国制造2025》和《增材制造国家促进规划》等，本场景把打印线材的加工地分别设定在美中两国。美国消费者购买的运动鞋，其线材也来自美国。中国和中东消费者购买的运动鞋，其线材则来自中国。也就是说，在场景1中，美国不仅是运动鞋消费国，还是线材生产国。其主要的原油卸货港和炼油厂都在墨西哥湾沿岸。把这些新节点添加进原模型，其含义如表3-9所示。

表3-9 场景1中新加入节点的符号含义

变量符号	该变量的含义	变量符号	该变量的含义	变量符号	该变量的含义
PoGM	墨西哥湾的某个港口	ReGM	墨西哥湾的某个炼油厂	PfUS	美国的某个塑料加工厂

在场景1中，整条生产网络的流程改变如下所示。

（1）原油从中东油田开采出来后，用管道运输至波斯湾的港口储油罐中。

（2）与场景T不同，原油将被运往两个地区。一部分运到墨西哥湾的港口，精炼成塑料原料，再运到美国的某个塑料加工厂。另一部分运到北部湾的港口，精炼成塑料原料后，运到珠三角的某个塑料加工厂。

（3）塑料原料转化为塑料打印线材，这是塑料3D打印的基础材料。本模型设定线材的运输方式为集装箱，包括是陆运的集装箱拖车还是海运的集装箱船。

（4）美国制造的线材由拖车运送到美国配送中心。中国制造的线材分成两部分，一部分由拖车运往中国的配送中心，另一部分由集装箱船运往中东的配送中心。

（5）耐克总部把客户订单分配给配送中心，让其即时打印运动鞋产品并发送给客户。

根据上述设置，模型修改为图 3 - 10。

运动鞋不是在鞋厂里面制作，而是直接在配送中心打印出来。因此货物在配送中心的停留时间大概为 2 天，包括打印和分拣，这比场景 T 的配送中心花费时间多了 1 天。新增节点的时间花费根据实际调研数据设定，场景 1 其余参数则和场景 T 保持一致。具体修改如表 3 - 10 所示。

表 3 - 10　场景 1 新加入要素的参数设定

路线	运输方式和时间花费	路线	运输方式和时间花费
PoGM - ReGM	使用输油管线花费 2 天	PoPG - PoGM	使用油轮花费 37 天
PfUS - DcUS	使用拖车花费 2 天	ReGM - PfUS	使用拖车花费 1 天
PfPR - DcPR	使用拖车花费 2 天	PfPR - PoPR	使用拖车花费 1 天
在各配送中心花费时间	2 天		

场景 1 的运动鞋每天销售量与场景 T 的设定是相同的，美国 15 吨、中国 4 吨、中东 1 吨。在美国和中国，各种材料具有相同的转化率——原油到塑料原料的转化率为 33.33%，塑料原料到打印线材的转化率为 93.8%。由于运动鞋由 3D 打印制成，相关损失可减少到忽略不计的程度。因此，打印线材到运动鞋的转化率设定为 100%。根据设定，需每天装运 48 吨原油到美国，并加工成 15 吨打印线材，运到美国配送中心。运往中国的原油为每天 16 吨，加工成 5 吨打印线材，其中 4 吨运到中国配送中心，1 吨运到中东配送中心。将上述数据输入模型中，其 365 天的仿真结果如表 3 - 11 所示。

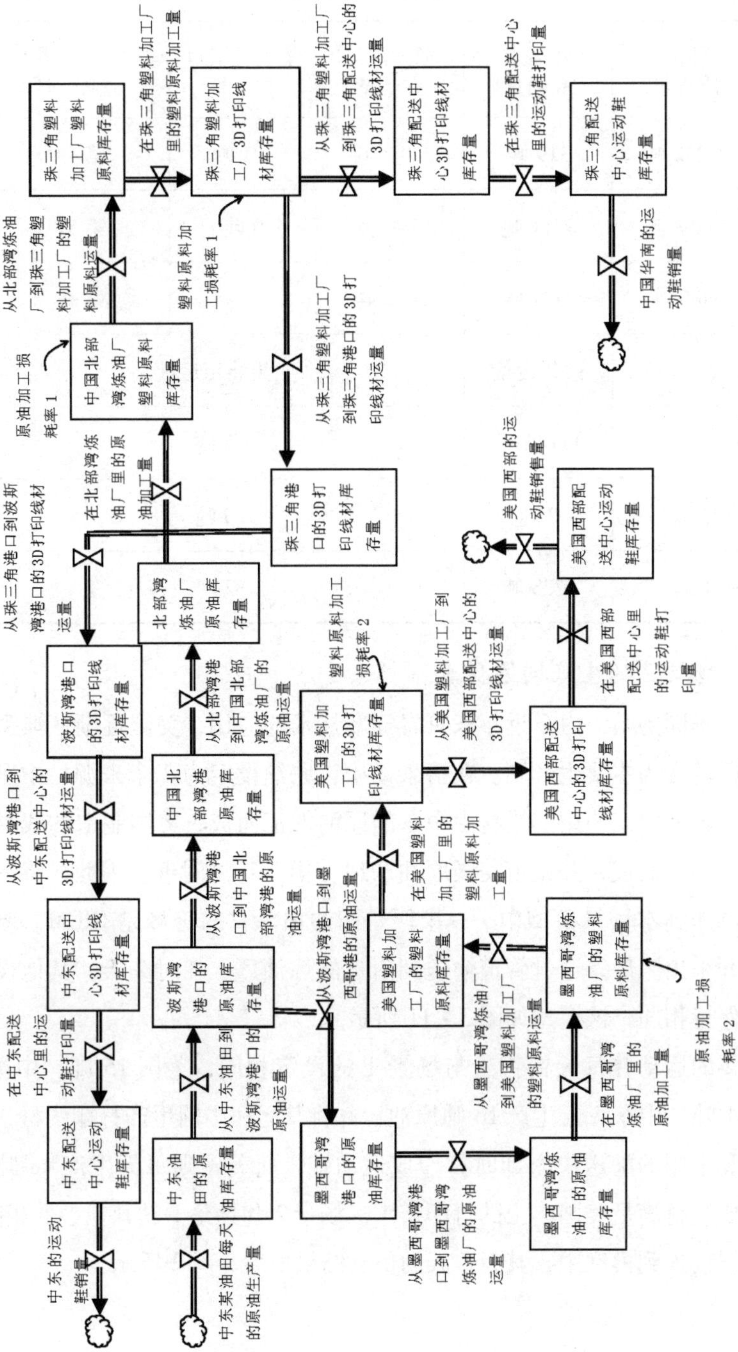

图3-10 场景1的生产网络流程图

表 3 – 11　场景 1 中各流程的运量和花费时间仿真结果

地区	陆运散货量	陆运集装箱量	散货港口吞吐量	集装箱港口吞吐量	运动鞋开始销售时间
中东	23232 吨	319 吨	22976 吨	321 吨	第 49 天
美国	15408 吨	9751 吨	15408 吨	0 吨	第 57 天
中国	5488 吨	3487 吨	5472 吨	334 吨	第 36 天
航线	散货运量	集装箱运量			
中东—美国	17184 吨	0 吨			
美国—中国	0 吨	0 吨			
中国—中东	5728 吨	334 吨			

（二）场景 2 的生产网络仿真

与欧洲不同的是，由于近年来页岩气新技术的应用，美国逐渐从典型的原油消费国转变为主要生产国。在情景 2 中，原油设定为 2 个来源，中东和美国。在中国和中东使用的线材由中东的原油加工而成，美国制造的线材由美国的原油加工而成，并设定美国原油产地在墨西哥湾附近。因此，将一个新的节点添加到本场景模型中——墨西哥湾油田。它的符号是 OfGM。原油从该油田开采出来后，通过管道输送到附近的炼油厂，耗时 2 天。其他设置与场景 1 保持相同。该模型如图 3 – 11 所示。

场景 2 的运动鞋每天销售量与场景 T 的设定相同，美国 15 吨、中国 4 吨、中东 1 吨。中东每天生产 16 吨原油，并将其运往中国生产打印线材，再运到中东和中国的配送中心即时打印成运动鞋。而美国则每天生产 48 吨原油，加工成线材满足美国本土的打印需求。场景 2 和场景 1 的其他参数相同。将上述数据输入到模型中，其 365 天的仿真结果如表 3 – 12 所示。

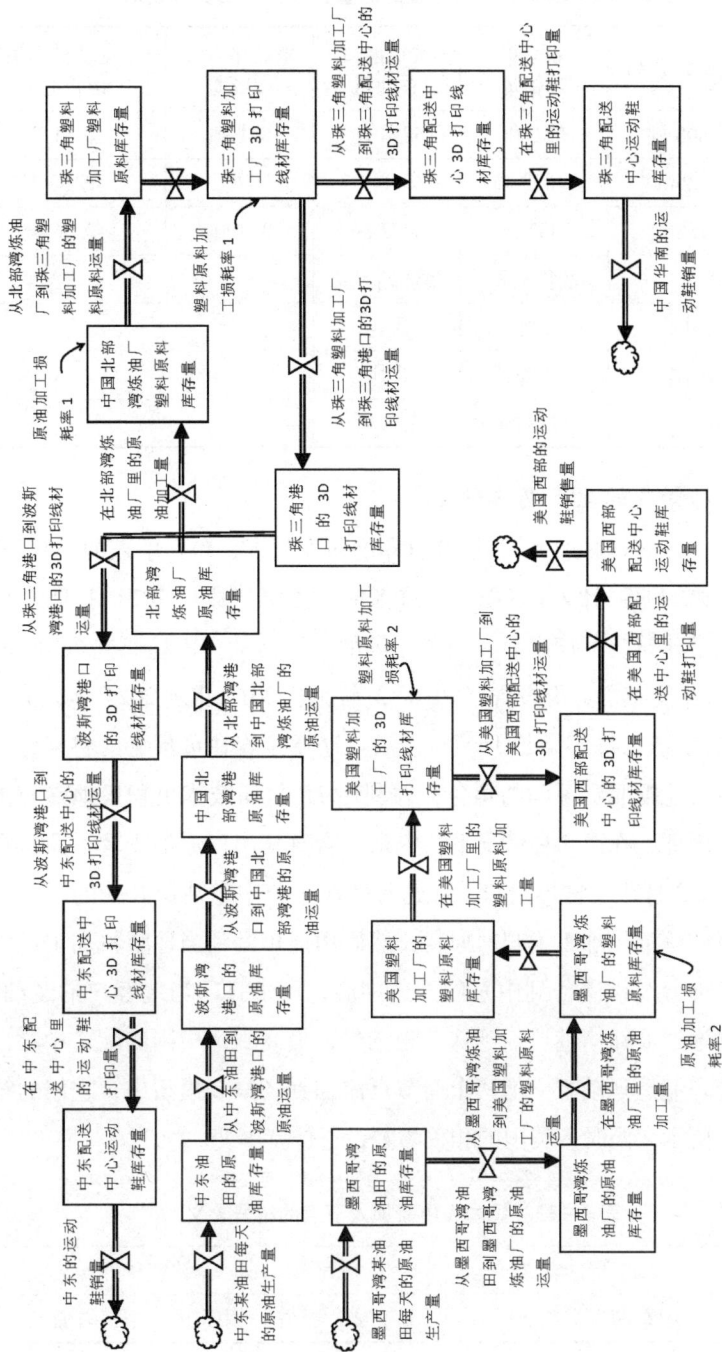

图3-11 场景2的供应链流程图

表 3-12　场景 2 中各流程的运量和花费时间仿真结果

地区	陆运散货量	陆运集装箱量	散货港口吞吐量	集装箱港口吞吐量	运动鞋开始销售时间
中东	5808 吨	321 吨	5744 吨	321 吨	第 51 天
美国	17424 吨	11038 吨	0 吨	0 吨	第 16 天
中国	5488 吨	3487 吨	5472 吨	334 吨	第 36 天
航线	散货运量	集装箱运量			
中东—美国	0 吨	0 吨			
美国—中国	0 吨	0 吨			
中国—中东	5728 吨	334 吨			

（三）场景 3 的生产网络仿真

近年来，许多地区加大了对 3D 打印的研发投入，包括中东的一些国家。例如，阿联酋的迪拜计划在 2030 年前将整个国家建成一个 3D 打印全球枢纽，主要从事建筑、医疗产品、消费品等的打印活动。市场研究机构 Future Market Insights 发布了一份报告（2016），预测从 2015 年到 2025 年，中东的 3D 打印材料市场将每年增长 16.7% 左右。这意味着在可预见的将来，一些中东国家将可能摆脱资源国的角色，并利用 3D 打印技术更积极地参与国际制造活动。因此，在第 3 种情况下，中东不会直接出口原油资源，而是在当地先加工成 3D 打印线材再出口。在这种情况下，中东油田开采的原油首先被送到附近的炼油厂加工为塑料原料，然后用拖车运到当地塑料加工厂生成打印线材。部分线材储备到中东的配送中心，用来打印当地客户的运动鞋。其余的线材通过波斯湾港口运到珠三角港口，最终到达中国的配送中心，用于为中国客户制造运动鞋。把两个新节点添加到场景 2 模型中，它们的符号如表 3-13 所示。同时，美国的相关参数设置保持不变。

表 3-13　场景 3 中新加入节点的符号含义

变量符号	该变量的含义	变量符号	该变量的含义
ReME	中东的一个炼油厂	PfME	中东的一个塑料加工厂

根据实际调研数据调整新加入节点的时间花费。场景 3 的其余参数与场景 2 的相同。修改后的运输模式及时间花费如表 3 - 14 所示。

表 3 - 14　场景 3 新加入要素的参数设定

路线	运输方式和时间花费	路线	运输方式和时间花费
OfME – ReME	使用输油管线花费 2 天	ReME – PfME	使用拖车花费 1 天
PfME – DcME	使用拖车花费 1 天	PfME – PoPG	使用拖车花费 2 天
PoPG – PoPR	使用集装箱船花费 12 天		

根据上述设定，模型修改为图 3 - 12。

场景 3 的运动鞋每天销售量与场景 T 的设定相同，美国 15 吨、中国 4 吨、中东 1 吨。中东每天生产 16 吨原油，在本土加工成打印线材后，再运到中东和中国的配送中心即时打印成运动鞋。而美国则每天生产 48 吨原油，加工成线材满足美国本土的打印需求。场景 3 和场景 2 的其他参数相同。将上述数据输入模型中，其 365 天的仿真结果如表 3 - 15 所示。

表 3 - 15　场景 3 中各流程的运量和花费时间仿真结果

地区	陆运散货量	陆运集装箱量	散货港口吞吐量	集装箱港口吞吐量	运动鞋开始销售时间
中东	5808 吨	2263 吨	0 吨	1404 吨	第 16 天
美国	17424 吨	11038 吨	0 吨	0 吨	第 16 天
中国	0 吨	1352 吨	0 吨	1352 吨	第 34 天

航线	散货运量	集装箱运量
中东—美国	0 吨	0 吨
美国—中国	0 吨	0 吨
中国—中东	0 吨	1404 吨

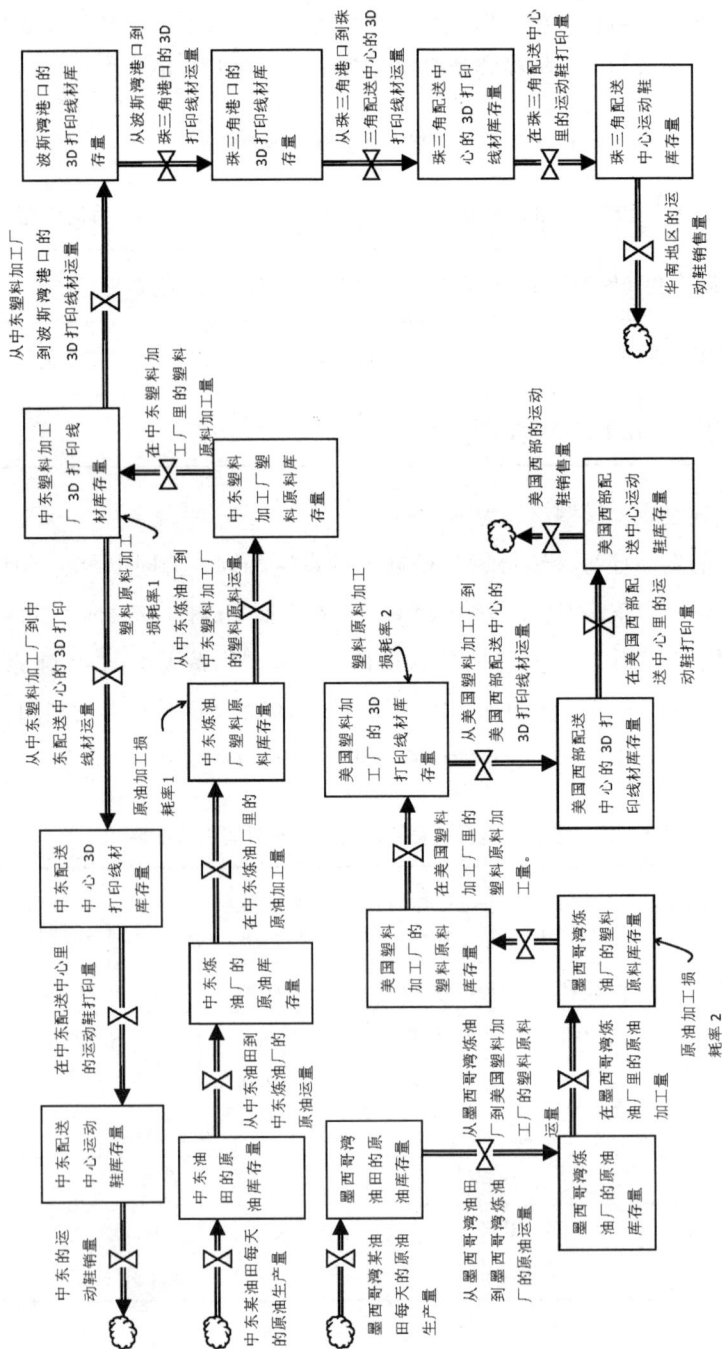

图3-12 场景3的生产网络流程图

五、仿真结果分析

在每一种场景中，都有两种主要运输方式存在生产网络中。第一种是原油的散装运输，无论是通过管道还是油轮。第二种是通过集装箱船和拖车的集装箱运输，用于装运塑料半成品和成品。根据上述计算，得到表3-16以比较四种场景的各种数据。

表3-16 四种场景仿真数据对比

地区	不同方位不同运输方式的运量	场景T	场景1	场景2	场景3
中东	陆运散货量	26136 吨	23232 吨	5808 吨	5808 吨
	陆运集装箱量	317 吨	319 吨	321 吨	2263 吨
	散货港口吞吐量	25848 吨	22976 吨	5744 吨	0 吨
	集装箱港口吞吐量	317 吨	321 吨	321 吨	1404 吨
	运动鞋开始销售时间	第50天	第49天	第51天	第16天
美国	陆运散货量	0 吨	15408 吨	17424 吨	17424 吨
	陆运集装箱量	4785 吨	9751 吨	11038 吨	11038 吨
	散货港口吞吐量	0 吨	15408 吨	0 吨	0 吨
	集装箱港口吞吐量	4785 吨	0 吨	0 吨	0 吨
	运动鞋开始销售时间	第48天	第57天	第16天	第16天
中国	陆运散货量	24696 吨	5488 吨	5488 吨	0 吨
	陆运集装箱量	22437 吨	3487 吨	3487 吨	1352 吨
	散货港口吞吐量	24624 吨	5472 吨	5472 吨	0 吨
	集装箱港口吞吐量	5280 吨	334 吨	334 吨	1352 吨
	运动鞋开始销售时间	第35天	第36天	第36天	第34天
中东—美国	散货运量	0 吨	17184 吨	0 吨	0 吨
	集装箱运量	0 吨	0 吨	0 吨	0 吨
美国—中国	散货运量	0 吨	0 吨	0 吨	0 吨
	集装箱运量	4950 吨	0 吨	0 吨	0 吨
中东—中国	散货运量	25776 吨	5728 吨	5728 吨	0 吨
	集装箱运量	330 吨	334 吨	334 吨	1404 吨

根据表 3 - 16，我们分析不同场景下全球生产网络在实体物资流向、流速、流量等三个指标上的变化。

（一）物资流向

对于原油运输，在场景 1 中，一部分原油出口到美国用于线材加工。这促进了美国境内的物资流动，并增加了其港口吞吐量。中国的原油运量也相应减少了。但中东仍然是唯一的资源出口国。在场景 2 中，美国使用自产的原油加工线材，同时中东的石油全部出口到中国。在场景 3 中，中东企业将原油在当地制成线材再出口，原油的流动只存在于从油田到炼油厂的管道中。这证明了基于 3D 打印的分布式生产将大大缩短原料在全球范围内的运输里程，原料的单位货运周转量将大幅减少。

对于集装箱运输，场景 1 和场景 2 表明，美国所有的塑料半成品和成品都在其境内流通。由于不是跨大洋运输，并不需要用到太多海运集装箱。如果只是国内运输，物流供应商甚至连集装箱拖车都不使用，而是用普通货车来装这些货物——这会有更灵活的需求响应。在场景 3 中，中东已经成为线材出口国，而不是运动鞋进口国。集装箱不从中国流向中东，而是朝相反的方向流动。这说明，3D 打印的应用导致同时拥有资源国和消费国特征的地区趋向于把它们的商品生产网络维持在国内范围。而集装箱更适合国际多式联运，如果只有国内需求，集装箱的使用将会减少。另一方面，集装箱在非资源国家的应用是可以保持在一定水平的。因为打印线材的跨洋集装箱运输是一种高效和准时的方式，能够在这个数字时代快速响应消费者的需求。

（二）物资流速

流速越快，运动鞋的开始销售时间就越短。在场景 T 中，物资流动发生在多个节点之间，并应用了多项工艺，改变其商品特性。而 3D 打印应用后，原油制成的线材直接输送到配送中心，并按客户的订单打印运动鞋。不需要把生产活动交给代工厂，也不需要准备相应的模具。这简化了生产网络，缩短了响应时间，提高了整体流速。虽然单个打印机的打印速度仍然比传统的规模制造慢，但一些企业开始解决这个问题。例如，Voodoo Manufacturing 公司成立了一个名为 Project Skywalker 的打印机组。在这个组中，他们设计了软件来连接几百台普通的 FDM 打印机以及机械手臂和其他自动化设备，就像"机器人工厂"一样。这些 3D 打印系统或组可以打印大量的单个组件以实现大规模生产，同时保持 3D 打印的技术优势（3ders. org，2017）。这比我们前文提到的"打印农场"要更为先进。当然，同样的方法也可以应用于运动鞋的制造。此外，随着 CLIP 技术的应用，或者新技术的引进，运动鞋的打印速度可以完全满足批量生产的要求，单品 3D 打印速度的劣势将不再耽误开始销售时间。

然而，在 3D 打印应用之后，并非所有地区的流速都变得更快。比较美国和中东的开始销售时间，可以发现当美国同时充当资源和消费国角色，即场景 2 和场景 3 时，其供应链长度显著缩短。如果一切顺利，从油田到配送中心的物流时间最少只需 15 天。在所有的场景中，中东都扮演着资源国和消费国的角色。但只有在场景 3 中，它被设定为有能力生产打印线材，其开始销售时间才明显提前。这表明，3D 打印线材的生产位置是优化供应链长度的一个重要因素。当资源国能够生产打印线材时，供应链将大大缩短。相关机会成本的降低有利于 3D 打印在制造业中的进一步推广。而中国不是资源国，即使能够生产打印材料，运动鞋在中国的起始销售时间也是相似的，无论在 3D 打印应用之前还是之后。

（三）物资流量

根据仿真结果，3D 打印的应用将减少约 10% 的原油需求。此外，在场景 2 和场景 3 中，原油更多在资源国的境内流动。这导致了跨洋石油贸易的迅速减少，专用的原油油船和港口设施供应将大于需求。但在一些地区，油气输送管道等基础设施的需求将增加。在考虑新的投资计划时，决策者应考虑 3D 打印对原油物流的影响。

对于集装箱运输而言，在任何情况下，流程简化和资源国的自给自足都大大降低了生产国（如中国）里集装箱的整体使用。这导致了大量的集装箱装卸设施过剩。在场景 3 中，中国—中东航线的集装箱不是把中国产的运动鞋带到中东，而是装运后者到前者的打印线材。此外，该航线的集装箱运量与其他场景相比大幅增加。这是由于中国的运动鞋销量比中东的要多。这表明 3D 打印可以促进集装箱在资源出口业务中的应用——这种货物原本是散装出口的。另一方面，中国的人均收入近年一直在增长，这个国家呈现出更多的消费国特征。对进口打印线材的需求将使中国的集装箱业务保持一定的水平。

综上所述，以运动鞋生产网络为例，3D 打印的应用将严重影响全球产业格局。总体而言，跨境运输的需求将大大减少。而对比国际原油和集装箱运输，3D 打印对前者的负面影响更大。而对于后者，集装箱的适箱货物可以从运动鞋改为打印线材。集装箱总业务仍保持一定水平，但其流向发生了变化。相对而言，生产国遭受最大冲击。而消费国和资源国的集装箱业务可以得到更好的发展。当一个国家同时扮演资源国和消费国角色时，物资流动更多地发生在其境内。由于不需要跨洋运输，相关集装箱业务将减少。

第四章

科学治理与价值链高端攀升路径

第一节 我国制造业受 3D 打印的影响预测

一、研究对象与评估模型

前一节讨论了 3D 打印对运动鞋全球生产网络的可能影响。但目前 3D 打印产品占全球货运量的比例非常低。短期内，其颠覆全球产业结构几乎不可能，现有的集装箱多式联运系统仍然是稳健的。但从长远来看，越来越多的产品将适用于 3D 打印，运动鞋的案例是否可供其他货类参考呢？是不是有大量的货类会在同一阶段由于 3D 打印发生全球生产网络重构呢？由于集装箱枢纽港是整个全球生产网络的核心节点，当生产国遭受 3D 打印的冲击时，港口吞吐数据可以用来分析该网络的变化趋势，从而推断出其演化的完整过程。

本节选取珠三角典型的集装箱枢纽港作为研究对象。珠江三角洲是中国的主要产业集群之一，催生了巨量的国际货物吞吐。在世界前十大集装箱港口中，中国目前占据了七个左右，其中三个位于珠三角地区。经过实地调研，本节最终选定的对象是广州港，因为广州是该区域的中心城市。自 1957 以来，著名的中国进出口商品交易会每年在广州举行两次，这意味着广州港的主要货物吞吐在一定程度上可以代表中国对外贸易商品的情况。本研究首先收集广州港近年来进出口货物的分类统计数据，然后讨论哪些产品在中、短期适合 3D 打印的批量生产，最后预测 3D 打印应用后广州港集装箱业务的发展趋势。

为了量化和对比各种货类与集装箱运输和 3D 打印的关联度，有必要对不同货类的集装箱运输适用性和 3D 打印批量生产的概率进行综合打分。对于集装箱运输的适用性，最高得分为 3 分，中度得分为 2 分，最低得分为 1 分。对于 3D 打印批量生产的概率，最高得分为 3 分，中度得分为 2 分，最低得分为 1 分。

由于 2017 年开始，美国现任总统特朗普加大了对我国的贸易战措施，导致 2017 年和 2018 年以后的国际贸易和物流吞吐产生较大变化，因此本研究采用贸易战前的 2016 年货物吞吐量和集装箱化数据。这些数据来自广州海关统计，长期趋势稳定，可以较好地反映我国传统的国际贸易货物流向。3D 打印规模生产的概率预测来自 Wohlers 报告和 Laplume 等人（2016）。由于原材料和化工半成品，如原油、矿石和树脂等，是由其他工业流程生成的，并不适用于 3D 打印。因此，这些货物的 3D 打印批量生产概率得分为 1。

货类 i 的总得分为 Xi。其集装箱运输适用性评分为 Fi，其 3D 打印规模生产概率为 Pi。

$$Xi = Fi * Pi \qquad (2)$$

经过计算建立了表 4 – 1 和表 4 – 2。这两个表都由各货类的运量从高度到低排序。表 4 – 1 是出口货物数据，表 4 – 2 是进口货物数据。

表 4 – 1　广州港主要出口货物的集装箱化和 3D 打印可行性评分

序号	货物种类	运量（吨）	占当年港口货物吞吐总量的比例	集装箱运输适用性（Fi）	3D 打印规模生产概率（Pi）	总分（Xi）
1	电子电器产品	46730527.370	36.962%	3	2	6
2	服装	2042835.393	1.616%	3	3	9
3	金属半成品	1537353.479	1.216%	2	2	4

序号	货物种类	运量（吨）	占当年港口货物吞吐总量的比例	集装箱运输适用性（F_i）	3D打印规模生产概率（P_i）	总分（X_i）
4	建筑材料	1504129.317	1.190%	3	3	9
5	油气燃料	1360166.590	1.076%	1	1	1
6	纺织品（服装除外）	1266743.068	1.002%	3	3	9
7	仪器仪表	933520.837	0.738%	3	2	6
8	金属成品	742846.651	0.588%	3	3	9
9	机械装备	660896.916	0.523%	2	2	4
10	其他机电产品	512008.203	0.405%	3	2	6
11	箱包和运动装备	377554.366	0.299%	3	3	9
12	农产品和食品	369267.472	0.292%	2	2	4
13	运输工具	341050.774	0.270%	2	2	4
14	其他塑料制品	339899.784	0.269%	3	3	9
15	玩具	313910.193	0.248%	3	3	9
16	鞋类	162196.734	0.128%	3	3	9
17	清洁用品	148585.990	0.118%	3	2	6
18	塑料半成品	113924.027	0.090%	3	1	3
19	药品和化妆品	49990.431	0.040%	3	2	6
20	非金属矿	43832.317	0.035%	1	1	1
21	纸制品	23207.723	0.018%	3	3	9
22	化工产品	13691.439	0.011%	2	1	2
23	木制品	10797.701	0.009%	3	3	9
24	化肥	5251.158	0.004%	2	1	2
25	金属矿	2981.549	0.002%	1	1	1
26	珠宝饰品	918.885	0.001%	3	3	9

表 4 – 2　广州港主要进口货物的集装箱化和 3D 打印可行性评分

序号	货物种类	运量（吨）	占当年港口货物吞吐总量的比例	集装箱运输适用性（Fi）	3D 打印规模生产概率（Pi）	总分（Xi）
1	电子电器产品	23064364. 250	18. 243%	3	2	6
2	煤	15235465. 660	12. 051%	1	1	1
3	农产品和食品	7356585. 459	5. 819%	2	2	4
4	金属矿	5002291. 483	3. 957%	1	1	1
5	塑料半成品	2555210. 770	2. 021%	3	1	3
6	金属半成品	2045193. 182	1. 618%	2	2	4
7	油气燃料	1188932. 120	0. 940%	1	1	1
8	木制品	1105243. 984	0. 874%	3	3	9
9	纸制品	856372. 732	0. 677%	3	3	9
10	纺织品（服装除外）	423746. 435	0. 335%	3	3	9
11	化工产品	274391. 155	0. 217%	2	1	2
12	纸浆	252793. 144	0. 200%	2	1	2
13	机械装备	184964. 670	0. 146%	2	2	4
14	仪器仪表	169461. 872	0. 134%	3	2	6
15	运输工具	146262. 425	0. 116%	2	2	4
16	金属成品	80137. 177	0. 063%	3	3	9
17	染料和涂料	38095. 114	0. 030%	3	1	3
18	纤维材料	27194. 573	0. 022%	2	1	2
19	其他机电产品	21035. 204	0. 017%	3	2	6
20	其他塑料制品	17502. 981	0. 014%	3	3	9
21	药品和化妆品	10884. 571	0. 009%	3	2	6
22	化肥	884. 310	0. 001%	2	1	2

　　总得分越高，货物已有的集装化水平越高，其未来实现 3D 打印批量生产的可能性也越大。将相同分数的货物分成一组，并计算该组货量占总吞吐量的比例。对于同等分数的货物，当他们使用 3D 打印大规模生产时，其相关集装箱业务受到更大影响。换言之，它们处于 3D 打印发展的相似阶段，因此其集装箱运输的演变趋势也应该是相似的。对于不适合 3D 打印的货物，即那些 3D 打印批量生产概率为 1 分的货类，把它们归成一组。即使 3D 打印得到大规模应用，该组货类也将保持传统的物流模式。根据上述划分，建立表 4 - 3 和表 4 - 4。前者是出口货物相关分析，后者是进口货物相关分析。

表 4 - 3　广州港主要出口货物的集装箱化与 3D 打印可行性分级

序号	货物种类	占当年港口货物吞吐总量的比例	总分	等级	该等级货类占总吞吐量比例
2	服装	1.616%	9		
4	建筑材料	1.190%	9		
6	纺织品（服装除外）	1.002%	9		
8	金属成品	0.588%	9		
11	箱包和运动装备	0.299%	9		
14	其他塑料制品	0.269%	9	1	5.368%
15	玩具	0.248%	9		
16	鞋类	0.128%	9		
21	纸制品	0.018%	9		
23	木制品	0.009%	9		
26	珠宝饰品	0.001%	9		
1	电子电器产品	36.962%	6		
7	仪器仪表	0.738%	6		
10	其他机电产品	0.405%	6	2	38.263%
17	清洁用品	0.118%	6		
19	药品和化妆品	0.040%	6		

续表

序号	货物种类	占当年港口货物吞吐总量的比例	总分	等级	该等级货类占总吞吐量比例
3	金属半成品	1.216%	4	3	2.301%
9	机电装备	0.523%	4		
12	农产品和食品	0.292%	4		
13	运输工具	0.270%	4		
18	塑料半成品	0.090%	3	4	1.218%
22	化工产品	0.011%	2		
24	化肥	0.004%	2		
5	油气燃料	1.076%	1		
20	非金属矿	0.035%	1		
25	金属矿	0.002%	1		

表 4 - 4　广州港主要进口货物的集装箱化与 3D 打印可行性分级

序号	货物种类	占当年港口货物吞吐总量的比例	总分	等级	该等级货类占总吞吐量比例
8	木制品	0.874%	9	1	1.963%
9	纸制品	0.677%	9		
10	纺织品（服装除外）	0.335%	9		
16	金属成品	0.063%	9		
20	其他塑料制品	0.014%	9		
1	电子电器产品	18.243%	6	2	18.403%
14	仪器仪表	0.134%	6		
19	其他机电产品	0.017%	6		
21	药品和化妆品	0.009%	6		

续表

序号	货物种类	占当年港口货物吞吐总量的比例	总分	等级	该等级货类占总吞吐量比例
3	农产品和食品	5.819%	4	3	7.699%
6	金属半成品	1.618%	4		
13	机电装备	0.146%	4		
15	运输工具	0.116%	4		
5	塑料半成品	2.021%	3	4	19.439%
17	染料和涂料	0.030%	3		
11	化工产品	0.217%	2		
12	纸浆	0.200%	2		
18	纤维材料	0.022%	2		
22	化肥	0.001%	2		
2	煤	12.051%	1		
4	金属矿	3.957%	1		
7	油气燃料	0.940%	1		

二、3D 打印对生产网络节点的影响分析

（一）不同等级货类受到的影响

运动鞋属于鞋类产品，其得分为 9，归在 1 级。第 1 级货物仅占总吞吐量的 7% 左右，其中 5.37% 为出口，1.96% 为进口。这意味着，即使在这一等级货物中大规模应用 3D 打印，其他等级货物也不会发生类似于运动鞋全球生产网络的演变趋势。3D 打印导致制造业回流到欧洲和美国这种预测在很长一段时间内都不会实现，集装箱多式联运系统仍将按照现有模式运作。

如果详细分析广州港的进出口数据，会发现电子电器产品的运输量非常大。其总比例约为 55%，其中出口占 36.96%，进口占 18.24%。这表明，在电气时代，为集装箱物流业务贡献货源的主力不是那些衣服和食品之类的生

活必需品，而是电子产品——因为它可以给人们带来方便和享受。在出口方面，中国已经是世界上最大的电子产品出口国。在进口方面，由于中国的经济发展和跨国电商的政策刺激，本土消费者对国外电子产品的需求持续上升。这些产品大部分通过广州港进入中国，而其主要部件是塑料外壳、金属零件和印刷电路板（PCB），它们中的一些还配备了液晶元件。根据目前的技术发展，除了塑料零件外，其余部件都很难用 3D 打印制造出来。另一个不可忽视的因素是，在零件打印出来后，还有一个复杂的装配过程。用户手工完成装配是很麻烦的。因此，在短期内电子电器产品的 3D 打印似乎不太可能流行开来。

但到了今天，有不少科研团队正在努力解决上述技术问题。例如，一些实验室已经取得了导电材料在打印领域的进展，进而可能实现 PCB 的 3D 打印（3ders. org，2017）；也有团队致力于让金属打印更加廉价（3Dprint. com. 2018）（All3dp. com，2019）。现在很难用一种 3D 打印机直接打印出包含各种材料的产品——不同类型的打印机适合于不同的材料。但 Stratasys 和其他公司已经设计出了多头打印机，它可以在同一工作流中同时打印几种不同的材料；对于打印部件的后装配问题，可以通过 3D 打印的特性来解决。因为 3D 打印可以生成复杂的几何内结构，通过有效的工业设计，一些结构可以直接打印，而不需要拼嵌或铆接等工序，这将大大减少装配活动。换言之，虽然不及第 1 级商品的普及速度快，但在中期或 10 至 15 年内，电子产品将实现 3D 打印批量生产。它属于第 2 级。这类货物的比例约占总吞吐量的 57%，包括出口的 38.26% 和进口的 18.40%。如果这类货物可以由 3D 打印大规模生产，类似于运动鞋全球生产网络的演化将越来越多。其对广州港的货物流通模式将有相当大的影响。集装箱物流系统的相关方应对此予以密切关注，并提出相应的对策。

第 3 级货物主要包括农产品、金属半成品、机械设备和运输工具。由于生物特性和季节性要求，除了一些更看中外观的食物，农产品和食品并不适合于 3D 打印。至于其他工业产品，由于尺寸、组装程序等原因，它们很难由小型分布式打印机制造出来，所以他们的生产仍然是集中的。但不要忘了，这种货物的维修可以使用一些 3D 打印备件，不过总量不大。因此，这类货物的变化对现有集装箱运输系统的影响不大。

第 4 级货物是 3D 打印无法实现的原材料和半成品，他们的进口比出口高很多——这符合生产国货物的组成特征。但是，当 3D 打印广泛应用于第 2 级产品的制造中时，中国的外贸制造活动将逐渐向消费国转移，这意味着中国不再需要那么多原材料来进行制造。这时候，第 4 级商品的进口主要是针对中国本土消费者的，其进口量取决于中国本地消费者的需求。在任何情况下，这些货物的变化对集装箱运输系统的影响都很小。

（二）生产网络货物流向的变化

对生产网络的货物流向评估可以基于国际集装箱班轮航线的变化来进行。传统的主要国际集装箱班轮航线一般包括三个主要部分，远东—美国西海岸，欧洲/地中海—美国东海岸，远东—欧洲/地中海。近年来，随着巴拿马运河的拓深和发展中国家的发展，远东—美国东海岸和远东—南美洲等新航线也相继开放。广州港是远东重要的港口。截至 2019 年 6 月，全球 20 大班轮公司都在该港口开展业务。它拥有 163 条集装箱航线，覆盖世界范围内的欧洲、美洲、非洲、亚洲等主要港口。同时，中远、中航等中国公司以广州港为母港，开通了到国内其他港口的沿海航线。广州已成为华南最大的配送中心和集散枢纽。因此，3D 打印对这一港口的阶段性影响必然会通过这些物流路线传播，进而影响整个世界。

根据表 4-3 和表 4-4，本港口的进出口货量大致相等。但深入分析，不同等级货类的比例是不一样的。因此，3D 打印对港口和集装物流的总体影响是不同的。将货物等级作为横轴，将该等级的进出口货量比例作为纵轴，画出图 4-1。如图 4-1 所示，无论是第 1 级还是第 2 级，其出口量都远远大于进口量。根据前述分析，第 1 级商品首先应用 3D 打印，然后是第 2 级，然后是第 3 级，而第 4 级受到的影响较小。这意味着，从第 1 级货物普及 3D 打印到第 2 级货物普及 3D 打印阶段，类似于运动鞋全球生产网络的演变将发生在更多的出口商品中。而随着 3D 打印的进一步发展和生产活动流出生产国，进出口货量的比例结构将被逆转，而总的吞吐量会不断萎缩。大部分下降的集装箱货量来自出口，而不是进口。集装箱运营商可根据这一趋势配置相关航线的容量。至于进口量的萎缩，它们更多是散货，通常是由散货船和油轮运输的，对集装箱的影响相对较低。

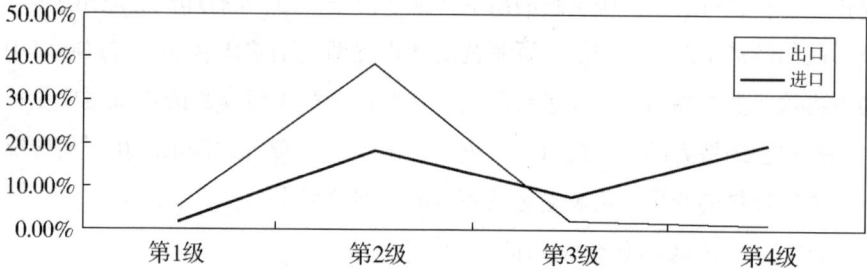

图4-1 广州港不同等级货物的进出口比例

对使用广州港进出口货物的国家进行分析，可能 3D 打印不一定会按照预想的发展趋势来影响集装箱货物的总吞吐——并非所有的国际集装箱业务都遵从"资源国—生产国—消费国"模式。本研究基于中国、美国和中东的运动鞋生产网络，但根据 Wohlers 报告，全世界工业级的 3D 打印系统估计有28.8%的份额在亚洲/太平洋地区。与此同时，欧洲占 27.9%，北美洲占38.7%，剩下的4.5%在拉丁美洲、中东和非洲地区。目前，3D 打印相关技术研究得最深入的是欧洲和美国，而他们一直希望实现 3D 打印的制造业回流，比如德国倡导的"工业 4.0"模式。尽管日本、韩国和中国也在向 3D打印领域投入更多研发资源，但总体进展不如前者。因此，最先颠覆的可能是中美和中欧之间的贸易关系。其他国家和地区会怎么变化呢？

表 4-5 和表 4-6 是根据广州海关 2016 年的统计数据整理得到的。如两个表所示，欧洲和北美是广州港货物出口的主要目的地。即使不包括香港特别行政区的转口贸易，其总份额仍在 30% 左右，其中北美是 15.62%，欧洲占 14.89%。这意味着在短期和中期内，3D 打印就将显著影响对这些地区的出口业务。但在这一阶段，中国的 3D 打印水平不会超过欧洲和美国，原产地为欧洲或美国的货物不会把打印活动转移到中国。成品的进口需求仍将存在，相关集装箱业务将保持一定水平。

　　3D打印技术从欧洲和美国向远东地区扩散，而且后者也可能通过后发优势超过前者。这时，全球集中式生产模式将被完全打破。超过70%的货物吞吐量，无论是出口还是进口，都可能如运动鞋生产网络那样演化。对于进口货物来说，广州最大的进口国是日本和韩国。但与资源国向中国进口初级产品不同，日本和韩国倾向于向中国出售高科技元件，如手机和电器的摄像头和液晶面板。中国组装厂将这些零件和其他零件组装成成品，然后出口。如果3D打印导致分布式生产，日韩国家可以直接将这些元件卖到欧洲和美国，并结合当地配送中心的打印作业，快速制造最终产品。但另一方面，近年来，中国产业界的技术进步已经实现了部分元件的本地生产，替代日韩进口品。不管如何，中日韩三国都在远东，如果西方和其他消费国没有很好的能力实现该类产品的当地3D打印，整个远东将维持其出口量不变。

表4-5　通过广州港进行货物贸易的国家和地区排名

排名	出口贸易较多的国家和地区	出口贸易额（10^4美元）	占总出口额比例	进口贸易较多的国家和地区	进口贸易额（10^4美元）	占总进口额比例
1	中国香港	1,457,077.42	18.536%	日本	930,794.97	18.215%
2	美国	1,144,102.53	14.555%	韩国	623,476.88	12.201%
3	日本	345,825.75	4.399%	美国	552,985.77	10.822%
4	印度	224,677.03	2.858%	南非	275,112.91	5.384%
5	马来西亚	221,200.65	2.814%	中国台湾	263,365.78	5.154%
6	英国	202,302.46	2.574%	德国	241,677.77	4.730%
7	墨西哥	191,302.65	2.434%	印度	147,073.76	2.878%
8	德国	186,400.08	2.371%	马来西亚	127,035.48	2.486%
9	越南	182,761.88	2.325%	泰国	124,773.63	2.442%

排名	出口贸易较多的国家和地区	出口贸易额（10^4美元）	占总出口额比例	进口贸易较多的国家和地区	进口贸易额（10^4美元）	占总进口额比例
10	韩国	152,973.66	1.946%	印度尼西亚	112,457.75	2.201%
11	阿联酋	141,567.17	1.801%	澳大利亚	101,841.09	1.993%
12	新加坡	137,449.04	1.749%	法国	100,433.60	1.965%
13	尼日利亚	135,350.01	1.722%	越南	96,774.91	1.894%
14	泰国	132,306.75	1.683%	荷兰	89,939.46	1.760%
15	印度尼西亚	130,854.57	1.665%	阿联酋	86,787.34	1.698%
16	中国台湾	126,597.45	1.611%	意大利	82,809.35	1.621%
17	沙特阿拉伯	125,249.90	1.593%	新加坡	75,027.86	1.468%
18	菲律宾	122,706.52	1.561%	巴西	62,952.66	1.232%
19	荷兰	118,423.16	1.507%	菲律宾	54,007.56	1.057%
20	澳大利亚	117,262.73	1.492%	中国香港	52,748.18	1.032%

表4-6　通过广州港进行货物贸易的地区排名

排名	出口贸易较多的大洲	出口贸易额（10^4美元）	占总出口额比例	进口贸易较多的大洲	进口贸易额（10^4美元）	占总进口额比例
1	亚太	3,269,799.47	41.60%	亚太	2620400.69	51.28%
2	北美	1,228,080.74	15.62%	欧洲	808,570.14	15.82%
3	欧洲	1,170,198.67	14.89%	北美	595,338.74	11.65%
4	非洲	844,983.87	10.75%	非洲	315,775.44	6.18%
5	中东	498,906.26	6.35%	中东	286,013.87	5.60%
6	拉丁美洲	440,747.19	5.61%	南亚	183,097.50	3.58%
7	南亚	367,005.38	4.67%	中东	150,693.53	2.95%
8	中东	40,979.59	0.52%	拉丁美洲	149,325.81	2.92%

即使在整个亚洲，也只有中国、印度、日本、韩国和新加坡在 3D 打印的研发方面取得了显著的成果。其他地区，包括东盟、中亚和中东大部分地区，仍然没有对此给予足够的重视。再加上与拉丁美洲和非洲的贸易额，在相当长的时期内广州港与发展中国家之间的集装箱业务还不会受到 3D 打印的影响，它仍将以传统模式为主。

不同于 3D 打印导致的去全球化与分布式生产，中国政府主推的"一带一路"倡议被认为是影响现有国际产业分工的另一个重要因素，但其方向相反——该倡议包括一系列促进国际贸易和全球化的措施，如资金支持、产业转移和基础设施建设。它受到东盟、中亚和非洲等地区的欢迎。广州港可以成为中国和这些国家加强联系的重要枢纽。当他们改善集装箱基础设施时，广州港口集装箱业务可能会进一步提高（Wang 等人，2017）。这意味着对发达国家集装箱业务的减少将被上述发展中国家的业务所替代。

三、3D 打印对生产网络相关产业的影响

全球生产网络的要求催生了国际集装箱多式联运系统，其应用推动了国际物流过程的标准化，减少了跨大陆运输的时间和风险，显著降低了全球商品流的成本，集装箱业务的繁荣推动了战后的全球化步伐。但随着消费者要求的提高，他们对商品的选择不仅基于价格因素，而且强调个性化和快速获取。与此同时，严峻的全球经济形势造成贸易保护主义，一些消费国政府出台了一系列鼓励制造业回流的措施，导致某些商品生产活动逐渐向供应链末端转移。全球制造活动正从集中化向离散化转变，这促进了 3D 打印和其他数字制造技术的快速发展。当前的全球化进程是否会被中断？现有的产业格局会崩溃吗？这会对集装箱物流系统产生严重的影响吗？这是本研究的出发点。

（一）3D 打印对集装箱物流业务的影响

在推演的第一步，本研究从 3D 打印运动鞋的案例开始，利用系统动力学建立跨国生产网络模型，研究了在三种可能的演化情景下生产与物流的不同特征。仿真结果表明，3D 打印的应用将严重冲击"资源国—生产国—消

费国"的全球产业分工。生产网络将在流向、流速和流量三个方面发生显著
变化。不管哪一种情况，国际运输总需求都将大大减少。对于生产网络的不
同节点，3D 打印对原油散装运输比半成品和最终产品的集装箱运输产生更
大的负面影响。其原因是集装箱的装运对象可以从运动鞋替代为打印线材，
其总运量仍能保持一定的水平。

　　然而，集装箱装运的可能不是最终成品，而是对应的打印线材。适箱货
物的上述替代行为有多少？这需要进一步研究，而其中一个重要的不确定性
是打印材料的回收产业。3D 打印产品和传统产品一样，当被废弃后，其中一
些可以正确地处理回收。这可以大大减少打印材料新的需求。在传统工艺流
程中，塑料废料的回收由专业公司负责，这需要合适的从业资格和大量的前
期投资。这要求塑料垃圾的回收规模达到一定标准，至少要超过公司的盈亏
平衡点。但 3D 打印让消费者自己成了合格的环保主义者。最初，大型 3D 打
印企业不愿意开发回收业务，因为它们要满足工业级线材的质量要求，还要
利用技术优势追求更多的超额利润。3D 打印材料的回收工艺更多由一些初
创公司开发（Treehugger. com）。然而，随着地球环境的恶化，被称为 Y 世代
的新消费者在消费思维上有了极大的改变，他们对环境友好型的产品更青睐
（Gurtner 和 Soyez，2016）。这些年轻消费者会选择更容易回收的 3D 打印产
品（Kreiger 等人，2014），这也将促进专业 3D 打印公司在工业层面上开发相
关的回收工艺。例如，3DSystems 公司设计了一种 3D 打印机，称为 EKOCY-
CLE Cube，它非常适合使用可回收的塑料线材（3Dsystems. com）。如果更多
的大型企业参与这项业务，产品的"生产—销售—使用—回收"循环过程将
更为分散，这种分布式生产的范围将进一步扩大。到那时，终端消费者可能
倾向于选择本地回收循环再利用的线材，而不是来自海外的新品，这将再次
减少国际集装箱需求。但消费者对环保打印产品的认识和意愿是一个未知变
量，需要继续收集相关数据，以进行更准确的预测。

　　（二）3D 打印对全球生产网络的影响

　　运动鞋由于应用 3D 打印而发生的生产网络演化会发生在其他商品中吗？
如何通过不同货类生产网络的变化来推断全球集装箱物流系统的完整演化过

程? 在第二步的推导中,本研究建立了基于广州港国际吞吐量和当前 3D 打印发展数据的综合指标体系。评估分析表明,根据 3D 打印目前的发展趋势,在短期内,只有约 7% 的货类将发生如运动鞋生产网络那样的改变。这不会对集装箱系统产生重大影响。然而,当 3D 打印电子产品的技术实现后,约60% 的货物将发生明显的变化,这意味着中国作为全球生产者的角色将被颠覆。

电子与电器产品 3D 打印批量生产将正式打破当前的全球产业格局。届时,会有更多的产品从集中式生产转变为分布式生产。然而,生产活动从亚洲地区回流到欧美地区,这种可能不会立即发生。3D 打印会降低生产国劳动力的成本比较优势,但却会提高资源国出口原材料的重要性。现在一些资源国正致力于 3D 打印研发,以实现必要的技术突破,因此部分生产活动也可能转移到这些地区。在本研究中,原油是主要的原材料。但事实上,初级资源如矿产和农产品也都是国际原材料的主要成分。如果所有的国家都深度利用自身的自然资源优势,加强 3D 打印材料的贸易,即便初级资源散货的远洋运量减少,集装箱业务仍可维持一定水平。这时,其装运对象将从成品替代为 3D 打印材料,但其流向、流速和流量都会显著变化。

对于不同的国家,3D 打印有不同的影响,生产国受到的冲击最显著。如果缺乏本地消费者需求的支持,生产活动的外流将大大减少其集装箱业务。与此同时,制造活动的流入会使消费国的集装箱运量保持一定增长。但这对资源国的影响是双重的。其原油出口将下降,但其集装箱业务可能会增长。当资源国的出口货物从原油变为打印线材时,相关的集装箱需求将受到极大刺激。另一方面,当一个国家具有资源国和消费国两个角色时,自给自足的生产网络会把生产和销售活动都留在其国内,相关的多式联运需求明显减少。在一国境内,物流服务商会更多选择使用普通货车的纯陆运,而集装箱更适合跨国多式联运。这都会减少集装箱的利用率。

上述讨论假定资源国家有能力掌握关键的 3D 打印技术,以实现成品的自给自足。但对广州港的分析表明,3D 打印的作用不是直接而全面的。它对不同等级、不同国家的国际货物流动有不同的影响。就原油而言,美国同时扮演资源国和消费国的角色。因此，第 1 级和第 2 级的生产活动将逐渐回流到这个国家。大部分欧洲国家不是原油的资源国，虽然一些欧洲国家在 3D 打印的前沿研究方面处于领先地位，但它在欧洲的大规模应用受到打印材料资源的制约。即使考虑到再生材料的使用，欧洲也难以做到打印线材的自给自足——它和资源国之间的集装箱业务仍然需要保持一定的水平，以满足本国消费者的需求。对于传统的产油区，如中东、非洲和南美洲，虽然阿联酋中的迪拜雄心勃勃地要成为一个 3D 打印区域枢纽，但其余国家对这项技术还不太感兴趣。此外，许多资源出口国属于人口众多但人均收入低的类型。虽然这些地方可能存在 3D 打印需求，但打印成品相对较高的价格将使这些国家的消费者暂时不考虑让它们进入自己的主流生活。这使得他们趋于保持传统的产业模式。另一方面，当生产国面临 3D 打印导致的去全球化风潮和贸易保护主义时，它可能提出更多的有效措施来积极应对，以保持全球化的一贯进程——如中国提出的"一带一路"倡议。此外，生产国有很多机会接触到先进的生产模式和技术，它可以更容易掌握相关技术为自己使用，如中国近几年的创新鼓励政策孵化了许多 3D 打印研究团队。换言之，当 3D 打印的规模应用实现后，中国未来的集装箱业务将明显减少，然后是欧洲。但其他地区的货运量可能保持不变甚至上升，以弥补前者的份额。技术发展和贸易合作将在这个集装箱物流系统中共同进行，越来越多的动态变化将不断发生。

第二节　基于 3D 打印的智能制造革命重构全球价值链

当前，以 3D 打印、机器人、大数据、云计算、区块链、人工智能等新一代智能制造技术广泛应用为特征的产业革命对全球价值链结构、全球产业竞争格局产生深刻影响，进而引起各国参与国际分工战略的调整。目前，我国已全面参与国际产业分工体系，许多产业深度嵌入国际价值链。随着新一轮工业革命带来全球价值链的重构，我国必须相应调整参与国际产业分工的战略，加快推进国际价值链地位升级，获取更多的国际分工利益。

一、智能制造产业革命催生全球产业格局新变化

（一）智能制造产业革命引发全球价值链重构

智能制造产业革命以制造业的数字化、智能化、网络化为中心。这是整个工业体系转型的过程，内涵丰富，其中一些已经取得突破，但仍处于发展过程中。它对全球价值链的影响从根本上源于技术创新，包括 3D 打印、区块链、云计算、大数据、人工智能和物联网等新一代技术。制造业领域的技术创新导致商品制造模式和生产组织流程的变化，并且通过促进全球价值链的分解、整合和创新，重构了全球价值链的要素组成，进而导致全球价值链中各个环节的附加值发生变化（包国光和赵默典，2016）。

1. 促进制造业生产方式的转变

首先，生产过程是智能运转的。通过使用信息处理技术、控制技术、大数据分析等，生产系统可以进行自我检查，不仅可以对制造系统进行自我测试，而且可以在制造过程中识别出有缺陷的产品，从而实现更大程度的人力资源替代。其次，整合分散的制造系统。在整个产品生产过程中，每个生产机器都作为系统的模块，每个模块与原料输入系统和产品输出系统形成一个集成系统。同时，在企业生产层面上，制造系统还实现了系统控制并集成了完整的生产网络。最后，制造能力与系统的生命周期是同步变化的。随着产品需求的高度动态变化，产品生命周期变得越来越短。传统的生产系统固定成本高，生产规模缺乏灵活性，因此失去了成本优势。新的制造系统具有更大的灵活性，可以根据需求的变化及时调整生产，并在整个生命周期内完成产品的生产，从而实现范围经济和规模经济。

2. 引发系统技术变革

基础技术进步将从根本上改变原始技术各个组成部分之间的关系。智能制造业革命的基础技术进一步以信息技术创新为中心。云计算、大数据、人工智能、物联网等共同组成了一个新技术群，并以 3D 打印和自动化机器人为实体制造技术促进新兴产业、新业态和新经济的到来。随着新一轮工业革命的深入推进，增量性技术进步已成为主导，在技术推广的过程中，原有行业固有的消费观念、产品观念、商业模式和组织结构将发生变化。根据世界经济论坛的预测，未来十年的技术创新可能会产生 3D 打印消费品、无人驾驶汽车、植入式手机、万亿传感器等。这些技术创新基于最初的技术群发展，并共同推动智能制造业革命性的系统技术变革。

3. 促进产业组织的深刻变革

首先，公司组织趋向扁平化和平台化。企业运营的外部环境和技术范式共同决定企业组织的形式。随着互联网技术在制造领域的应用，个性化和定制化消费已成为主流。这就要求相关企业准确高效地获取用户需求信息，积极搭建开放平台，内部管理结构趋于扁平化，从而提高了信息传递效率。

其次，企业规模呈两极分化。3D 打印技术将实现大规模用户定制模式，这会使去中心化和协作式生产方法成为主流。企业在生产网络中追求范围经济，并且中小企业将大量涌现。大型企业在技术创新和品牌建设等领域仍具有明显优势。特别是，大型平台企业为中小企业的发展提供了支持，不同规模企业之间的关系将从竞争合作转变为网络化协同发展。

最后，产业整合得到进一步加强。产品价值的实现不仅取决于单个生产环节，而且取决于价值链合并后的产业价值链部分。互联网技术有效地提高了价值链上游和下游的信息传输效率，促进了产业链的纵向整合。制造企业继续以产品制造为中心，把业务扩展到服务端，与此同时，服务公司继续促进自身产品的标准化。服务行业和制造业公司之间的边界越来越模糊，基于3D 打印的服务型制造模式将大行其道。

（二）智能制造产业革命重塑全球生产网络

结合前文的大量案例分析，智能制造业革命带来了技术体系、生产方法和产业组织的变化，从而导致了国际劳动价值链分工的重构。价值链的重构导致价值链中每个环节的附加值发生变化。前文我们所说的"微笑曲线"演化到"浅笑曲线"或"苦笑曲线"就是典型的例子。面对价值链的重组，各国政府和公司正在重新制定产业和公司发展战略，并在追求更大价值链附加值的基础上调整分工，这必然塑造出新的全球生产网络。具体特征如下。

1. 发达国家的"再工业化"战略导致制造业的回归

面对新一轮工业革命的冲击，发达国家通过"再工业化"战略努力重新引进已经转移到国外的制造企业。这些国家的一些跨国公司通过梳理全球价值链，放弃过去的制造业外包战略，将生产线转移回本国。而智能制造模式进一步增强了机器替代劳动力的效果，劳动力成本在企业生产成本中所占的比例已大大下降，3D 打印就是这种典型模型。例如，早在 2015 年，通用电气就投资 2 亿美元在印度建立了 3D 打印通用工厂，最近又投资 4000 万美元在美国匹兹堡建立了 3D 打印技术研发中心，但似乎这些都远远不能满足这家跨国公司的胃口。2018 年，他们开始在南加州的工业园区内建立另一个 3D 打印工厂。这座新工厂是通用电气的第一个先进制造工厂，占地面积 11600 平方米，将配备许多先进技术，包括 3D 打印、机器人技术、自动化生产线和相关管理软件，以执行其主要功能——为能源行业开发新型的高科技制造和原型解决方案。在这种情况下，如果新兴经济体和发展中国家不能及时采取措施应对新的工业革命的影响，它们将被进一步锁定在"中心—外围"的国际分工格局边缘位置。

2. 产业生态系统之间的竞争已成为国际竞争范式的主流

在信息技术飞速发展和普及的背景下，由跨国公司和大量中小企业组成的产业生态系统已成为产业竞争的新特征。一方面，跨国公司仍然主导着产业创新，早期的基础创新需要大量的资本投资以产生持续效果。通过在世界各国建立研发机构和研发平台，可以实现研发、制造和销售的协调发展，从而优化全球创新资源的配置。另一方面，中小企业在工业创新中正变得越来越重要。"大型企业设置平台＋海量中小企业集聚前端"已成为重要的创新平台模式。中小企业逐渐具备增量创新的能力，以促进新技术的商业化，从而发展和壮大整个新兴产业。为了进一步发展，企业必须突破自身的业务边界，共同构建具有协同竞争优势的企业生态系统。例如，"苹果应用商店＋应用开发者""京东自营＋个人入驻开店"的创新模式，都是大小结合的经典案例——它们把跨国公司的规模优势与中小企业对消费者多样化需求的洞察能力相结合，并促进了移动应用和电子商务市场的快速发展。

二、全球价值链重构下我国参与国际分工面临的挑战

面对新一轮的工业革命、全球价值链的重构以及国际竞争格局的变化，中国参与国际工业竞争面临许多挑战。

（一）缺乏核心和关键技术限制了我国在大多数产业的全球价值链中进行升级

中国制造业的规模一直很大，但总体实力不强，缺乏国际竞争力。在基础材料、元零件、基础产业技术、基础工艺等方面，我国严重依赖进口。在新兴产业领域，相当比例的国内公司仍专注于提高生产能力以快速获得市场回报，缺乏自主关键新技术的研发，从而面临陷入"技术引进陷阱"的风险。根据第二章的表 2-4，即使我国在 3D 打印、区块链、人工智能、大数据、云计算等先进技术上的成果与欧美传统发达国家不相伯仲，但由于相当多技术的研发迟于外国，被对方抢占了专利优势地位，我们要在短期内扭转此劣势，并不容易。

（二）"双重挤压"的国际竞争格局大大缩小了我国参与全球工业分工的空间

根据先前的分析，3D 打印的本质是另一种自动化制造技术。它的应用将大大削弱中国的劳动力成本优势。此外，中国的劳动力成本也在逐年上升，加上发达国家先进制造技术推广的影响，中国通过加工贸易参与全球价值链划分的空间进一步压缩。一方面，跨国公司秉承降低生产成本、优化资源配置的原则，将一些劳动密集型的生产工艺转移到劳动力成本较低的东南亚国家，从而加剧了这些国家相关企业与中国低利润企业之间的竞争。另一方面，智能制造技术的推广降低了发达国家的制造成本，发达国家通过实施"再工业化"战略，吸引跨国公司逐渐将制造业转移回它们国内。这都为中国制造业进入中高端创造了巨大的竞争压力。

（三）国际贸易规则的变革增加了我国攀升价值链高端的难度。

新一轮的产业革命丰富了国际贸易的内容，各个经济体为了重建国际贸

易规则展开了激烈的博弈。再加上美国总统特朗普在2016年上任后提出的一系列与中国"脱钩"的贸易保护措施，证明传统发达国家正在试图重新建立一套比发展中国家实际水平要高得多的贸易和投资规则，以继续控制未来的全球价值链，强化规则制定的主导地位和话语权。同时，发达国家将建立新的规则，如环境和劳工，作为贸易谈判的重点，并试图改变未来的生产标准。由于我国经济发展阶段与发达国家之间存在巨大差异，难度更高的标准、影响更广泛的规则，都将增加我国企业的生产成本和相关义务，并大大压缩我国在全球价值链中奋斗的时间和空间。

（四）缺乏跨国领军企业会导致我国治理全球价值链的效果力不从心

从上面的分析中，我们可以看到跨国公司在治理全球价值链中发挥着重要作用。尽管中国的跨国公司近年来发展迅速，但与发达国家的差距仍然很大。2016年，有110家中国公司被列入"全球500强"，但它们主要集中在钢铁和煤炭等传统行业。名单上的美国公司主要集中在新兴行业，如信息技术和生物制药。同时，中国上市公司的平均利润为32亿美元，远低于51亿美元。此外，参与国际竞争的中国公司和产品大多缺乏国际知名品牌，它们的声音显然不足以制定行业规则和标准。相对表现亮眼的华为、中兴、大疆、海康威视等企业又遭受相关发达国家的严厉制裁。在这种情况下，发达国家的跨国公司将根据自己的利益和偏好制定行业标准，并创造一种对它们有利的国际分工模式。在新形势下，这对我国攀升全球价值链的高端构成了巨大挑战。

三、全球价值链重构下我国参与国际分工面临的机遇

智能制造革命正在推动全球价值链的重组。从全球产业分工的价值链曲线结构来看，将使"微笑曲线"型分工格局向"标准制定——智能制造——公众平台"的"浅笑曲线"分工格局转变，由此引致全球产业竞争格局深刻变化。全球价值链的重组和国际竞争格局的变化为中国参与国际产业的分工和竞争提供了机会。在本章第一节，我们预测3D打印将会对我国相关制造业产生显著影响，但我们中国有足够的实力提出有效应对措施（杜传忠和杜

新建，2017）。具体如下。

（一）我国的制造业具有坚实的基础和广阔的发展空间

中国拥有比较完整的制造业体系，并且在装备制造业、电信设备业等重型制造领域已具有较强的竞争力。2018 年，中国的制造业增加值占世界总产值的比重超过 28%，成为推动全球工业增长的重要引擎。在世界 500 多种主要工业产品中，中国的 220 多种工业产品的产量居世界首位。先进的制造技术与庞大的制造系统整合将形成新时代中国全球价值链竞争的独特优势。通过把握工业革命技术的发展方向，我们将集中精力扩大新兴产业的规模，改善新兴产业链。

（二）我国制造业将从生产性服务业的快速增长中受益

在新一代信息技术的作用下，服务业将逐渐成为新一轮国际产业转移和要素重组的核心。中国服务贸易的平均增长率高于世界。2018 年，服务贸易进出口额为 5.24 万亿元，同比增长 11.5%。服务贸易在外贸中的比重从 2012 年的 11.1% 增加到 2018 年的 14.7%。随着高标准自由贸易区的建设，中国服务业准入壁垒将继续降低，服务贸易自由化水平将继续增长，生产性服务的发展将进入快速增长的新时期。

（三）中国制造业攀登价值链高端的唯一途径是面向服务的制造业

由于新一轮工业革命对全球生产网络造成了重大影响，中国相继推出了《中国制造 2025》和"互联网 +"等战略，为服务型制造的发展提供了强大的技术支撑和巨大的发展空间。2016 年 7 月，工业和信息化部、国家发展改革委、中国工程院曾联合制定发布《发展服务型制造专项行动指南》。该政策文件作为实施《中国制造 2025》的 11 项配套指南之一，在促进各个地区和部门的服务型制造业发展中起到了重要的指导作用。企业的业务实现了从加工组装到"制造 + 服务"的加速转变。《发展服务型制造专项行动指南》的颁布将进一步促进中国服务型制造业的发展，增加服务要素在企业投入和产出中的比重，增强企业吸收和再造新技术和设备的能力，并进一步提高中国服务业的发展水平。中国参与全球价值链的竞争优势将既有的成本优势转变为新的综合竞争优势。

第三节 从供给侧改革角度分析 3D 打印技术革命

一、供给侧改革回顾

习近平总书记在 2015 年 11 月 10 日中共中央财经领导小组的第十一次会议中首次提出："在适度扩大总需求的同时，着力加强供给侧结构性改革，着力提高供给体系质量和效率，增强经济持续增长动力。"① 2015 年 10 月 26—29 日在北京召开的中共第十八届中央委员会第五次全体会议通过了《中共中央关于制定国民经济和社会发展第十三个五年规划的建议》，该建议提出："优化劳动力、资本、土地、技术、管理等要素配置，激发创新创业活力，推动大众创业、万众创新，释放新需求，创造新供给，推动新技术、新产业、新业态蓬勃发展，加快实现动力转换。"② 李克强总理在 2016 年全国两会期间的政府工作报告提出："在适度扩大总需求的同时，突出抓好供给侧结构性改革，既做减法，又做加法，减少无效和低端供给，扩大有效和中高端供给，增加公共产品和公共服务供给，使供给和需求协同促进经济发展，提高全要素生产率，不断解放和发展社会生产力。"③ 供给侧结构性改革成为我国经济新常态下改革发展的重要内容。

供给侧结构性改革的目标就是为了更好地发挥市场配置资源的决定性作用，发挥政府促进经济增长的关键作用，通过改革和创新，合理配置要素资源，扩大有效供给，优化供给侧结构并提升其对需求变化的灵活性和适应性，从而提高社会全要素生产率和长期潜在经济增长率，推动经济结构调整

---

① 习近平主持召开中央财经领导小组第十一次会议 [EB/OL]. 新华网, 2015 – 11 – 10.
② 中共中央关于制定国民经济和社会发展第十三个五年规划的建议 [EB/OL]. 中国政府网, 2015 – 11 – 03.
③ 政府工作报告——2016 年 3 月 5 日在第十二届全国人民代表大会第四次会议上 [EB/OL]. 中国政府网, 2016 – 03 – 17.

和产业结构调整，保证长期可持续的经济增长。

二、3D 打印对推进供给侧改革重要性的理论分析

（一）凯恩斯主义宏观经济学的视角

从经济理论的发展角度来看，凯恩斯主义宏观经济学是建立在有效需求理论核心上的经济体系，强调政府在宏观经济学运作中的作用，主张增加有效需求和扩大政府支出以实现经济增长的目标。在 1930 年代大萧条之后，凯恩斯主义被西方政府所采用，并取得了一定的成果。但是到了 1970 年代，当石油危机导致西方国家进入滞胀阶段时，高通货膨胀和高失业率并存，凯恩斯主义的政策主张很难取得成果。在 1980 年代，以 Mankiw、Stiglitz、Phelps等为代表的经济学家全面吸收了制造企业的微观经济学理论和理性预期假设等，并建立了基于新凯恩斯主义的宏观经济学。从以上经济学理论的演变可以看出，经济学家对经济均衡状态的研究已经从单方面侧重需求或供给转向对总供给和总需求的全面研究。

在供给侧结构性改革政策出台之前，中国宏观经济政策所采取的财政和货币政策更多地侧重于需求侧管理，通过刺激投资、消费和出口这三驾马车来推动需求扩展和经济增长。供给侧结构性改革的建议，使我国宏观调控的理论和手段更加全面、更加多样化，也更加关注供需双方的综合管理。在适度扩大总需求的同时，着重于加强供应方的结构性改革，着重于改善供给体系的质量和效率，以增加可持续经济增长的势头。

技术进步对总供给曲线的影响非常明显：长期而言，技术进步可以增加产出并使长期总供给曲线向增加方向移动；短期而言，技术进步可以降低成本和价格，价格下降，就会使短期总供应曲线向减少方向移动，从而达到新的均衡点。供给侧改革需要新的供应，而新的供应必然需要创新驱动的新技术。3D 打印就是这样的技术创新，它将有效地促进生产力的进步，并为供给方的结构改革提供新的动力和来源。

（二）供给学派的视角

与凯恩斯主义强调有效需求不同，供给学派更加注重供应方，着重调节

生产力。供给学派直接吸收了古典经济学的基本经济学思想，即强调供给、生产、刺激储蓄和投资以及提高生产率。主要的政策主张是：减少个人所得税和公司所得税，减少联邦支出和预算赤字，放松和取消政府企业的一些限制性规则和规定，控制货币信贷和实现稳定的货币供应。一般而言，供应学派在经济理论上相对较弱，属于强调经济政策的学派。

供给侧结构性改革与供给学派类似，因为它强调供应方。区别在于，供给侧的结构改革比供给学派的理论更全面，强调了供应方和需求方的整合，并且在政策主张方面更加系统化，更加注重全要素生产率和潜在增长率的提高，促进经济的可持续持久增长。作为新技术的主要代表之一，3D 打印将有效地提高生产率，改善商品和服务供应，并从供给端实现经济增长。

（三）经济增长理论的视角

经济增长理论认为，技术进步在促进经济增长中起着重要作用。由于技术的进步，劳动生产率和包括其他因素在内的全要素生产率都将提高，相同的生产要素投入将提供更多的产品。

在新古典经济增长模型中，索洛认为技术是外生变量。他认为，当外源技术以固定速度增长时，经济增长将处于均衡的增长道路上。当外源技术取得零进步时，经济增长将趋于停滞，投资只能补偿固定资产的贬值和装备新工人。3D 打印技术在实际生产中的有效应用将在工业制造、医疗、军工、航空航天、教育和培训等领域发挥重要作用，以增加自身的技术要素并提供更多有差异化和个性化的定制产品，促进全要素生产率增长。这已成为经济增长的重要技术力量之一。

（四）熊彼特创新理论的视角

熊彼特经济学以创新理论为核心来分析经济发展和经济周期。熊彼特的创新理论将创新分为五种形式：产品创新、技术创新、市场创新、资源分配创新和组织创新，通过取得这些创新成果来促进社会发展。3D 打印首先是一种技术创新。在技术创新的情况下，它将带动新产品的生产，新市场的形成，社会资源的重新配置，新组织形式的创建以及社会总供给结构的整体优化。例如，通过 3D 打印技术，可以在医疗领域提供定制的医疗设备和医疗解决方案，以减轻患者的痛苦并提高治愈率；在制造领域，可以缩短制造时间，降低制造成本，提高制造质量；在创意领域，可以提供个性化、定制化的创意服务。

（五）产业经济学的视角

产业经济学主要研究行业间关系结构的发展，内部组织结构的发展及其相互作用规律。从产业经济学的角度来看，3D 打印将催生新的产业组织，增强市场竞争程度，将带动大量新兴产业出现，促进社会产业升级，并塑造巨大的产业集群。同时，基于不断发展的互联网、物联网、人工智能技术，相关数据与大数据和云计算平台融合，人们可以更轻松地借此进行 3D 打印设计，把创造力、创业和融资与之结合起来（Liu 等，2017）。提交 3D 打印设计文件后，3D 打印成品将通过物流迅速交付给用户，或者由用户直接在本地 3D 打印服务平台上打印。随着 3D 打印技术的进一步发展，3D 打印产业集团将扩展到更多的传统产业，形成新的产业组织和产业形式，形成新的工业供应品，并促进产业升级。

（六）人力资本理论的视角

加强 3D 打印技术的培训，将会推动社会人力资本质量的提升，诞生新的人口红利，为供给侧改革提供充足的人力资本供给。我国是制造业大国，改革开放以来，我国长期保持"人口红利"的特点，每年供给劳动力总量约为 1000 万，较高的劳动人口比例保证了我国经济增长中的劳动力需求。但是，2012 年我国 15 ~ 59 岁劳动年龄人口比上年减少了 345 万人，在相当长的时期里第一次出现了该年龄段劳动人口绝对值的下降，这表明我国"人口红利"在逐渐减弱。与此同时，随着经济发展，我国劳动力成本不断上升，熟练劳动力供给不足，劳动者技术水平不高都成为制约经济发展的劳动力因素。3D 打印技术一方面将会提升社会生产力水平，规模化使用 3D 打印将会解决劳动力不足的问题；另一方面，有进取心的简单劳动者，通过自己的努力，可以成为 3D 打印某一环节的熟练技工，不断提升自身的人力资本质量，从而产生新的人口红利，为供给侧改革提供有效的人力资本供给。

舒尔茨是 1979 年诺贝尔经济学奖的获得者，被称为"人力资本理论之父"。他提出，人的知识、能力、健康、技能等人力资本的增加对经济增长更显著，人力资本远比土地等物质资本重要。

加强 3D 打印技术的培训将促进社会人力资本质量的提高，产生新的人口红利，并为供给侧改革提供充足的人力资本供给。中国是制造业大国，改革开放以来，中国长期保持"人口红利"的特征。每年的劳动力总供应量约为 1000 万。高劳动人口比率保证了中国经济增长中的劳动力需求。但是，2012 年中国 15～59 岁的工作年龄人口比上年减少了 345 万，并且在相当长的一段时间内，该年龄段的工作年龄人口绝对数量首次出现下降。这表明，中国的"人口红利"优势在逐年降低。在经济发展的同时，中国的劳动力成本不断上升，熟练劳动力的供应不足，劳动者的技术水平不高。3D 打印技术一方面将提高社会生产力水平——其大规模使用将解决劳动力短缺的问题；另一方面，勤奋学习的初级技能工人可以通过自己的努力成为3D 打印制造流程的熟练技师之一。技术熟练的技术人员则不断提高其人力资本质量，从而产生新的人口红利，并为供给侧改革提供合格的人力资本供应。

三、供给侧改革的核心之一是科技创新

（一）技术要素是供给侧改革的有力驱动力

在当前供给侧改革所涉及的劳动力、资本、土地、技术、管理和其他要素的分配中，劳动力和土地资源的变化相对稳定，资本无法大规模增长。因此，作为主要生产力，科学技术和管理体系在供给侧改革中的重要性变得越来越重要。为了提高经济增长的质量和效率，提高全要素生产率和潜在增长率，技术进步和创新是重中之重。

作为全球技术进步和创新的热点之一，3D 打印技术本身是供给侧改革的重要组成部分。大力发展 3D 打印技术和行业将有效提高我国制造业的技术要素水平，并有效推进供给侧改革进程（刘江涛等，2016）。造成这种情况的原因有三个：

（1）在应用 3D 打印的产业模式中，研发和设计环节已演变为消费者深度参与的标准设置。在智能制造业革命的背景下，大规模定制要求公司的研发创新转变为"消费者社群创新"和"开放式协作创新"，从而降低了研究所需的技术门槛，减少了进行开发的相关成本投资。这样一来，企业在研发环节中可以获得的附加值就不如传统模式高。但是，通过制定行业标准和专利保护，企业在该环节的附加值将保持在较高水平。比如，3D 数码文件通过按次按时来付费打印，就是一个典型例子。

（2）在应用 3D 打印的产业模式中，生产环节中的制造商转变为智能制造商。随着智能制造模式的普及和互联网技术的广泛应用，商品制造将从过去的简单组装转变为知识密集和技术密集的智能生产过程。生产环节将有更高的主导权，从而在价值链分工中获得更高的附加值。这也是我们在前文所说，价值链形状从"微笑曲线"变成"浅笑曲线"的例子。

（3）在 3D 打印应用的产业模式中，销售环节将演变成公众平台。公众平台依靠互联网技术等构建"大型企业设置平台 + 海量中小企业集聚前端"的协作体系，集成销售及售后服务等，智能化、精准化地为消费者提供产品。公众平台存在规模经济和网络外部性，从而使该环节企业能获得较高的利润。

（二）3D 打印尚未达到颠覆性创新的要求

研发、生产、销售，这是价值链的三个重要组成部分。随着 3D 打印技术的进一步发展，相关产业模式的进一步推广，技术革命的发展要求供给侧改革与全球价值链的同步演化。但 3D 打印在 2012 年刚受到世界瞩目时，它是被冠以"颠覆性创新"的名号站上智能制造技术之首，受到资本多轮疯狂追捧与炒作的（苏秦和杨阳，2016）。七八年过去了，3D 打印是否能不负当初的众望，最终颠覆当前的全球价值链和世界产业格局呢？

我们先回顾一下什么是颠覆性创新。颠覆性创新理论是由 Christensen（1997）提出，经过 Lettice 和 Thomond（2008）的验证成型的理论。需要满足以下四个特点，一项创新才能被公众接受为一种主要的产业模式，包括非竞争性、从低端市场切入、简单上手和客户价值导向。我们根据这四个特点，对比 3D 打印当前的进展，得到表 4 - 7。

表4-7 3D打印与颠覆性创新要求的对比

特点描述	具体要求	3D打印目前的表现
非竞争性	颠覆性创新不会与主流市场的现有竞争对手抗争。一开始它满足了市场上非消费者生存和发展的需要。在发展到一定程度时,新产品的改进将吸引市场的消费者。它不会侵犯现有的市场,而是把客户引入一个新的市场	3D打印在工业层面结合传统的规模化制造,已成为小批量生产的合理选择。在个人层面上,它已经成为个体制作者开发环保设计的一种创造性工具
从低端市场切入	颠覆性创新在起步阶段主要集中在低端市场。这使得它在主流市场上被竞争对手所忽视。有颠覆性创新的新进入者能够避免现有高端市场的激烈竞争并成长起来	3D打印在航空航天、医疗等高端产业有着广泛的应用。在机械、珠宝、建筑、服装、玩具等低端产业,其应用比例并不高
简单上手	颠覆性创新的简单性将吸引更多用户,并降低产品成本。更多的人能够负担得起,这为这一创新的发展提供了良好的市场条件,没有过早夭折。同时,简单性很容易让现有的竞争对手不屑一顾。此外,如果其操作过于复杂,这种创新不会在市场上迅速传播	3D打印可以节省生产周期,但其打印速度相对较慢。对于非专业人士来说,数字模型的构建是相当困难的,打印质量有时无法与传统产品相比
客户价值导向	颠覆性创新有助于客户更好地工作,这意味着客户可以更容易地创造价值。因此,颠覆性创新必须以顾客价值为导向,没有这个,它将失去它的价值	3D打印可以节省制造小批量定制产品的时间和成本。但定制产品的类型是有限的,与其他数字技术相比,用户的生产和生活方式没有明显的变化

根据前文提供的大量案例,目前的3D打印还没有完全满足上述特点。事实上,即使这项技术已经诞生多年并保持了良好的增长,它仍然在世界工业产出中占有很小的比重。它的大规模应用很少,人们只是把它作为小批量定制的技术选择之一。现有的技术更容易制造一些小尺寸的产品,只生产一种单一的材料,内部的互动结构没那么复杂,如动力、电力部件等。但在当今的电子和数字时代,除了定制的要求外,消费者也希望获得更好的产品体验。例如,如果有人用3D打印制作手机,他或她可能只能很快得到一个外壳模型。许多复杂的电子元件需要组装好才能正常使用。要打印一个大冰

箱，需要增加一些额外的过程，然后把小尺寸的零件组装成大尺寸的产品，否则不能正常使用。而且，冰箱制冷剂也不能打印出来。这不完全符合普通大众的殷切期望。其他数字技术，如音乐、视频和摄影，已经深刻地改变了我们听歌曲、看电影和拍照的方式。但3D打印并没有成为人们日常生活的一部分。"所见即所得"的幻想至今还没有实现，以至于现有的产业格局没有被颠覆。它的成熟应该突破应用、材料和设计的束缚。

（三）基于 3D 打印的颠覆性创新需要通过供给侧改革实现

如何充分发挥3D打印的潜力？3D打印能否成为全球化的关键因素？当一个未知的新竞争对手掌握了更容易为消费者接受的新产品和技术时，市场就会毫不犹豫地接受，曾经长期垄断该行业的公司可能会被一举击败。不断进行创造性破坏的优胜劣汰过程体现了市场经济的无情风格。因此，政府要做的不是防止创新破坏的发生，而是要促进企业提高创新能力，并在生死攸关的洗礼中赋予他们新的生命。供给侧结构性改革的核心是通过技术创新提高全要素生产率。因此，促进供给侧结构性改革最终必须落在创新驱动的发展和创新经济的培育上。

世界各国的经验证明，一个国家只有拥有大量具有自主知识产权和自主品牌的创新企业，并带动更多的企业走上创新之路，才能真正进入创新发展国家行列。但是，我国企业目前存在创新能力不足的问题，必须大力解决。一方面，中国的国有企业在国民经济的关键领域处于主导地位。因此，我们应该促进国有企业的结构调整，通过对不同类型的国企进行创新发展、重组合并、清理撤出等措施，使国有企业成为创新的先驱。另一方面，中小企业、特别是拥有核心技术的科技型企业，是科技创新的重要力量，是最具创新性和生命力的企业。许多国家的实践表明，中小企业发明新技术和产品的效率比大型企业要高得多。根据国家统计局的数据，我国中小企业创造了60%以上的GDP，完成了70%以上的发明专利，并提供了80%以上的城市就业机会。因此，构建一个集融资、众包、众筹的众创平台，设立一个产学研金服用等多方参与的创新机制，是3D打印与创新创业互为促进的一条可行路径。

在经济全球化和信息技术飞速发展的时代，新产品和技术的生命周期不断缩短，市场所需的创新频率不断加快，新产品开发和应用所需的投资也在增加。仅仅依靠一个企业单打独斗，比不上团队作战有效。传统的垂直经营模式——即产业链中的所有环节，包括产品设计开发、生产和分销，都是由一个企业完成，这越来越难以为继了。这就要求企业从自主创新转变为多主体共生创新，创造良好的产业生态和创新产业集群，吸引利益相关者深度参与。一些国家也意识到这一点，并采取了相关措施促进共生创新。2013 年 6 月，韩国推出的《创造型经济落实计划——营造创造型经济生态系统的方案》，就是鼓励大企业和中小企业共同开发有利于协同发展的成果，并通过利益共享来促进合作成果的公平分配机制。前文提及的 3D 打印专业企业 Shapeway 公司，设立卡通人物共同设计平台，免费吸引注册用户提供以原人物为基础的衍生品 3D 数码文件，再收费提供高质量打印服务，也是利用了共生创新理念，充分发挥消费者主动创新性的例子。

这种共生创新的概念值得学习。用共生创新的概念促进创新产业的发展涉及项目和政策各方面的变化。在支持项目中，我们必须从支持单个技术研发转变为支持解决方案。资助资金包括研究和开发基金以及对申请单位为使用新技术和产品而支付的费用的补贴。在支持战略上，必须从"抓大放小"转变为"抓大带小"，并规定一定比例的中小企业扶持资金。在支持对象上，我们必须从支持单个企业转变为支持产业联盟。支持行业联盟不能是"政府搭台，企业唱戏"，而应该是"企业搭台，政府配戏"，以扶持资金为指导，协助联盟建立和维持公平公开公正的运作机制，从而使成员从表面的"手牵手"变成内在的"心连心"，真正实现共创共享的双赢局面。

要结合 3D 打印技术发展创新型经济，我们还必须基于该技术在我国特定地区的底蕴和基础规划一个创新型地带。如华东、西北相关高校在飞机零件的 3D 打印技术研发上有基础成果，其周边的配套产业就会相对集聚与成熟。华南高校的创客课程开展的效果更好，其周边的消费型 3D 打印设计人才就会更多。忽视这些基础，而在一个空白地区强行推进 3D 打印创新产业的话，可能会盲目模仿高科技产业在其他地区创造的"增长奇迹"，不仅会降低成功的可能性，而且会永远地处于市场追随地位。2013 年，欧盟在《欧盟2020》战略中写入了"智能专业化"的愿景目标，正是为了将有限的政府资金投入具有特定优势的区域活动中，从而基于区域特色产业结构和知识基础创建一个创新区域。"智慧专业化"的概念要求将研究和创新以新颖的方式与经济发展联系起来（如发现创业过程，与政策制定者和地方创新者紧密合作以确定优先领域等）。与此同时，密切关注外部形势，以便该地区厘清外部知识资源和价值链的联系后，预测本地资本和能力所能带来的好处。因此，我国相关政府部门在制定区域创新发展战略时，应摒弃传统上由政府领导制定的"自上而下"模式，通过市场和政府的互动实施"自下而上"的创业发现过程。另外，在支持对象上，我们不能仅仅支持特定公司或特定行业，还必须支持具有特殊区位优势的特定地区，以促进创新型地带的形成。

当前的时代，是经济全球化背景下的社会化大规模生产时代。在这样一个时代，成功的创新将以几何级的速度在全球范围内传播，从而改变全球经济格局。与需求侧改革相比，供应侧结构性改革将更有利于破坏性创新的形成。该类改革意味着对经济思想和政策思想的深刻调整。一旦供给侧结构改革成功，中国经济将开始创新驱动的新时代。虽然当前我国在 3D 打印领域与欧美传统强国还有很大差距，但在我国的体制优势下，发展 3D 打印技术产业，努力攀升全球价值链高端的速度是肉眼可见的。下一部分中，本研究将基于供给侧改革的思路，为中国应对 3D 打印技术革命带来的全球价值链重构的挑战提出一些建议，为中华民族的伟大复兴作出应有努力。

第四节　3D 打印技术革命下我国产业攀升价值链高端的路径研究

一、我国相关产业如何掌握 3D 打印核心技术并成功推广

（一）跨越 3D 打印技术峡谷的可能路径

在前文中，我们分析了当前我国 3D 打印产业的现状。与欧美等传统 3D

打印技术强国相比，我们的赶超尚需时日。在"峡谷"跨越过程中，有远见者为防止自己成为"峡谷"的牺牲者，无论如何都会选择跨越策略，推动技术向大众市场的扩散与商业化进程。对于实用主义者来说，他们需要衡量进行技术采用的收益、成本与风险的大小，再决定是否进行 3D 打印技术的采用。由此，得出"峡谷"跨越的可能路径如下：

（1）将有远见者整合到早期市场中，以推进技术的研发。通过技术进步，挖掘 3D 打印技术的利润空间，提高跨越式采用的收益，以激发实用主义者的采用兴趣，增加 3D 打印替代对象的风险和压力，迫使他们朝 3D 打印技术方向尝试其应用。

（2）在新技术试用的基础上，以早期采用者为主力先锋，构建 3D 打印技术行业平台，吸收实用主义者进驻并进行有针对性的技术交流。在此过程众，将强化研发效果以培育相关人才并努力在技术瓶颈上取得突破。在实用主义者的协助下，挖掘核心客户价值，获得成熟的产品和最佳的客户体验，以拓宽技术采用的假想收益，并吸引实用主义者做出技术采用决策。

（3）依靠平台的优势来降低绝对成本和采用风险，增加双方的交易成本和风险降低系数，减少大众市场技术采用者的使用成本，并降低技术最低有效规模，实现最大应用收益，以吸引收实用主义者客户，参与改善 3D 打印技术供应链中的各个环节。通过相关的创新业务模式，逐渐在"峡谷"两边形成技术采用者的良性循环以实现 3D 打印技术在大众市场中的普及。

（二）企业跨越 3D 打印技术"峡谷"的具体措施

（1）传统制造业具有规模化、批量化、精益化的优点，但存在模具制造、零件预订时间过长，生产线重置等方面的弱点。而 3D 的生产特点是数字交流、减少消耗、个性定制、复杂结构、快速灵活。它们的相互结合，将整合传统制造的技术、设备和人才的累积优势，提升 3D 打印产业链的效率与质量，并且促进技术应用产业化、商业化的发展，加快传统制造产业的调整、转型和升级。

（2）专注于满足产业应用要求的关键技术。促进软硬件的协调集成，重点促进激光器、工业建模软件、工业互联网与 3D 技术设备的集成应用，提高 3D 打印(包括金属打印与聚合物打印)领域的自主研发、设计、标准制定、功能服务与系统集成能力,精准推进行业内"技术制造"与"生产服务"的软硬融合。

(3)在技术发展达到产业化要求的前提下,加快支持和推进 3D 打印普及应用体系、平台服务体系、标准支撑体系和人才服务体系。建设一批标志性的 3D 打印智能制造示范工厂,培育一批在系统集成、装备研制、软件开发、新材料研发与新模式应用方面具有强大市场竞争力的 3D 骨干企业,创立一批 3D 打印创新和公共服务国家级和省级平台。通过三个"一批"的工作,有效改善设备的共享利用率,降低单个公司的运营成本,缩短产品开发周期。

(4)加强产业联盟平台建设,充分促进产业链上下游合作,充分利用现代信息技术和互联网技术,把握"互联网 +"《中国制造 2025》等国家级创新策略,针对具体行业进行 3D 打印技术和下游应用的广泛对接,通过开拓更多应用场景来充分满足早期市场和大众市场的研发需求。构建 3D 打印大数据应用平台,增强对有远见者和实用主义者的学习和理解,降低 3D 打印技术使用的门槛,降低外部资源的交易成本,促进 3D 打印技术的普及并减弱大众市场对未知技术的风险忧虑。

(三)政府对跨越 3D 打印技术"峡谷"行为的政策支持

1. 通过供给侧改革进一步给予 3D 打印技术产业在宏观层面的发展政策支持,以实现其在某些核心领域的弯道超车式发展

根据当前支持 3D 打印产业发展的政策措施,建议成立国家级"3D 打印技术产业发展工作委员会",基于我国在不同时期的五年计划制定对应的 3D 打印技术和产业发展规划:具体包括 3D 打印技术研发方向探索、相关人才培训以及产业发展与应用,3D 打印相关知识产权的有力保护,3D 打印产业标准的科学制定,有关制度和法律法规的进一步完善。在日常工作中,该委员会应协调发挥 3D 打印行业联盟的作用,通过运用金融、税收、财政等政策手段,全面促进中国 3D 打印技术和产业的稳步高质量发展,为实现《中国制造 2025》的宏伟目标作出积极贡献。

2. 努力推进"三核心"发展战略："核心技术突破、核心企业扶持、核心产业应用"

第一，在材料、数字建模、专用工艺软件和控制软件、3D 打印核心设备的研发和生产方面取得突破；第二，要大力扶持 3D 打印龙头企业，发挥领军企业的带动作用；第三，加强 3D 打印技术在现代制造业、军工产业、医疗产业等高附加值的核心产业的应用和推广，以有效优化供给侧产品结构，提高产品质量。

3. 实施 3D 打印"2025 菁英计划"，为供给侧改革提供充足的后备人才供应

借鉴美国、西欧等国家的经验，积极培养 3D 打印研发人才、工程技术人才和产业发展人才，制定我国基于"中国制造 2025"战略对应的 3D 打印发展《2025 菁英计划》。在中国培养高素质的 3D 打印技术和产业发展的人才，塑造中国 3D 打印技术和产业发展的新"人口红利"。具体包括：第一，通过加大对高校和科研机构的资金支持，培养发展 3D 打印技术所需的研发人才；第二，通过大学、研究所和职业教育培训机构，加强对 3D 打印技术工程人才的培训；第三，充分挖掘现有职业技能培训机构的潜力，培养与 3D 打印技术相关的营销和管理人才。

4. 创设国家级的 3D 打印云平台，为"大众创业、万众创新"提供全面的 3D 打印服务

鼓励国家产业引导基金和创新基金投资建设国家级"3D 打印云平台"，以实现先进技术与创新云的有效整合，提高 3D 打印的创意、装备、材料、打印、销售、物流等的综合服务，为 3D 打印相关企业、机构、个人和最终用户提供有效的互动平台，创造更多的就业和创业机会，降低"大众创业、万众创新"的定制创新门槛。

5. 为 3D 打印产业的集聚创新设计一个多方参与的科学协调发展系统

该系统应该有效地协调各参与方的创新效率。首先，根据三螺旋创新理论，协调好产业、高校、企业三方，再加上金融机构、政府、用户等后来者，这是知识经济时代最大限度地发挥技术潜力的有效途径；其次，在国家

战略层面上，遵循区域差异化发展的原则，培育以企业为核心、具有良好市场竞争力的 3D 打印生产基地，以促进地方经济发展的优化和升级；第三，以上述 3D 打印生产基地为节点，构建一张区域性的 3D 打印服务网络，为全国的中小企业和居民提供不同级别的 3D 打印服务，实现 3D 打印服务供给侧的多元化创新和发展。

6. 精准扶持 3D 打印行业发展，提供有针对性的财政政策和金融政策

在财政政策方面，通过财政资金、政府采购和一般性财政转移支付等方式支持 3D 打印产业集群的核心领域——包括核心技术、核心企业和核心产业等，以支持其跨越式发展并增强其核心竞争力。在税收政策上，结合营改增等税收体制的深化改革，进一步完善结构性税收优惠政策，以支持 3D 打印产业的发展。在金融政策上，加强支持 3D 打印行业发展的多元化投融资体系建设，增加银行对 3D 打印行业的投资优惠力度，促进 3D 打印公司创业融资、合并和重组，改进符合 3D 打印公司特征的创新保险产品的设计，以便为其发展提供有效的风险保护。

二、我国 3D 打印相关产业如何应对全球价值链重构

在积极掌握 3D 打印核心技术的同时，面对动荡的国际经济和政治形势，厘清智能制造业革命下的全球价值链重构趋势，以及中国面临的机遇和挑战，然后改变传统思维方式与行业发展路径。这样才能加快中国价值链的地位提升并获取更多全球分工利益。

（一）针对不同产业采取有针对性的价值链攀升策略

当 3D 打印与传统工艺在产业流程中属于互补关系时，价值链为弧度更明显的"大笑曲线"。在该价值链中，从两端获取的附加值更高——包括研发、销售等环节，对应治理更加重要；当 3D 打印与传统工艺在产业流程中属于替代关系时，价值链为弧度更平坦的"浅笑曲线"，在该价值链中，从生产环节获取的附加值更高，对该环节的治理更加重要。这就意味着相关决策部门在进行 3D 打印推广时，要针对具体产业深入调研，考察 3D 打印在该产业中的具体作用。

比如，以我国玩具业为例，先进的本土玩具公司已经尝试使用3D打印来快速制造模具，但还没有实力用3D打印直接生产玩具，这与美国的玩具巨头孩之宝公司的小马宝莉3D打印玩具案例是不一样的。如果把3D打印应用在模具快速成型等方面，实际是加大我国在研发环节的优势。这时，我方与国外公司在争夺该环节的附加值时将更有优势。但由于外方在3D打印生产环节拥有技术优势，它们可能选择不正面与我方在研发环节博弈，而是把收益转移到生产环节甚至销售环节，并收获更多附加值。因此，在玩具产业中，决策部门和产业协会要通晓我国优势企业和主要竞争者对3D打印技术的掌握程度，有针对性地制定相关的鼓励政策，如鼓励本土产业通过产业协会共同创设一个国家级的玩具3D定制云平台，以规模化在线定制的优势压倒孩之宝公司针对小马宝莉项目进行单打独斗的小范围尝试。

（二）推动中国企业在全球价值链上的升级

中国以加工贸易为切入口，至今已深度融入了全球价值链。经过二十多年的发展，中国在贸易总额和在世界贸易格局中所扮演的角色均取得了长足进步。但是，中国参与全球价值链的主要优势主要还是相对低廉的劳动力成本，在大部分产业领域仍然被全球价值链中的领先企业"低端锁定"。中国参与的全球价值链总体上呈现出"两端在外，生产在内"的模式，在辐射当地经济方面作用非常有限。当跨国公司加快供应链向外转移时，中国的非战略参与公司将失去生产订单，并容易造成"链断裂"现象（陆颖，2017）。

加工贸易已成为一个国家与世界贸易联系中不可或缺的一部分。因此，在保持加工贸易政策的稳定性和连续性的同时，我国需要促进有能力的企业迈向全球价值链的高附加值阶段。在全球价值链重组的窗口中，我国企业应着力于自主技术创新，并将培育高附加值的环节作为其核心竞争力。即使在加工贸易中，也必须以核心部件的生产、系统集成制造等领域为发展方向，考虑自身产品的不可替代性，防止因产品调整而产生的"断链"现象。

（三）激发企业家精神，打造全球价值链领军企业

全球领先企业具有核心技术竞争力和持续创新能力。如果3D打印相关区域具有如此实力，将有助于引领我国相关产业突破全球价值链的"低端锁

定"。企业家精神有利于经济的长期可持续增长。企业家精神是不断进行技术创新的源泉,而技术创新是企业维持在价值链中领导地位的核心优势。

在发达国家主导的全球经济治理结构中,发展中国家通常通过技术追赶来追赶经济。但是,追赶经济发展战略只能缩小与发达经济体的技术差距。首先,在后发优势中获得的技术成本始终低于研发成本,这将削弱自主研发的积极性;其次,为了保持其在全球价值链中的绝对领导地位,发达国家将设置层层壁垒,阻碍核心技术的传播,将发展中国家锁定在价值链低端中;最后,缺乏企业家精神,发展中国家的某些企业即使在技术上处于世界领先地位,他们也缺乏持续创新的意愿与驱动力,这不利于经济的创新发展,很容易导致该国陷入"中等收入陷阱"。为此,在加大对高科技人才培养和教育投入的同时,我们必须鼓励和培养创新型企业家精神,这将帮助中国实现国家创新战略并建立全球价值链领导者。

(四)建立以本土企业为"链主"的产业分工体系,减少对以外资企业为"链主"的价值链依赖

新一轮工业革命改变了过去各种生产工艺的相对地位,领先企业和链主不一定是同一家企业。作为"链主"的公司将不再仅限于研发和销售,具有核心竞争力和市场领导地位的铸造公司也可能成为全球价值链的"链主"。要成为制造业强国,我国必须建立以中国公司为首的全球价值链。经过多年的韬光养晦,中国的外交战略已进入厚积薄发阶段,对应的贸易政策需要相应调整。在这类基于产品内贸易的全球价值链中,领先公司具有全面的定价权。同时,他们需要考虑全球生产布局和全球消费者的市场定位,这将带动国内生产服务业的快速增长。对于中国而言,拥有全球价值链领导者最重要的意义是树立中国制造业强国的形象,并加强中国政府的全球治理议价能力。

为此,我们需要优化代工企业的市场结构,实施更高的质量标准和安全标准,以提高进入专业代工市场的壁垒,并通过加强知识产权保护等措施打击恶性竞争,培育具有强大国际竞争力的中国跨国企业。另外,引导和鼓励国内优势企业加强自主研发和创新能力,利用新一轮工业革命技术成果,大力发展网络型、数字型、智能型制造模式及生产方式,加快产品升级速度并

改善产品质量，通过技术、标准和品牌等高端元素加速占据国际价值链的中高端位置。最后，积极鼓励企业针对 3D 打印的技术弱项，有目的性地进行海外兼并，补完外国研发机构、销售网络和产品品牌的三块短板，以实现高端要素的优化组合，并提高国际化和竞争力。

（五）把 3D 打印积极融入和规模应用到制造业生产方式和商业模式

促进传统的大规模集中式生产向分散化和个性化定制生产的转变，并开发新的制造方法和商业模式，如网络众包、异地协作设计、云制造、大规模个性化定制和精确供应链管理。第一，推广 3D 打印定制服务。支持社会组织和互联网公司共同构建消费者信息收集平台，鼓励企业开发基于 3D 打印的定制产品和服务，实现产品的个性化组装，提高柔性制造能力（王文涛和刘燕华，2014）。第二，开发云制造系统。鼓励制造企业采用云服务，促进企业信息化水平的提高，与信息服务企业结盟，建立合同合作体系，实现制造资源共享。加快工业互联网框架建设，制定协同制造服务规范和技术标准。第三，生产服务业侧重于发展面向服务的制造业。加强研发、设计、创造力等服务环节，加强产品生命周期管理、总体整合和总承包。第四，开发绿色制造系统。发展新能源基础设施，建立现代能源体系，实现清洁能源和可再生能源的获取和输出。鼓励企业设计开发绿色产品，建立绿色供应链，实行产品生产全生命周期管理，实现资源节约，促进传统制造业再发展。

（六）进一步强化自主创新能力，着力打造本土知名品牌

面对国际价值链的突破和全球竞争格局的调整，我国必须大大提升 3D 打印技术和产业的自主创新能力，培育自主的国际品牌。一是不断增加研发投入，围绕 3D 打印产业关键核心技术进行集中攻关，加快突破产业竞争力提升的关键核心技术。二是完善以企业为主体，产学研政金用等参与者有效结合的科技创新及成果转化机制，提高科技创新效率和成果转化水平。三是强化自主品牌保护意识，加强知识专有制度建设，重点预防、抵制跨国公司对本土品牌的恶意收购。四是大力弘扬工匠精神，强化质量标准，提升产品质量，以更精良的产品质量，更强的自主品牌打造能力和标准制定能力，助推发展中国家产业向国际价值链中高端跃升。

第五节 全书总结与未来展望

在第一章里，本研究首先对全球价值链和全球生产网络的相关概念做了介绍，分析了全球分工对不同经济体的影响，并提醒我国避开相关陷阱，保持发展势头。其次，回顾了二战结束后的世界经济格局演化及全球化的兴起缘由。其中，指明了技术发展是推动世界经济发展的主要驱动力。经过60余年的全球化进程，世界进入了一超多强的时代。而美国企业作为众多全球价值链的主要治理角色，其竞争力就是掌握了核心技术。但在全球化过程中，经济民族化带来了一系列的争端，也催生了众多协调机构与组织。再次，在全球化过程中扮演重要角色的跨国公司，是通过什么渠道给东道国带来了工业化，以及产生的正面和负面效应。最后，回顾了亚洲四小龙、巴西、印度等新兴经济体的工业化之路，引出下一章的主题——在新的国际经济和政治环境中，要使我国的工业主导权不受控于欧美传统发达国家，让社会发展水平再上一个台阶，需要关注重大的创新性技术。

在第二章里，本研究首先对3D打印和服务型制造模式的相关概念做了介绍，并回顾了3D打印的技术特点与发展历史。然后，通过翔实的统计数据比较了世界各国的3D打印技术实力和产业现状，并用大量案例确定了3D打印的技术扩散特征与适用产业。我国虽然在3D打印和其他智能制造相关技术的研究成果数量上位居世界前列，但由于起步较晚，部分技术受制于传统发达国家的专利保护。因此，我国的3D打印产业有可能会陷入技术"峡谷"而进退不得。为此，我们需要深度分析3D打印的技术演化趋势，寻找我国产业的机会。最后，本研究用系统动力学构建了一个3D打印产销基础模型，通过场景仿真，分析了3D打印为研发、生产、供应链等领域带来的直接影响。本章内容为下一章的3D打印与全球价值链演化关系作了必要的技术铺垫。

在第三章里，本研究首先回顾了全球化的产生历史与原因，并指明西方国家炒作3D打印概念的原因并不只是技术升级，还包括中国崛起过程中相关贸易摩擦导致的"逆全球化"思潮的影响。为了验证3D打印是否会导致我国当前的制造活动流入欧美，本研究先分析了 3D 打印技术革命带给全球价值链的直接影响，又比较了资本密集型产业、技术密集型产业、劳动密集型产业的不同演化趋势，最后预测了 3D 打印流行后的全球生产网络运作概况。由本章内容可知，在技术成熟的前提下，3D 打印的推广和应用确实会严重影响当前的全球生产网络。美国可以借此与中国部分产业实现"脱钩"，在他们国家实现一个闭环的供应链。但我国也有多种应对措施以消除其负面效应。由本章的结论引出了下一章的主题——我国如何应对 3D 打印技术革命下的全球价值链演化。

在第四章里，本研究首先基于我国当前的国际贸易货物品种创建了一个评估 3D 打印应用影响的模型。根据该模型，当电子产品实现了 3D 打印制造后，很可能相关的制造活动会从中国流出，我国在全球价值链和全球生产网络中的定位将发生显著改变。当前，3D 打印引领的技术革命虽然还没完全到来。但随着技术的进一步成熟，如果基于 3D 打印的智能制造替代了大部分的劳动密集型产业的生产方式，相关的全球价值链将会受到严重影响——基于 3D 打印的智能制造革命正在深刻地重构当前的全球价值链。为此，我们需要未雨绸缪，通过供给侧改革实现我国企业跨越 3D 打印技术"峡谷"的难题。在本章最后，本研究从企业层面和政府层面提出了对应措施，我国只有牢牢把握这次机遇，才能把在新一轮的国际分工中实现高端位置攀升转变为现实，实现中华民族的伟大复兴。

本书的研究成果无论在学术价值还是应用层面，都对 3D 打印技术革命后全球价值链和全球生产网络的重构以及我国相关产业的应对措施提供了相关决策依据。

学术方面，本书成果是对现有理论的补充和完善。3D 打印将促使生产活动分散化，导致全球价值链重构，相关产业的演化会呈现新的时空特征。本书对这种变化进行定性和定量研究，并总结出其发展规律，以量化价值链重构对相关产业的影响。

应用方面，本书成果可指导相关部门应对未来产业革命带来的冲击。基于 3D 打印对生产活动的影响，相关决策部门可确定当地产业在全球价值链中的新定位，并提出相关产业借助 3D 打印向价值链上游攀升的发展对策，以增强其核心竞争力。

参考文献

［1］埃弗雷特·罗杰斯. 创新的扩散［M］. 北京：中央编译出版社，2002.

［2］包国光，赵默典. 3D 打印技术的本质特征及产业化对策探析［J］. 东北大学学报（社会科学版），2016，18（2）：111－117.

［3］岑丽君. 中国在全球生产网络中的分工与贸易地位——基于 Ti VA 数据与 GVC 指数的研究［J］. 国际贸易问题，2015（1）：3－13.

［4］陈继勇，王宝双，蒋艳萍. 企业异质性、出口国内附加值与企业工资水平——来自中国的经济数据［J］. 国际贸易问题，2016（8）：74－84.

［5］邓建刚，邓泓. 面向服务型制造的自适应客户定制平台［J］. 江西师范大学学报（自然科学版），2014，38（3）：282－285.

［6］杜传忠，杜新建. 第四次工业革命背景下全球价值链重构对我国的影响及对策［J］. 经济纵横，2017（4）：110－115.

［7］方晓波. 服务型制造的发展路径与模式研究［J］. 学习与实践，2016（9）：27－34.

［8］高群，郑家霖. 我国 3D 打印技术"峡谷"研究：特征、成因与跨越路径［J］. 大连理工大学学报（社会科学版），2016，37（2）：37－44.

［9］韩民春，张丽娜. 制造业外商直接投资撤离对中国制造业的影响［J］. 人口与经济，2014（5）：87－94.

［10］胡昭玲，李红阳. 参与全球价值链对我国工资差距的影响——基于分工位置角度的分析［J］. 财经论丛，2016（1）：11－18.

［11］金玉然，戴守峰，李天柱，等. 3D 打印对物流产业的影响及对策

创新 [J]. 技术经济与管理研究, 2014 (8): 105 - 108.

[12] 李惠娟, 蔡伟宏. 参与全球价值链提升了生产率和工资份额吗——来自服务业的证据 [J]. 广东财经大学学报, 2016 (5): 16 - 26.

[13] 李冀, 莫蓉. 面向全生命周期的服务制造网络建模研究 [J]. 计算机应用研究, 2012, 29 (4): 1349 - 1352.

[14] 李强. 企业嵌入全球价值链的就业效应研究: 中国的经验分析 [J]. 中南财经政法大学学报, 2014 (1): 28 - 35.

[15] 刘斌, 王杰, 魏倩. 对外直接投资与价值链参与: 分工地位与升级模式 [J]. 数量经济技术经济研究, 2015 (12): 39 - 56.

[16] 刘江涛, 李旭鸿, 曹春建. 3D 打印对供给侧改革的影响: 理论分析与政策建议 [J]. 财政研究, 2016 (5): 18 - 28.

[17] 刘林青, 周潞. 比较优势、FDI 与中国农产品产业国际竞争力——基于全球价值链背景下的思考 [J]. 国际贸易问题, 2011 (12): 39 - 54.

[18] 刘瑶. 参与全球价值链拉大了收入差距吗——基于跨国行业的面板数据 [J]. 国际贸易问题, 2016 (4): 27 - 39.

[19] 刘志彪, 张杰. 我国本土企业制造业出口决定因素的实证分析 [J]. 经济研究, 2009 (8): 99 - 112.

[20] 陆颢. 全球价值链重构的新特征与中国企业价值权力争夺 [J]. 企业经济, 2017 (4): 131 - 135.

[21] 罗建强, 王嘉琳. 服务型制造的研究现状探析与未来展望 [J]. 工业技术经济, 2014 (6): 153 - 160.

[22] 施振荣, 林文玲. 再造宏碁: 开创, 成长与挑战 [M]. 北京: 中信出版社, 2005: 56 - 60.

[23] 苏秦, 杨阳. 3D 打印颠覆性创新应用及商业模式研究 [J]. 科技进步与对策, 2016, 33 (1): 9 - 15.

[24] 苏庆义. 中国国际分工地位的再评估——基于出口技术复杂度与国内增加值双重视角的分析 [J]. 财经研究, 2016 (6): 40 - 51.

[25] 孙林岩, 高杰, 朱春燕, 等. 服务型制造: 新型的产品模式与制造范式 [J]. 中国机械工程, 2008, 19 (21): 2600 - 2608.

［26］佟家栋，谢丹阳，包群，等. "逆全球化"与实体经济转型升级笔谈［J］. 中国工业经济，2017（6）：5－59.

［27］王帆，黄锦佳，刘作仪. 港口管理与运营：新兴研究热点及其进展［J］. 管理科学学报，2017，20（5）：111－126.

［28］王飞跃. 从社会计算到社会制造：一场即将来临的产业革命［J］. 中国科学院院刊，2012，27（6）：658－669.

［29］王岚. 融入全球价值链对中国制造业国际分工地位的影响［J］. 统计研究，2014（5）：17－23.

［30］王文涛，刘燕华. 3D 打印制造技术发展趋势及对我国结构转型的影响［J］. 科技管理研究，2014（6）：22－30.

［31］肖新艳. 全球价值链呈现"双曲线"特征［J］. 国际贸易，2015（8）：38－40.

［32］谢文明，江志斌，储熠冰. 服务型制造在传统制造业的应用——上海电气案例研究［J］. 工业工程与管理，2012，17（6）：91－106.

［33］谢文明，江志斌，王康周，等. 服务型制造在传统制造业的应用——上海电气案例研究［J］. 中国科技论坛，2012（9）：59－65.

［34］杨小凯，黄有光. 专业化与经济组织［M］. 北京：经济科学出版社，2002：89－90.

［35］姚奇富，熊惠平，王红军. 服务型制造的实施路径研究——以宁波制造产业为例［J］. 企业经济，2012（5）：31－34.

［36］姚锡凡，练肇通，杨屹立，等. 智慧制造——面向未来互联网的人机物协同制造新模式［J］. 计算机集成制造系统，2014，20（6）：1490－1498.

［37］张辉. 全球价值链下地方产业集群升级模式研究［J］. 中国工业经济，2005（9）：11－18.

［38］张辉. 全球价值链动力机制与产业发展策略［J］. 中国工业经济，2006（1）：40－48.

［39］张少军. 全球价值链降低了劳动收入份额吗——来自中国行业面板数据的实证分析［J］. 经济学动态，2015（10）：39－48.

［40］中华人民共和国国务院. 中国制造2025. 国发〔2015〕28 号.

[41] 中华人民共和国国务院．"十三五"国家战略性新兴产业发展规划．国发〔2016〕67 号．

[42] 中华人民共和国工信部．国家增材制造产业发展推进计划 (2015—2016 年)．工信部联装〔2015〕53 号．

[43] 钟建军．进口中间品质量与中国制造业企业全要素生产率［J］．中南财经政法大学学报，2016（3）：124 – 132.

[44] 周升起．中国制造业在全球价值链国际分工地位再考察——基于 Koopman 等的"GVC 地位指数"［J］．国际贸易问题，2014（2）：3 – 12.

[45] 卓越，张珉．全球价值链中的收益分配与"悲惨增长"——基于中国纺织服装业的分析［J］．中国工业经济，2009（7）：131 – 140.

[46] ACHILLAS C H, AIDONIS D, IAKOVOU E, et al. A methodological framework for the inclusion of modern additive manufacturing into the production portfolio of a focused factory ［J］. Journal of manufacturing stems, 2014（37）: 328 – 339.

[47] ANTRÀS P, CHOR D, FALLY T, et al. Measuring the upstreamness of production and trade flows ［J］. The American economic review, 2012, 102 (3): 412 – 416.

[48] ANTRÀS P, FORT T C, TINTELNOT F. The margins of global sourcing: theory and evidence from us firms ［R］. NBER Working Paper, No. 20772, 2014.

[49] ARNDT S, KIERZKOWSKI H. Fragmentation: new production patterns in the world economy ［M］. Oxford: Oxford University Press, 2001: 54 – 61.

[50] BALDINGER M, LEVY G, SCHONSLEBEN P, et al. Additive manufacturing cost estimation for buy scenarios ［J］. Rapid prototyping journal, 2016 (22): 871 – 877.

[51] BALDWIN R. Trade – in – goods and trade – in – tasks: an integrating framework ［J］. Journal of international economics, 2014, 92 (1): 51 – 62.

[52] BECHTOLD S. 3D printing, intellectual property and innovation policy ［J］. IIC – International review of intellectual property and competition law, 2016

(47): 517 –536.

[53] BERMAN B. 3 – D Printing: The New Industrial Revolution [J]. Business Horizons, 2012 (55): 155 – 162.

[54] BLAUM J, LELARGE C, PETERS M. Estimating the productivity gains from importing [C]. Society for economic dynamics meeting, 2014.

[55] BROWN R. Managing the S curves of innovation [J]. Journal of consumer marketing, 1992 (9): 61 –72.

[56] BOGERS M, HADAR R, BILBERG A. Additive manufacturing for consumer – centric business models: Implications for supply chains in consumer goods manufacturing [J]. Technological forecasting & social change, 2016 (102): 225 –239.

[57] CAMPBELL I, BOURELL D, GIBSON I. Additive manufacturing: rapid prototyping comes of age [J]. Rapid prototyping journal, 2012, 18 (4): 255 – 258.

[58] CAUTELA C, PISANO P, PIRONTI M. The emergence of new networked business models from technology innovation: an analysis of 3 – D printing design enterprises [J]. International entrepreneurship & management journal. 2014, 10 (3): 487 – 501.

[59] CHRISTENSEN C M. The innovator's dilemma: When new technologies cause great firms to fail [J]. Social science electronic publishing, 1997, 8 (97): 661 –662.

[60] CHRISTOPHER M, RYALS L J. The supply chain becomes the demand chain [J]. Journal of business logistics. 2014, 35 (1): 29 –35.

[61] CLEMENS M A, WILLIAMSON J G. Why did the tariff – growth correlation change after 1950? [J]. Journal of economic growth, 2004, 9 (1): 5 –46.

[62] COOPER F. Sintering and additive manufacturing: The new paradigm for the jewellery manufacturer [J]. Johnson Matthey technology review, 2015, 59 (3): 233 –242.

[63] COSTINOT A. On the origins of comparative advantage [J]. Journal of international economics, 2009, 77 (2): 255 – 264.

[64] COSTINOT A, VOGEL J, WANG S. An elementary theory of global supply chains [J]. The review of economic studies, 2013, 80 (1): 109 – 144.

[65] DAWES J, BOWERMAN R, TREPLETON R. Introduction to the additive manufacturing powder metallurgy supply chain [J]. Johnson Matthey technology review, 2015, 59 (3): 243 – 256.

[66] FEENSTRA R C, LI Z, YU M. Exports and credit constraints under incomplete information: theory and evidence from China [J]. Review of economics and statistics, 2014, 96 (4): 729 – 744.

[67] FERNÁNDEZ V R. Global value chains in global political networks tool for development or neoliberal device? [J]. Review of radical political economics, 2015, 47 (2): 209 – 230.

[68] GEREFFI G, MIGUEL K. Commodity chains and global capitalism [M]. London: Westport, Connecticut, 1994: 47 – 51.

[69] GEREFFI G. The Organization of Buyer – Driven Global Commodity Chains: How US Retailers Shape Overseas Production Networks [R]. London: ABC – CLIO, No. 194, 1994.

[70] GEREFFI G. International trade and industrial upgrading in the apparel commodity chains [J]. Journal of international economics, 1999, 48 (1): 37 – 70.

[71] GEREFFI G, HUMPHREY J, KAPLINSKY R. Introduction: globalization, value chains and development [J]. IDS bulletin, 2001, 32 (3): 1 – 8.

[72] GEREFFI G. Beyond the producer – driven/buyer – driven dichotomy: The evolution of global value chains in the internet era [J]. IDS Bulletin, 2001 (32): 30 – 40.

[73] GEREFFI G, HUMPHREY J, STURGEON T. The governance of global value chains [J]. Review of international political economy, 2005, 12 (1):

78 - 104.

[74] GEREFFI G, JOONKOO L. Why the world suddenly cares about global supply chains [J]. Journal of supply chain management, 2012, 48 (3): 24 - 32.

[75] GIULIANI E, PIETROBELLI C, RABELLOTTI R. Upgrading in global value chains: lessons from latin american clusters [J]. World development, 2005, 33 (4): 549 - 573.

[76] GORDON G. Trends in commercial 3D printing and additive manufacturing [J]. 3D printing and additive manufacturing, 2015, 2 (2): 89 - 90.

[77] GRESS D R, KALAFSKY R V. Geographies of production in 3D: Theoretical and research implications stemming from additive manufacturing [J]. Geoforum, 2015 (60): 43 - 52.

[78] GROSSMAN G M. Task trade between similar countries [J]. Econometrica, 2012, 80 (2): 593 - 629.

[79] GURTNER S, SOYEZ K. How to catch the generation Y: Identifying consumers of ecological innovations among youngsters [J]. Technological Forecasting & Social Change, 2016 (106): 101 - 107.

[80] HARRIGAN J. BALABAN R. US wages in general equilibrium: the effects of prices, technology, and factor supplies, 1963—1991 [R]. NBER Working Paper, No. 6981, 1999.

[81] HECKSCHER E F. The effect of foreign trade on the distribution of income [J]. Ekonomist tidskrift, 1919, 21 (1): 497 - 512.

[82] HECKSCHER E F, OHLIN B G. Heckscher – Ohlin Trade Theory [M]. Massachusetts: MIT Press, 1991: 78 - 84.

[83] HELPMAN E, KRUGMAN P. Market structure and foreign trade: increasing returns, imperfect competition, and the international economy [M]. Massachusetts: MIT press, 1985: 31 - 33.

[84] HELPMAN E. Foreign trade and investment: firm – level perspectives [J]. Economica, 2014, 81 (321): 1 - 14.

[85] HOBDAY M, DAVIES A, PRENCIPE A. Systems integration: a core

capability of the modern corporation [J]. Industrial and corporate change, 2005, 14 (6): 1109 – 1143.

[86] HUMMELS D, ISHII J, YI K M. The nature and growth of vertical specialization in world trade [J]. Journal of international economics, 2001, 54 (1): 75 – 96.

[87] HUMPHREY J, SCHMITZ H. How does insertion in global value chains affect upgrading in industrial clusters? [J]. Regional studies, 2002, 36 (9): 1017 – 1027.

[88] HUMPHREY J. Upgrading in global value chains [R]. SSRN Working Paper, No. 908214, 2004.

[89] JACOB F, ULAGA W. The transition from product to service in business markets: an agenda for academic inquiry [J]. Industrial marketing management, 2008, 37 (3): 247 – 253.

[90] JOHNSON R C, NOGUERA G. Accounting for intermediates: production sharing and trade in value added [J]. Journal of international economics, 2012, 86 (2): 224 – 236.

[91] KAPLINSKY R, MORRIS M. A handbook for value chain research [R]. Ottawa: IDRC, 2001.

[92] KHAJAVI S H, PARTANEN J, HOLMSTROM J. Addtive manufacturing in the spare parts supply chain [J]. Computers in industry. 2014 (65), 50 – 63.

[93] KHAJAVI S H, PARTANEN J, HOLMSTROM J, et al. Risk reduction in new product launch: A hybrid approach combining direct digital and tool – based manufacturing [J]. Computers in industry, 2015 (74): 29 – 42.

[94] KOOPMAN R, WANG Z, WEI S. How much of chinese export is really made in china? assessing domestic value – added when processing trade is pervasive [R]. NBER Working Paper, No. 14109, 2008.

[95] KOOPMAN R, WANG Z, WEI S. Give credit where credit is due: tracing value added in global production chains [R]. NBER Working Paper No. 16426, 2010.

[96] KOOPMAN R, WANG Z, WEI S. Tracing value – added and double counting in gross exports [R]. NBER Working Paper, No. 18579, 2012.

[97] KREIGER M A, MULDER M L, GLOVER A G. Life cycle analysis of distributed recycling of post – consumer high density polyethylene for 3 – D printing filament [J]. Journal of Cleaner Production, 2014, 70 (5): 90 – 96.

[98] KRUGMAN P. Increasing returns, monopolistic competition, and international trade [J]. Journal of international economics, 1979, 9 (4): 469 – 479.

[99] KRUGMAN P. Scale economies, product differentiation, and the pattern of trade [J]. The american economic review, 1980, 70 (5): 950 – 959.

[100] KRUGMAN P. Increasing returns and economic geography [J]. Journal of political economy, 1991, 99 (3): 483 – 499.

[101] KRUGMAN P, COOPER R, SRINIVASAN T N. Growing world trade: Causes and Consequences [J]. Brooking Papers on Economic Activity, 1995 (1): 327 – 377.

[102] LAPLUME A O, PETERSEN B, PEARCE J M. Global value chains from a 3D printing perspective [J]. Journal of international business studies, 2016, 47 (5): 595 – 609.

[103] LEIBENSTEIN H. Economic backwardness and economic growth [M]. New York: Wiley Press, 1957: 101 – 105.

[104] LEVINSON M. The Box: how the shipping container made the world smaller and the world economy bigger [M]. Princeton University Press, 2008: 10 – 12.

[105] LETTICE F, THOMOND P. Allocating resources to disruptive innovation projects: challenging mental models and overcoming management resistance [J]. International journal of technology management, 2008, 44 (1 – 2): 140 – 159.

[106] LIU K, ZHONG P, ZENG Q. Application modes of cloud manufacturing and program analysis [J]. Journal of mechanical science and technology, 2017, 31 (1): 157 – 164.

[107] LIU M. BRICS development: a long way to a powerful economic club and new international organization [J]. The pacific review, 2016, 29 (3): 443 –453.

[108] LIU P, HUANG S H, MOKASDAR A. The impact of additive manufacturing in the aircraft spare parts supply chain: supply chain operation reference (scor) model based analysis [J]. Production planning & control, 2014, 25 (13 – 14): 1169 –1181.

[109] LU Y. China's electrical equipment manufacturing in the global value chain: a gvc income analysis based on world input – output database (WIOD) [R]. Cama Working Papers, 2015.

[110] MAIZELS A, BERGE K, CROWE T, et al. The manufactures terms of trade of developing countries with the United States, 1981 – 97 [R]. QEH Working Paper 36. Oxford University, Queen Elizabeth House, Oxford, 2000.

[111] MONOSTORI L, VALCKENAERS P, DOLGUI A. Cooperative control in production and logistics [J]. Annual reviews in control, 2015 (39): 12 –29.

[112] OECD W. UNCTAD. Implications of global value chains for trade, investment and development and jobs [M]. Russia: Prepared for the g –20 leaders summit, 2013: 11 –17.

[113] OHLIN B G. Interregional and international trade [M]. Cambrige: Harward University, 1933: 25 –27.

[114] PETERSEN E, KIDD R, PEARCE J. Impact of DIY home manufacturing with 3D printing on the toy and game market [J]. Technologies, 2017, 5 (3): 1 –22.

[115] PETERSEN E, PEARCE J. Emergence of home manufacturing in the developed world: return on investment for open – source 3 – D printers [J]. Technologies, 2017, 5 (7): 1 –15.

[116] POON T S C. Beyond the global production networks: a case of further upgrading of taiwan's information technology industry [J]. International journal of technology and globalization, 2004, 1 (1): 130 –144.

[117] PORTER M E. Competitive advantage: creating and sustaining superior performance [M]. New York: Free Press, 1985: 15 – 17.

[118] PORTER M E. The competitive advantage of nations [J]. Harvard business review, 1990, 68 (2): 73 – 93.

[119] COASE R H. The nature of the firm [J]. Economica, 1937, 12 (4): 386 – 405.

[120] HAUSMANN R, HUANG Y, RODRIK D. What you export matters [R]. NBER Working Paper, No. 11905, 2005.

[121] RAMANARAYANAN A. Imported inputs and the gains from trade [R]. University of Western Ontario, Department of Economics, 2014.

[122] RAYNA T, STRIUKOVA L. Open innovation 2.0: Is co – creation the ultimate challenge? [J]. International journal of technology management, 2015, 69 (1): 38 – 53.

[123] REHNBERG M, PONTE S. From smiling to smirking? 3D printing, upgrading and the restructuring of global value chains [J]. Global networks, 2018, 18: 57 – 80.

[124] RHEE Y, ROSS – LARSON B, PURSELL G. Korea's competitive edge: managing the entry into world markets [M]. Baltimore: Johns Hopkins University Press, 1984: 25 – 29.

[125] ROBINSON T, CLARKE H C M, LARKSON C R. Differentiation through service: a perspective from the commodity chemical sector [J]. The service industries journal, 2002, 3 (22): 149 – 166.

[126] RODGERS S. Minimally Processed Functional Foods: Technological and Operational Pathways [J]. Food science, 2016, 81 (10): 2309 – 2319.

[127] RODRIK D. What's so special about China's exports? [J]. China & world economy, 2006, 14 (5): 1 – 19.

[128] SCHMENNER R. W. Manufacturing, Service, and Their Integration: Some history and theory [J]. International journal of operation & production management, 2009, 29 (5): 431 – 443.

［129］ SCHMITZ H. Local enterprises in the global economy – issues of governance and upgrading chapter1: globalized localities: introduction ［M］. Cheltenham: Edward Elgar Publishing Limited, 2004: 15 – 21.

［130］ SCHUMPETER J A. Socialism, capitalism and democracy ［M］. New York: Harper and Brothers, 1942: 63 – 71.

［131］ JAVORCIK B. Does foreign direct investment increase the productivity of domestic firms? in search of spillovers through backward linkages ［J］. The American economic review, 2004, 94 (3): 605 – 627.

［132］ SMITH A. An inquiry into the nature and causes of the wealth of nations ［M］. London: W. Strahan and T. Cadell, 1776: 94 – 99.

［133］ SUN J, ZHOU W, HUANG D, et al. An overview of 3D printing technologies for food fabrication ［J］. Food and bioprocess technology, 2015, 8 (8): 1605 – 1615.

［134］ THIESSE F, WIRTH M, KEMPER H, et al. Economic implications of additive manufacturing and the contribution of MIS ［J］. Business & information systems engineering, 2015, 57 (2): 139 – 148.

［135］ TIMMER M P, ERUMBAN A A, GOUMA R, et al. The world input-output database (wiod): contents, sources and methods ［R］. Institue for international and development economics, 2012.

［136］ TIMMER M P, LOS B, STEHRER R. et al. Fragmentation, incomes and jobs: an analysis of european competitiveness ［J］. Economic policy, 2013, 28 (76): 613 – 661.

［137］ TIMMER M P, DIETZENBACHER E, LOS B, et al. An illustrated user guide to the world input – output database: the case of global automotive production ［J］. Review of international economics, 2015, 23 (3): 575 – 605.

［138］ TIMMER M P, DIETZENBACHER E, LOS B, et al. An anatomy of the global trade slowdown based on the wood 2016 release ［R］. GGDC Research Memorandum, University of Groningen, 2016.

[139] Uuited Nations Industrial Development Organization. Competing through innovation and learning [R]. Vienna: Industrial Development Report 2002 – 2003, 2002.

[140] United Nation Conference on Trade and Development. Transnational corporations, extractive industries and development [R]. New York: World Investment Report, 2007.

[141] United Nation Conference on Trade and Development. Reforming international investment governance [R]. New York: World Investment Report, 2015.

[142] VANDERMERWE S, RADA J. Servitization of business: adding value by adding service [J]. European management journal, 1988, 6 (4): 314 – 324.

[143] WANG Z, POWERS W, WEI S. Value chains in east asian production networks: an international input – output model based analysis [R]. United States International Trade Commission Working Paper, No. 0010, 2009.

[144] WANG Z, POWERS W, WEI S. Quantifying international production sharing at the bilateral and sector levels [R]. NBER Working Paper, No. 19677, 2013.

[145] WELLER C, KLEER R, PILLER F T. Economic implication of 3D printing: Market structure models in light of additive manufacturing revisited [J]. International Journal of Production Economic, 2015 (164): 43 – 56.

[146] WITTBRODT B T, GLOVER A G, LAURETO J, et al. Life – cycle economic analysis of distributed manufacturing with open – source 3 – D printers [J]. Mechatronics, 2013, 23 (6): 713 – 726.

[147] WOHLERS T, CAFFREY T. Additive manufacturing and 3D printing state of the industry: annual worldwide progress report [M]. Wohlers report 2015. Fort Collins: Wohlers associate inc, 2015.

[148] WOHLERS T, CAFFREY T. Additive manufacturing and 3D printing state of the industry: annual worldwide progress report [M]. Wohlers report

2016. Fort Collins: Wohlers associate inc, 2016.

[149] WOHLERS T, CAFFREY T. Additive manufacturing and 3D printing state of the industry: annual worldwide progress report [M]. Wohlers report 2017. Fort Collins: Wohlers associate inc, 2017.

[150] WOHLERS T, CAFFREY T. Additive manufacturing and 3D printing state of the industry: annual worldwide progress report [M]. Fort Collins: Wohlers associate inc, 2018.

[151] WOHLERS T, CAFFREY T. Additive manufacturing and 3D printing state of the industry: annual worldwide progress report [M]. Fort Collins: Wohlers associate inc, 2019.

[152] WRIGHT T P. Factors affecting the cost of airplanes [J]. Journal of aeronautical sciences, 1936, 3 (4): 122 – 128.

[153] YOUNG A A. Increasing returns and economic progress [J]. The economic journal, 1928, 38 (152): 527 – 542.

[154] ZELENY M. High technology and barriers to innovation: from globalization to relocalization [J]. International Journal of Information Technology & Decision Making, 2012, 11 (2): 441 – 456.

[155] ZELTMANN S E, GUPTA N, TSOUTSOS N G, et al. Manufacturing and Security Challenges in 3D Printing [J]. JOM, 2016, 68 (7): 1872 – 1881.

[156] ZHU Z, DHOKIA V G, NASSEHI A. A review of hybrid manufacturing processes – state of the art and future perspectives [J]. International journal of computer integrated manufacturing, 2013, 26 (7): 596 – 615.

后 记

初识 3D 打印，缘于 2012 年上映，由成龙先生主演的动作片《十二生肖》。在片中，男主角利用 3D 打印迅速而精准地复制十二生肖兽首的赝品，偷天换日，把中华宝物运回故国一幕，让我触动至今。到了 2013 年，在一次与学生的座谈会上，一位学生问我："老师，如果以后美国人都通过 3D 打印技术自己在家里生产商品了，他们就不再给我们外贸订单，我们中国制造的东西还要卖给谁？我们以后会不会失业？"这个问题困扰了我许久。自那一年起，我开始沉浸在 3D 打印技术和相关产业的研究中，至今已七年有余。虽然这个学生已经毕业，但我还是希望有一天我能给予她一个肯定的答案，回答她当初的问题——只要我们中国在科技上足够强大，攀升至全球价值链的高端，我们就不怕制造业会流出中国。强大的中国必将带给每一个中国人安宁幸福的生活。

关于 3D 打印是否会替代传统工艺，从 2012 年《经济学人》那一篇著名的文章《第三次工业革命》刊登后，中国与美国经济脱钩，中国由于技术革命失去全球制造业中心地位的说法就不绝于耳。透过现象看本质，3D 打印是否会对中国经济造成毁灭性打击，中国是否会脱离全球生产网络体系，其关键不只是技术进步造成的社会变革，还要看相关国家对颠覆性创新技术的掌握程度。虽然在下一代颠覆性创新技术的研究中，我国在部分种类的成果显著，但在 3D 打印领域的技术和产业上，我国与西方国家的差距明显，激烈的国际竞争一直都存在于我们身边。

在美国总统奥巴马时代，他就已经把3D打印列入国家战略计划，并对其予以大量资金和资源支持，希望以此重塑美国制造的核心竞争力。在美国总统特朗普时代，他却选择通过贸易战和技术出口管制等单边主义措施，直接从中国手中夺取相关资源——3D打印就是它们出口管制的一项重要技术。不得不说，前者属于按部就班的对策，平稳而科学；后者更具破坏性，直接造成一个两败俱伤的局面。后者虽然同样伤害了美国的经济，但是也严重拖慢了我国希望通过学习和掌握高端技术来攀升价值链高端的步伐。

虽然3D打印技术仍然不成熟，欧美国家想通过该技术把更多制造业活动带回它们国家的愿望还未实现，但相关的实验室成果已经多次见诸报端。得益于以习近平为核心的党中央的英明领导，我国的经济结构已经从2012年的高外贸依存度模式逐年转变为以国内居民消费为主，更具有可持续性的内生型经济增长模式。我们要未雨绸缪，为可能到来的制造业工作机会流失制定合理科学的应对措施。在继续深入研究该技术的同时，要通过相关价值链的治理，从人才培养、企业结构、产业方向等方面更多地提出应用层面的优化建议。

本书受教育部人文社科一般项目、广东省自然基金项目、广东省教育厅特色创新项目的资助，在华南理工大学工商管理学院副院长李志宏教授和岭南师范学院商学院副院长许抄军教授的悉心指导下，历时一年有余完成，目的就是为了厘清全球价值链的成因，探讨我国在其中的地位转换因素，量化预测颠覆性创新技术的扩散路径及其在价值链重构中起到的作用。在风云变化的国际竞争环境中，我们要识别出不同竞争对手通过技术优势对我国施加的各种压力，及时提出有效的应对策略，并化危为机，借此攀升价值链的高端，获取更多的收益。

除了李志宏教授和许抄军教授外，本人还要感谢李苑、吴毓、李捷、唐颖、王旭、付兆刚、张镒、刘妙玲、李鸿媛。他们是我的亲人、朋友、同事。没有他们在生活中的照顾和学术上的启发，本书不可能顺利完成并出版。另外，还要感谢数位外国同行，包括西班牙加泰罗尼亚大学的 Juan Martín García 博士——系统动力学专用软件 Vensim 就是他的得意之作，他非常赞赏本人在系统动力学建模方面的创新思路；丹麦哥本哈根商学院的 Stefano Ponte 教授，他关于全球价值链在新技术革命下演化趋势的见解让人耳目一新，与他的交流给予了我大量的写作灵感；Journal of Business Logistics 的主编 Stan Fawcett 博士，正是由于他的鼓励，本人才能坚持在 3D 打印技术与全球价值链治理的交叉领域中继续研究，直至今天取得一定的成果。

再次衷心感谢所有帮助过我的人。希望本书成果可以为我国产业攀升全球价值链高端起到一定的作用，助力我们中华民族伟大复兴！